| 区域与国别法查明与研究大系 |

丛书主编 米良

泰王国宪法及相关文本

陈利 林伟 刘星 ◎译
米良 ◎法学校订

Constitution of the Kingdom of Thailand and Related Texts

中国法制出版社
CHINA LEGAL PUBLISHING HOUSE

总　序

　　我们的世界处在一个急剧变化的过程中，这种变化跌宕起伏、波澜壮阔，有时眼花缭乱，有时猝不及防。习近平总书记将其描述为"百年未有之大变局"。这个"变局"的大趋势是一强独大、唯我独尊的旧秩序不断被打破，更加公平、平等的新秩序逐步建立。在这个变局下，我们需要考虑新的问题：世界将会向何处去？我们如何处理与世界的关系？

　　习近平总书记关于"共同构建人类命运共同体"的思想传承和发展了人类追求美好社会的思想精髓，以全人类共同发展为根本出发点，着眼人类共同的未来，体现大国的历史责任，展示中国智慧，提供中国方案，为国际法提供了一个明确的、根本的指导思想，即国际社会制定或形成的所有国际规则的目的，是维护人类的共同利益，包括现在和未来。2023年是"一带一路"合作倡议提出十周年，十年来，这个倡议为世界提供了一个最广泛、最包容的"共商、共建、共享"的公共产品，让许许多多国家从中受益，我国同"一带一路"共建国家的经贸合作取得巨大发展，经贸数据告诉了我们一切。我们可以这样认为："构建全球命运共同体"为前面的问题给出了理论答案，"一带一路"十年则给出了实践答案。

　　2020年11月召开的中央全面依法治国工作会议正式提出"习近平法治思想"，明确了习近平法治思想在全面依法治国、建设法治中国中的指导地位。习近平法治思想是一个完整、全面、系统的体系，包括国内法治和涉外法治两个部分，构成了一个有机的整体，不可分割。国内法治的思想具有基础性价值，而涉外法治的思想则涉及我国与外部世界的关系，同等重要。2023年2月，中共中央办公厅、国务院办公厅下发了《关于加强新时代法学教育和法学理论研究的意见》，强调要"加快培养具有国际视野，精通国际法、国别法的涉外法治紧缺人才"，"加强外国法与比较法研究，合理借鉴国外有益经验，服务推进全面依法治国实践"，对新时代法治人才培养和法学研究提出了明确要求，指明了方向。

"一带一路"合作倡议十年的实践证明，在与外国的经贸合作中，区域与国别法十分重要。我们要到某个国家投资做生意，就要了解那个国家的法律制度，所谓"入乡随俗"是也。我们只有遵守那个国家的法律制度，我们与那个国家的经贸活动才能顺利进行。十年来的实践表明，我们对许多"一带一路"共建国家的法律制度知之不多，导致我们与他们的合作交流还存在不少障碍，甚至产生经贸纠纷。究其原因，一是这些国家使用的是非通用语言，我们国家精通这些国家语言的人才不多；二是我们对其法律制度关注研究不够，我们的法学家长期以来都把目光投向发达国家，对一些社会经济不够发达的发展中国家关注不够。不熟悉这些国家的法律制度导致我们的投资贸易带有一定盲目性，必然带来法律风险。随着国际局势和我国对外战略的变化，这种局面需要改变。我们需要对每一个国家的法律制度进行深入研究并拿出成果，以期提供相关文本与法律制度的参考。这需要我们作出努力。

我们出版这套"区域与国别法查明与研究大系"，就是基于上述考虑。

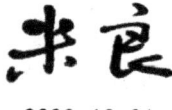

米良

2023.10.01

目 录

泰王国宪法（2017年） ……………………………………（1）
下议院议员选举法（2018年） ……………………………（105）
下议院议员选举法修正案（2023年） ……………………（163）
上议院议员遴选法（2018年） ……………………………（175）

附录：
泰王国宪法（2007年） ……………………………………（217）

泰王国宪法
（2017年）

第一章 总 则

第一条 泰王国是统一不可分割的国家。

第二条 泰王国实行以国王为国家元首的民主政府体制。

第三条 泰王国的国家主权属于所有泰王国公民。国王作为国家元首，应依照宪法的规定，通过国会、内阁和法院行使此项权力。

国会、内阁、法院、独立机关以及政府机构应遵守宪法、法律和法治原则，为国家的共同利益和广大民众的幸福而履行职责。

第四条 公民的尊严、权利、自由以及平等应当受到保护。所有泰王国公民均受宪法平等保护。

第五条 宪法具有国家最高的法律效力。一切与宪法抵触或不一致的法律、法规、规章或法令均无法律效力。

若出现不适用宪法的情形，应在以国王为国家元首的民主政府体制框架下，依据泰王国宪制惯例采取行动或作出裁决。

第二章 国　　王

第六条　国王地位受到尊崇且不得侵犯。

任何人不得对国王进行指控、起诉。

第七条　国王信奉佛教且为所有宗教的拥护者。

第八条　国王掌管泰王国军权。

第九条　国王有权册封、革除爵衔，授予、撤销勋章。

第十条　国王选拔并任命合格人选担任枢密院主席。枢密院委员不超过十八名。

枢密院在国王职责事务范围内负责向国王提出建议，并行使本宪法赋予的其他职权。

第十一条　枢密院委员的选拔、任免由国王决定。

国会主席应副署任免枢密院主席的敕令。

枢密院主席应副署任免枢密院委员的敕令。

第十二条　枢密院委员不能兼任国会上、下两院议员，任何其他政治职务，宪法法院法官，独立机关职务，国有企业官员，其他政府机关单位官员，政党成员或官员，除王室侍从以外的公务员，禁止表示效忠任何政党。

第十三条　就职前，枢密院委员应当向国王宣誓，誓词如下：

"本人（宣誓人姓名）郑重宣誓：本人将忠于国王陛下，为了国家和民众的利益恪尽职守，在各个方面维护和遵守泰王国宪法。"

第十四条　枢密院委员资格因死亡、辞职或被国王免职而终止。

第十五条　王室侍从的任免由国王决定（遵循国王意志）。

王室的组织机构和人事管理依照王室法令的规定由国王决定。

第十六条　国王不在国内期间或因故不能履行职责时,可以任命一人或数人组成议会担任摄政王。在任命摄政王的情形下,此敕令应提请国会主席副署。

第十七条　国王未依照本法第十六条规定任命摄政王,或存在国王仍未具备完全行为能力或其他原因的情形,但枢密院认为有必要任命摄政王且无法及时禀告国王进行任命时,枢密院将从国王事先确定的摄政王人选中依次提名一人或数人组成议会,并通知国会主席以国王名义宣布任命前述人选为摄政王。

第十八条　依照本法第十六条、第十七条规定,未提名摄政王时,由枢密院主席暂时担任摄政王之职。

依照本法第十六条、第十七条规定,当任命产生的摄政王无法履行其职责时,由枢密院主席代行摄政王之责。

枢密院主席依照本条第一款规定暂代摄政王之职期间、依照本条第二款规定代行摄政王之责期间,将不再行使其枢密院主席的职权。在此情形下,枢密院应委任一名枢密院委员代行枢密院主席之责。

第十九条　就职前,依照本法第十六条、第十七条规定任命产生的摄政王应当向国会宣誓,誓词如下:

"本人(宣誓人姓名)郑重宣誓:本人将忠于国王(国王姓名),为了国家和民众的利益恪尽职守,在各个方面维护和遵守泰王国宪法。"

此前曾获任命并作出宣誓的摄政王,无须再次作出宣誓。

第二十条　依照本法第二十一条规定,王位继承应参照《王位继承法(1924年)》中关于王位继承的相关内容执行。

《王位继承法(1924年)》的修改权专属于国王。国王发起修改后，由枢密院起草修正案，并提交国王决定。国王签字批准并签署修正案后，枢密院主席应通知国会主席，再由国会主席通告国会并副署敕令。修正案在政府公报上公布后生效。

第二十一条　当王位空缺时，国王已依照《王位继承法（1924年）》确立王储的，内阁应通知国会主席，再由国会主席召集、通告国会，恭请王储继位，诏告国民。

当王位空缺时，国王并未确立王储的，枢密院应依照本法第二十条规定向内阁提交王储名单，再由内阁提交国会予以确认。在此情形下，公主可被提名为王储人选。国会确认后，由国会主席恭请王储继位，诏告国民。

第二十二条　依本法第二十一条规定诏告王储继位前，由枢密院主席暂时担任摄政王之职。当王位空缺时，依照本法第十六条、第十七条已经任命产生的摄政王，或依照本法第十八条第一款规定，暂时担任摄政王之职的枢密院主席，应继续履行摄政王职责直至诏告王储人选或王储继位。

已经任命产生的摄政王依照本条第一款所述规定应继续履行职责而无法履行的，由枢密院主席暂行摄政王之责。

枢密院主席依照本条第一款所述规定担任摄政王、依照本条第二款所述规定暂行摄政王之责的，适用本法第十八条第三款所述规定。

第二十三条　在枢密院依照本法第十七条、第二十一条第二款所述规定履行相关职责期间，或枢密院主席依照本法第十八条第一款、第二款、第二十二条第二款所述规定担任摄政王或代行摄政王之责期间，出现枢密院主席一职空缺或枢密院主席无法履行职责的情形时，应在枢密院委员中选举一人根据具体情况代行枢密院主席之责或依照本法第十八条第一款、第二款、第二十二条第二款所述规定担任摄政王或代行摄政王之责。

第二十四条 依照本宪法或法律规定在国王面前作出宣誓的行为,经国王同意的,可在具备完全法律行为能力的王储或国王代表面前完成。

必须作出宣誓但尚未依照第一款所述规定作出宣誓的人员,国王可允许其暂时履行相关职责。

第三章 泰王国公民的权利和自由

第二十五条 关于泰王国公民的权利和自由,除了宪法规定明确保障的权利和自由外,公民还享有实施宪法或其他法律未禁止、限制的任何行为的权利和自由,并受宪法保护,但上述权利或自由的行使不得影响或危害国家安全、公序良俗,不得侵犯他人权利或自由。

宪法规定的权利、自由在其他法律中有详细规定的,或符合法律的规定和程序的,即使该法律尚未生效,公民或团体也可以在遵循宪法宗旨的情形下行使上述权利、自由。

当宪法所保护的权利、自由受到侵犯时,公民可以援引宪法的相关条款,行使起诉权或在法庭上的辩护权。

因自身权利或自由受到侵犯或因他人实施刑事犯罪而受到伤害时,公民有权依法获得国家救济或援助。

第二十六条 涉及限制公民权利、自由的法律,在制定过程中应当符合宪法规定的条件。在宪法未规定相关条件的情形下,上述法律不得违反法治原则,不得无理强制增加公民义务,限制公民权利、自由，不得影响公民的人格尊严，并应说明限制权利、自由的正当理由和必要性。

本条第一款规定的法律应普遍适用，不得仅针对适用于特定情形或特定人物。

第二十七条 法律面前人人平等，公民依法享有权利和自由，且受法律平等保护。

不论男女皆应享有平等权利。

任何人不因其出身、种族、语言、性别、年龄、残疾、身体或健康状况、个人地位、经济和社会地位、宗教信仰、受教育程度、不与宪法相背前提下的政见的差别或其他任何理由而受到不公的差别待遇。

国家为消除相关障碍，促进公民与他人行使同样的权利或自由，保护或援助儿童、妇女、老人、残疾人及弱势群体而制定的措施不应被视为本条第三款规定下的不公差别待遇。

军人、警察、政府官员、其他国家公职人员、政府组织官员（员工）或雇员，享有与其他人同样的权利和自由。依照法律规定在政治、效率、纪律或道德方面（对上述权利和自由）加以限制的除外。

第二十八条 人人有权享有人身的权利和自由。

除依照法院命令、许可或其他法定事由外，不得逮捕和拘留任何公民。

除法律规定的情形外，不得进行搜身或任何侵犯人身权利、自由的行为。

禁止残忍或非人道的酷刑、残酷行径以及惩罚。

第二十九条 除犯有现行法律规定的罪行且法律对其犯罪有量

刑标准外，任何人不得被处以刑罚。在给犯罪者定刑时，其所受刑罚程度不得重于当时法律规定的应受刑罚。

在刑事案件中，犯罪嫌疑人或被告均应被视为无罪，在终审判决有罪前，不得将犯罪嫌疑人或被告作为罪犯对待。

羁押、拘留犯罪嫌疑人或被告，应仅在防止其逃跑的必要情况下实施。

在刑事案件中，不得强迫公民作自证其罪的陈述。

在刑事案件中，犯罪嫌疑人或被告的取保候审申请应当予以受理，不得要求过高的保释金。拒绝保释必须符合法律规定。

第三十条 除法律在为避免公共灾难方面作出规定的，或宣布进入紧急状态、军事管制状态，或处于国家战争、武装冲突状态的情形以外，禁止发生任何强迫劳动的行为。

第三十一条 在不违反所有泰王国公民的义务、不危害国家安全以及不违背公序良俗的情形下，公民享有充分信仰某个宗教、根据其宗教原则举行或实践某种宗教信仰活动的自由。

第三十二条 公民享有隐私权、尊严权、名誉权和家庭权利。

除法律规定的仅为了必要公共利益的情形以外，禁止侵犯或影响第一款所述的公民权利，或以任何方式利用公民信息。

第三十三条 人人享有居住的自由。

除依照法院命令、许可或其他法定事由外，未经住所所有人或占有人同意，不得进入住所，不得搜查住所或私人场所。

第三十四条 公民享有言论、演讲、著作、出版、宣传以及以其他方式表达的自由。除法律特别规定的为维护国家安全、保护他人的权利或自由、维护公序良俗、保护公众健康的情形外，不得对上述自由施加限制。

学术自由受法律保护。但行使上述自由不得违背泰王国公民的义务或公序良俗，同时应尊重、不妨碍他人不同的意见。

第三十五条　媒体从业人员享有遵守职业道德发布新闻或发表意见的自由。

禁止关闭报纸或其他媒体机构以剥夺其享有的本条第一款规定的自由。

除国家处于战争状态外，禁止事先审查媒体从业人员在报纸或其他媒体上发表的任何新闻或声明。

报社或其他媒体的持有人应具有泰王国国籍。

国家不得为私人报纸或其他私人媒体提供资金或其他物质形式的支持。国家机关向媒体机构提供资金或赠与财物的，不论是出于广告、公共关系还是其他类似目的，均应在规定的期限内向国家审计委员会披露，并应向社会公布。

履行大众媒体职责的政府官员享有本条第一款规定的自由，但还应考虑其所属机构的宗旨和使命。

第三十六条　人人享有以任何方式进行通信联系的自由。

除依照法院命令、许可或其他法定事由外，禁止审查、扣押、泄露个人通信内容，禁止任何为了解或获取个人通信内容而采取的行为。

第三十七条　公民享有财产权和继承权。

上述权利的范围和限度由法律规定。

除法律规定为了公用事业、国防、国家资源开采或其他公共利益的需要之外，不得征收不动产。考虑到公共利益、财产被征收人受到的影响，其中财产被征收人可能从上述征收不动产中获得的任何收益，财产所有者和其他因征收不动产而遭受损失的利害关系人应在合理的时间内获得公正的补偿。

仅在基于第三款规定的必要目的的情形下才可征收不动产，为了征收不动产以依法公平地补偿被征收人的除外。

不动产征收的法律应明确规定征收目的和使用期限。如不动产在上述期限内未用于该目的或使用后有剩余，且原所有者或其继受人要求返还不动产的，则应将不动产返还给原所有者或其继受人。

请求将未使用的被征收不动产或剩余不动产返还给原所有者或其继受人的期限、返还手续以及退还已支付赔偿金的，均应依照法律规定执行。

制定不动产征收的法律时，出于必要性，须明确指明需征收的不动产或不动产所有者的，不应视为违反第二十六条第二款的规定。

第三十八条 人人享有旅行的自由和选择居住地的自由。

除法律在国家安全、公共秩序、公共福利、城乡规划、维持家庭地位或青年人福利方面的特别规定外，不得限制本条第一款所规定的自由。

第三十九条 任何泰王国公民不得被驱逐出境或禁止入境。

禁止撤销因出生而取得的泰王国国籍。

第四十条 公民享有从业自由。

除出现法律规定的下列情形，包括为维护国家安全或国民经济、保护公平竞争、防止或消除壁垒或垄断、保护消费者、在必要范围内规范从业行为或为了其他公共利益外，不得限制本条第一款规定的自由。

依照本条第二款规定为规范从业行为而制定的法律不得对教育机构提供教育进行歧视或干扰。

第四十一条 公民和团体享有如下权利：

（一）依法知悉并取得国家机关掌握的公共数据或公共资讯；

（二）向国家机关提出请愿，并及时被告知处理结果；

（三）因国家机关的官员、职员或雇员的失职行为而对国家机关提起法律诉讼。

第四十二条　公民享有联合成立协会、合作社、工会、组织、团体或任何其他团体的自由。

除法律规定为维护公共利益、维护公序良俗、防止或消除壁垒或垄断的情形外，不得限制本条第一款规定的自由。

第四十三条　公民和社区享有如下权利：

（一）保护、复兴或发扬地方和国家层面的智慧、艺术、文化、传统和良俗；

（二）依照法律规定以平衡、可持续发展的态度管理、维护以及利用自然资源、自然环境和生物多样性；

（三）签署联合请愿书，向国家机关提议实施任何有利于公民、社区的行为，或提议避免任何影响公民、社区平静生活的行为，并及时被告知审议结果，国家机关在审议上述提议时，应依照法律规定允许有关人员参与审议过程；

（四）建立社区福利制度。

本条第一款规定的公民和社区的权利还应包括与地方行政机关或国家机关合作实施此类行为的权利。

第四十四条　公民享有和平、非武装集会的自由。

除法律规定为维护国家安全、公共安全、公序良俗、保护他人的权利或自由的情形外，不得限制本条第一款规定的自由。

第四十五条　公民依法享有在君主立宪政体下组织成立政党的自由。

依据本条第一款订立的法律至少应包含政党管理的相关规定,政党管理必须公开、透明,为党员提供广泛参与政策制定和提名候选人的机会,政党应制定措施以确保管理独立进行、不受任何非该政党成员的操纵或诱导,并采取监督措施防止政党成员从事任何违反或不遵守选举相关法律的行为。

第四十六条 消费者权益受法律保护。

公民有权联合发起成立消费者组织,以保障和维护消费者权益。

本条第二款规定的消费者组织有权联合成立独立的联盟或协会,在国家支持下加强对消费者权益的保障和维护。前述组织的成立规则和程序、消费者代表权以及国家财政支持等应依照法律规定执行。

第四十七条 公民有权享受国家提供的公共卫生服务。

低收入人群依法有权享受国家免费提供的公共卫生服务。

公民依法有权享受国家免费提供的传染病的防护和治疗。

第四十八条 妇女在生育前后的权益受法律保护并依法享有国家援助。

年满六十周岁且收入不足以维持生活的老人以及低收入人群依法有权获得国家提供的适当援助。

第四十九条 任何人不得行使推翻君主立宪制度的权利或自由。

如有本条第一款所述的行为,知情者有权向首席检察官提出申诉,要求宪法法院下令终止该行为。

在首席检察官下令拒绝按照请求进行审理或自收到请求之日起十五日内未进行审理的情形下,提出请求者可直接向宪法法院提交请求。

根据本条规定所采取的行动不应影响对实施本条第一款所述行为的人的刑事起诉。

第四章　泰王国公民的义务

第五十条　公民应当履行如下义务：
（一）保卫国家、捍卫宗教、拥护国王和维护君主立宪政体；
（二）保卫国家、维护国家荣誉、国家利益以及国家公有财产，并在预防和减轻灾害方面提供帮助；
（三）严格遵守法律；
（四）接受义务教育；
（五）依法服兵役；
（六）尊重、不侵犯他人的权利和自由，不实施任何可能导致社会不和谐或仇恨的行为；
（七）在着重考虑国家共同利益的前提下，在选举或公投中自由行使选举权；
（八）合作并支持保护自然资源、自然环境、生物多样性以及文化遗产；
（九）依法纳税；
（十）不参与、不支持任何形式的不诚信、不当行为。

第五章　国家的义务

第五十一条　本章所述由宪法规定的任何属于国家义务的行为，如该行为是为了公民的直接权益，公民和社会有权跟进并督促国家履行该行为，包括对相关国家机关提起法律诉讼，使其依照法律规范和程序向公民和社会提供上述权益。

第五十二条 国家应捍卫和维护泰王国君主制度、国家独立、国家主权以及主权所及领土和地区的完整、国家荣誉和利益、国家安全以及公共秩序。为此，国家应提供有效的军事、外交和情报服务。

武装力量也应以国家发展为目的而进行部署。

第五十三条 国家应确保法律得到严格遵守和执行。

第五十四条 国家应保障所有儿童接受十二年的高质量、免费的教育，即从学前教育到完成义务教育。

国家应保障幼儿在接受本条第一款规定的教育之前得到应有的照顾和培养，使其身体、思想、自制力、情感、社会能力和智力得到符合其年龄段的发展，并推动和支持地方行政机关、私营单位参与上述事业。

国家负责向公民提供包括促进终身学习在内的各种体系中所需要的教育，并敦促国家、地方行政机关和私营单位合作提供各个层次教育，国家有义务依照国民教育法律的相关规定实施、监督、推动和支持提供高质量、符合国际标准的教育。上述国民教育法律至少应包含有关国民教育计划，以及实施、监督以确保国民教育按计划推进的规定。

一切教育应旨在培养学习者成为优秀的、有纪律的、以国家为荣的、有熟练技能的，以及对家庭、社区、社会和国家负责的人。

在依照第二款所述规定为幼儿提供照料和培养，或依照第三款所述规定为公民提供教育时，国家对于经济困难人员应根据其能力提供教育费用资助。

设立以资助经济困难人员、缩小教育差距、促进和提高教师素质和效率为目的的基金会，由国家拨付资金或利用税收措施或机制提供支持，包括依照法律规定为向基金会捐赠财产的人提供减税政策；该法律至少应规定基金会的管理是独立进行，且基金会的支出应当用于实现前述目的。

第五十五条 国家应保障公民普遍获得高效的公共卫生服务，确保公众具备有关健康促进和疾病预防的基本知识，并推动和支持泰王国传统医学智慧的发展，以最大限度地发挥其效益。

本条第一款规定的公共卫生服务包括健康促进、疾病控制和预防、医疗和康复。

国家应不断提高公共卫生服务水平和质量。

第五十六条 国家应承担或确保根据可持续发展观念全面提供公民生活必需的基本公共服务。

关于公民生活或国家安全所必需的基础设施或基本公共服务网络，国家不得进行任何使所有权归私营单位所有或使国家所有权低于百分之五十一的行为。

国家依照本条第一款、第二款规定承担或确保提供公共服务时，应当保证收取的服务费处于不给公民造成不合理负担的限度内。

国家批准私营单位以任何方式经营公共服务业务时，应考虑国家投资、国家和私营单位将获取的利益，包括向公众收取的服务费，来获得公平的回报。

第五十七条 国家应：

（一）在地方和国家层面保护、复兴和弘扬地方智慧、艺术、文化、传统和良俗，提供公共场所开展相关活动，包括推动和支持公民、社区以及地方行政机关行使权利并参与上述事业；

（二）在依法允许当地相关公民和社区参与下述事业并从中受益的前提下，以平衡的、可持续的方式保存、保护、维护、恢复、管理、利用或安排利用自然资源、自然环境和生物多样性。

第五十八条 国家开展的或国家批准任何人开展的任何项目，如该项目可能严重影响自然资源、环境质量、健康、卫生、生活质量或公民、社区、环境的任何其他根本利益，国家应依照法律规定研究评估民众或社区的环境质量和健康所受到的影响，并提前安排利益相关方、相关民众和社区进行公开听证会，以使在开展或审批项目时将听证内容纳入考虑范围。

在依照本条第一款规定开展或审批项目之前，公民和社区有权从国家机关获取相关信息、说明和解释。

在依照本条第一款规定开展或审批项目时，国家应采取预防措施，尽量减少对公民、社区、环境和生物多样性的影响，并承诺以公平的方式及时对公民或社区的不满或遭受的损失进行救济。

第五十九条 国家应依照法律规定公开国家机关掌握的与国家安全或政府秘密无关的公共数据、信息，并确保公众能够便捷地获取上述数据、信息。

第六十条 国家应维护作为国家财产的传输频率及使用卫星轨道的权利，以用于造福国家和民众。

本条第一款规定的对传输频率的使用安排，无论是用于无线电广播、电视广播、电信或其他任何目的，依照法律规定都应以公民的最佳利益、国家安全、公共利益以及公民参与传输频率的利用为前提。

国家应设立独立履行职责的国家机构，主管并监督本条第二款规定的与传输频率有关的事务。上述机构应确保采取措施防止不公平的消费者剥削或对消费者施加不必要的负担，防止传输频率的干扰，以及防止出现阻碍公民自由了解或阻止公民了解真实准确的数据或信息的行为，防止任何人或任何群体在不考虑公众权利的情形下使用传输频率。这应包括基于公共利益的目的，由依照法律规定使用传输频率的公民承担的最低比例的规定。

第六十一条　国家应提供有效措施或机制，从多方面维护和保障消费者的权利，包括了解真实信息，安全、公平订立合同或任何其他有利于消费者的方面。

第六十二条　国家应依照国家金融和财政秩序的法律规定，严格维护金融和财政秩序，确保国家金融和财政状况处于持续稳定、安全的状态，并建立税收制度以确保社会公平。

国家金融和财政秩序的法律至少应包含有关国家公共财政和预算的实施框架、预算和预算外收支的财政秩序的制定、国有资产和国库储备管理以及公共债务管理。

第六十三条　国家应促进、支持和提升公民对公共部门和私营单位不诚信行为和不法行径所造成的危险的了解，并提供有效的措施和机制来严格预防和消除上述不诚信行为和不法行径，包括推动公民在法律规定的国家保护下集体参与提供知识、打击腐败或提供线索的运动。

第六章　国家政策的指导原则

第六十四条　本章条款为国家立法和执政的纲领。

第六十五条　国家应依照善治原则制定国家战略，将其作为制定各类计划的框架，以确保各类计划完整、统一，并以协调一致的方式实现国家可持续发展的目标。

计划的制定、目标的确定、实现目标的时间规定以及其他应列入国家战略的内容，应当符合法律规定和程序。上述法律还应包含公私部门公民参与以及公众协商相关的规定。

国家战略自在政府公报上公布之日起生效。

第六十六条 国家应坚持平等相待、互不干涉内政的原则，增进与其他国家的友好关系。国家应与国际组织合作，保护国家利益和海外泰籍公民的利益。

第六十七条 国家支持、保护佛教以及其他宗教。

在支持、保护大多数泰王国公民长期信奉的佛教的过程中，国家应推动和支持小乘佛教法理的教育和传播，以促进思想和智慧的发展，并应存在相关措施和机制防止佛教受到任何形式的破坏。国家还应鼓励佛教信众参与实施上述措施或机制。

第六十八条 国家应全面建设高效、公平、非歧视性的司法程序制度，确保公民能够方便、快捷、及时地诉诸司法程序，且不必承担过多的费用。

国家应在司法程序中为政府官员提供保护措施，使其能够在不受任何干扰或操纵的情况下严格履行职责。

国家应向贫苦大众或弱势群体提供必要、适当的法律援助，以帮助其诉诸司法程序，包括为其提供律师。

第六十九条 国家应提供并促进科学、技术和文科大类下各个分支的研究以及发展，以创造知识、发展和创新，从而推动社会发展壮大、提升国民的能力。

第七十条 在不违反公序良俗，不危及安全、健康、卫生的前提下，国家应促进、保护不同民族在自愿的基础上，按照各自的传统文化、习俗和生活方式，和平、不受干涉地在社会中生活的权利。

第七十一条 国家应巩固作为社会基本要素的家庭单位，为民众提供合适的居所，促进、增强民众体质健康，使民众身体健康、意志坚强，国家应推动、发展卓越的体育运动精神并最大限度地造福于民众。

国家应促进、发展人口素质，使公民成为素质更高、能力更强的好公民。

国家应帮助儿童、青年、妇女、老人、残疾人、贫困人群和弱势群体过上有品质的生活，保护上述人群免受暴力和不公平待遇，并为受伤的上述人员提供治疗、康复和救济措施。

国家在分配预算时，应考虑到基于性别、年龄和个人条件而导致的必要性以及需求性差异，以确保公平。

第七十二条 国家应在土地、水资源、能源方面采取下列措施：

（一）依照可持续发展的原则，制定适合国家土地条件、土地潜力的土地开发规划；

（二）编制并有效地实施各级城镇规划，促进城镇繁荣发展以满足该地区公民的需求；

（三）制定土地分配办法，充分、公平地让公民有土地可供谋生；

（四）提供足够公民消费的用于农业、工业和其他活动的优质水资源；

（五）促进能源节约，推进经济、高效地使用能源，开发、支持替代能源的生产、使用,以加强能源安全的可持续性。

第七十三条　国家应提供相关措施或机制,使农民能够高效地开展安全、低成本且提供具备市场竞争力的高产量优质产品的农业生产活动,并通过土地改革或其他方式帮助贫困农民获取谋生的土地。

第七十四条　国家应提升公民的能力以使其从事与其潜力和年龄相适应的工作,确保公民有工作可做。国家应保护劳动者,保障其人身安全和职业卫生,确保劳动者获得适合其生活的收入、福利、社会保障和其他津贴,国家应提供、提倡储蓄以用于公民达到退休年龄后的生活。

国家应为所有相关方提供可参与的劳动关系制度。

第七十五条　国家应遵循自给自足的经济哲学理念,构建使公民有机会全面、公平、可持续地共同受益于经济增长并自力更生的经济体系,消除不公平的经济垄断,发展国家和公民的经济竞争力。

国家应避免参与与私营单位相竞争的企业,除非为维护国家安全、共同利益、提供公用设施或公共服务之需。

国家应促进、支持、保护、稳定各类合作社体制以及属于公民和社区的中小企业制度。

在国家发展进程中,应兼顾物质发展、精神发展以及民众福祉。

第七十六条　国家应遵循善治原则,建立中央、区域、地方以及其他国家事务的管理体系,国家机关应相互配合、协助履行职责,以最大限度地造福民众,提升国家事务管理、公共服务提供和预算支出的效率。

国家还应培养政府官员廉洁奉公的态度，以得当、快捷、非歧视的方式为公众服务，并高效履行职责。国家应负责依照道德制度制定关于国家机关人事管理的法律，该法律必须至少包含防止任何人通过行使权力或以不当行为来干预、干扰政府官员职责履行、任命程序、业务考评的措施。

国家应制定道德标准，国家机关应当以此道德标准为基础，制定符合本机关的道德准则，该道德准则不得低于前述道德标准。

第七十七条 国家只在必要时才制定法律，对不再必要、不适宜的法律或妨碍生活、就业的法律，应及时废除、修订，以免对公众造成负担。国家应确保公众能够方便地获取法律文本、简明扼要地理解法律并正确地遵守法律。

在每项法律颁布之前，国家都应听取利害关系方的意见，全面、系统地分析法律可能产生的任何影响，向公众披露听取意见和分析的结果，并在立法过程的每个阶段将其纳入考虑。法律生效后，国家应在每个特定时期对法律实施效果进行评估，并听取利害关系方的意见，以便制定的法律能够适应、适用于不断变化的环境。

国家仅在必要情形下才可在法律中采用许可制度以及委员会制度，应制定政府官员行使自由裁量权的规则以及以明确方式执行法律规定的各阶段程序办案期限，且只对严重罪行规定刑事处罚。

第七十八条 国家应增进公众和社会对君主立宪制的正确认识和理解，促进他们参与国家发展的各个方面，参与提供国家和地方层面公共服务、审查国家权力的行使、打击不诚信行为和不法行径，以及政治决策和可能影响公众或社会的所有其他事务。

第七章 国　　会

第一节　总　　则

第七十九条　国会由上议院和下议院组成。

国会联席会议或上议院、下议院会议应依照本宪法有关条款召开。

任何人不得同时兼任上、下议员的职位。

第八十条　国会主席由下议院议长担任，副主席由上议院议长担任。

下议院议长空缺、缺席或不能履行职责时，上议院议长代理国会主席。

在上议院议长须依照本条第二款规定代理国会主席但上议院议长空缺期间，且上述情况发生于下议院已被解散时，由上议院副议长代理国会主席。如上议院副议长空缺，则由当时年龄最大的上议员代理国会主席，并应立即选举上议院议长。

国会主席行使宪法规定的职权，在国会召开联席会议时根据相关规定、程序主持国会联席会议。

国会主席或代理主席应公正行使职权。

国会副主席行使宪法规定的职权以及国会主席委托的职权。

第八十一条　宪法性法律提案或一般法案只有经国会提议，并经国会通过才能成为法律。

根据第一百四十五条规定，在国会通过宪法性法律提案和一般法案后，总理应将其呈交国王签署，并在政府公报公布后生效。

第八十二条 不少于所在院现有议员总数十分之一的下议员或上议员，有权向所在院议长提议，要求根据第一百零一条第（三）项、第（五）项至第（十）项、第（十二）项或第一百一十一条第（三）项至第（五）项、第（七）项终止某一议员的资格，议长应将该提议提交至宪法法院，由法院裁定是否终止该议员资格。

宪法法院收到提议事项后，如有合理理由怀疑被诉议员的案件符合立案条件时，应责令该议员中止职务，直至宪法法院作出裁决。宪法法院作出裁决后，应将裁判结果交付当事议院的议长执行。宪法法院裁定被诉议员的资格终止时，该议员应自停职之日起卸任，但不影响该议员在卸任之前所做行为的效力。

依照本条第二款规定中止职务的下议员或上议员，不计入下议院或上议院现有议员总数。

选举委员会认为应当依据本条第一款规定终止某一议员资格时，应依据本条第一款规定将事项提交宪法法院裁决。

第二节 下　议　院

第八十三条 下议院由五百名议员组成，具体如下：

（一）三百五十名议员由选区选举制产生；

（二）一百五十名议员由政党提名制产生。

下议院席位因故空缺，且尚未举行下议员补选或未宣布补选议员姓名时，下议院由剩余的现任议员组成。

由政党提名制产生的下议员人数因故少于一百五十人时，政党提名制产生的下议院议员由剩余的现任议员组成。

第八十四条 在普选中，当下议院全部议员百分之九十五的人数已选举产生时，如有必要，可召开国会会议，在此情形下下议院由现任议员组成，但应迅速采取行动以确保下议院议员人数满足第八十三条规定。在此情形下，补选的下议员任期仅为本届下议院所剩任期。

第八十五条 由选区选举制产生的下议员应通过直接选举和不记名投票选出。每个选区选举一名议员，每个有选举权的人都有权在选举中投出一票，可投票给任何参选人，或不投给任何参选人。

参选人得票最多，且其票数高于不投给任何参选人的票数时，该参选人当选议员。

申请参选、投票、计票、汇总票数、公布选举结果以及其他有关事项的规定、程序和条件应依照《下议院议员选举法》的规定执行。上述法律可要求参选人提交已缴纳所得税的证据，以便申请参选。

选举委员会经初步审查，有合理理由相信选举结果真实、公正，且选区数不低于全部选区的百分之九十五后，应宣布选举结果。选举委员会应进行初步审查，并从速公布选举结果；公告应在选举之日起六十天内作出。无论选举结果是否已公布，选举结果的公布不会影响选举委员会对有合理理由相信选举存在不当行为、选举不真实、不公正的案件进行调查、审核或决定的职责、权力。

第八十六条 各府选举名额的分配及选区的划分应依照如下程序：

（一）每名议员代表的人口数（简称"代表数"），由全国人口数除以三百五十名应选议员数确定，全国人口数以选举前一年度最后一次公布的人口普查统计数为准；

（二）人口数低于本条第（一）项规定的代表数的府，应选举产生一名议员，该府整体应被视为一个选区；

（三）人口数超过代表数的府，每超过一个代表数则增加一名议员名额；

（四）根据本条第（二）项、第（三）项规定，确定各府应选议员人数后，如议员人数仍少于三百五十名，则根据本条第（三）项所述的计算方式，以人口数除以代表数，余数最多的府可增加一名议员名额，以此类推，再分配给余数次多的府，直至剩余名额分配完毕；

（五）若某府应选议员人数超过一人，则将该府划分为若干个选区，选区数目应与该府应选议员人数相等；划分选区时，各选区的边界应相邻，且各选区的人口数必须相近。

第八十七条　参与选区选举的参选人必须是由其所属政党提名的人选，且只能在一个选区参选。

提交参选报名后，参选人或政党只有在参选人死亡、丧失资格或被禁止参选的情形下，方可撤销参选人的报名或更换参选人。撤销或变更必须在报名期限结束前完成。

第八十八条　在普选中，政党派参选人参选的，应在报名期限结束之前，向选举委员会提交通过该政党决议的不超过三名总理候选人以供下议院表决。选举委员会应向公众公布上述人员姓名，并参照适用第八十七条第二款的规定。

政党可决定不根据本条第一款规定提交人员名单。

第八十九条　根据第八十八条规定提交的人员名单，应符合如下规则：

（一）应有被提名人的同意书，具体内容要求由委员会规定；

（二）被提名人应具备参选资格，不存在第一百六十条规定的禁止担任内阁大臣的任何限制，且在该次选举中没有向其他政党出具第（一）项规定的同意书。

未按照本条第一款规定提交人员名单的，则视为该人员未被提名。

第九十条 派参选人参与选区选举的政党，有权提名参选人参与政党提名制选举。

依据政党提名制提名参选人参选的，各政党应编制一份参选人名单，其中各政党的参选人不得重复，也不得与选区选举制的参选人重复。上述参选人名单应在选区选举制报名期限结束前提交至选举委员会。

依照本条第二款规定拟定参选人名单时，应允许政党成员参加审议，应考虑到不同地区的参选人，并遵循男女平等原则。

第九十一条 政党提名制下各政党应选下议员名额依照如下规则进行计算：

（一）所有派参选人参与政党提名制选举的政党在选区选举制下从全国获得的选票总数除以五百名下议院议员总数；

（二）选区选举中各政党在全国所有选区获得的选票数除以第（一）项的计算结果，得出的商数即为分配给该政党的下议员总数；

（三）第（二）项中分配给该政党的下议员总数减去该政党通过选区选举制获得的下议员人数，得到的结果即为政党提名制下该政党的下议员人数；

（四）若任一政党在选区选举中获得的下议员人数等于或多于第（二）项中分配给该政党的下议员总数，则该政党应有的下议员人数即为选区选举中产生的下议员人数，且无权从政党提名制中获得任何下议员席位；政党提名制下的议员总名额应按比例分配给在选区选举中获得的下议员人数少于第（二）项中分配的下议员总数的政党，获得席位的政党在下议院的总席位不得超过第（二）项中分配给该政党的议员总数；

（五）政党提名制下各政党的议员名额确定后，各政党的参选人应按照该政党提交的参选人名单顺序，依次当选为下议院议员。

如任何参选人在选举申请截止日期之后、选举投票截止日期之前死亡，所获得的票数也应用于第（一）项、第（二）项规定的计算。

计票、计算规则及程序、比例计算及选举结果公布应依照《下议院议员选举法》的规定执行。

第九十二条　若某一选区每位参选人获得的选票数都低于该选区不投给任何参选人的选票数时，则应重新举行选举，每位参选人所获得的选票不得用于第九十一条规定的计算。在此情形下，选举委员会应着手接受新一轮选举的参选报名，所有参与过前轮选举的参选人都无权报名参与新一轮选举。

第九十三条　在普选中，若某些选区或投票站因故须在所有选区选举结果公布前、选举未完成前或选举结果公布未完成前重新举行选举，分配给各政党的议员名额和政党提名制下分配给各政党的议员名额的计算应依照《下议院议员选举法》规定的规则、程序和条件执行。

若根据本条第一款规定计算的结果导致任何政党在政党提名制下的议员名额减少，则应从该政党在政党提名制下名列最后的议员开始按升序卸任。

第九十四条　自普选之日起一年内，若由于某选区的选举未以真实、公正的方式进行而必须重新举行选区选举产生议员，第九十三条的规定应参照适用。

自普选之日起一年后,以任何理由举行议员补选以填补空缺,不应影响根据第九十一条规定分配给各政党的议员名额的计算。

第九十五条 符合下列条件者拥有选举权:

(一)拥有泰王国国籍或加入泰王国国籍不少于五年;

(二)在选举日年满十八周岁;

(三)截至选举日,已拥有本选区户籍不少于九十天。

选民居住在户籍地以外地区、拥有本选区户籍不足九十天或居住在国外的本国公民可以依据《下议院议员选举法》规定的日期、时间、程序和条件在选区以外的地区登记投票。

依照《下议院议员选举法》的规定,在没有告知合理原因的情形下未进行投票的选民可能会受到法律规定的某些权利的限制。

第九十六条 在选举日有下列情形之一者,禁止其行使选举权:

(一)比丘、沙弥、苦行僧或修行僧;

(二)被剥夺选举权的,无论该案件的司法程序是否已经终结;

(三)根据法院决定或合法命令被拘留的人;

(四)精神失常或心智不健全的。

第九十七条 符合下列资格者,在下议员选举中享有被选举权:

(一)因出生而取得泰王国国籍;

(二)在选举日年满二十五周岁;

(三)为单一党派人士,截至选举之日,入党时间需连续且满九十日;若因下议院解散而举行普选,九十日期限可缩短至三十日;

(四)选区选举制参选人还应满足以下任一资质:

(1)截至申请参选之日,参选人须拥有所参选府地的户籍,且户籍登记时间需连续且满五年;

(2)在其参加选举的府出生;

（3）在其参加选举的府接受教育且接受教育时间需连续且满五年；

（4）曾在其参选府地的国家机关担任公务员或曾拥有其参选府地的户籍连续满五年。

第九十八条 有下列情形之一者，禁止其在下议员选举中行使被选举权：

（一）吸食毒品受到处罚的人；

（二）破产或曾经恶意破产的人；

（三）任何报纸或媒体业务的所有者或股东；

（四）第九十六条第（一）项、第（二）项、第（四）项所述的禁止行使选举权的人；

（五）被暂时中止被选举权或被剥夺被选举权的人；

（六）被处徒刑或因法院决定而被拘留的人；

（七）截至选举日，刑满释放不满十年，但因过失犯罪或罪行轻微的除外；

（八）曾因渎职或腐败而被国家机关或国有企业撤职的；

（九）因财产来源不明，被法院判决或命令充公者，或因触犯反腐败法而被判处监禁者；

（十）因以下行为被最终判决定罪：犯有公职渎职或司法渎职罪；犯有国家组织或机关官员犯罪法规定的罪行；刑法规定的贪污腐败罪行；借贷法规定的公共欺诈罪行；麻醉品法规定的生产、进口、出口或销售麻醉品的罪行；赌博法规定的作为赌博庄家或赌场所有者的罪行；反人口贩卖法规定的罪行；反洗钱法规定的洗钱罪行；

（十一）因在选举中有不诚信行为而被判刑的；

（十二）公务员，但政务官员除外；

（十三）地方议会议员或地方行政官员；

（十四）上议员或上议员资格终止未满两年者；

（十五）在政企机关或国有企业任职；

（十六）宪法法院法官或在独立机关任职者；

（十七）当前被禁止担任政务职位的；

（十八）根据第一百四十四条或第二百三十五条第三款规定已被解除职务的。

第九十九条 下议院任期每届四年，自选举之日起计算。

下议院任期之内，占有席位的政党不得进行任何形式的合并。

第一百条 下议员资格自选举之日开始计算。

第一百零一条 下议员资格自下列情形起终止：

（一）下议院任期届满或解散；

（二）死亡；

（三）辞职；

（四）根据第九十三条规定卸任；

（五）不符合第九十七条规定的条件；

（六）符合第九十八条所禁止的情形；

（七）其行为违反第一百八十四条或第一百八十五条；

（八）退出其所属政党；

（九）由该党执行委员会与该党下议员的联席会议的四分之三以上票数通过的该党决议，终止其党员资格；在此情形下，如该议员在该党决议通过之日起三十天内未成为其他政党的成员，其议员资格自决议通过三十天后终止；

（十）丧失党员资格；若因该议员所属政党被命令解散而导致

丧失党员资格，且自政党解散令通过之日起六十天内未能加入其他政党，在此情形下，其议员资格自政党解散令通过六十天后终止；

（十一）根据第一百四十四条或第二百三十五条第三款规定卸任；

（十二）未经下议院议长批准，在不少于一百二十天的会期中，缺席时间达四分之一以上；

（十三）被终审判决徒刑（无论是否缓刑），因过失犯罪、罪行轻微或诽谤罪而被裁定缓刑的除外。

第一百零二条 下议院任期届满后，国王颁布诏令，要求在下议院任期届满后四十五天内重新进行普选，选举产生新的下议员。

全国须按照选举委员会在政府公报上通知的确定日期，在同一日内举行本条第一款规定的普选。

第一百零三条 国王有解散下议院以选举新任下议员的特权。

解散下议院须由国王发布诏令实施，同一情况下只能解散下议院一次。

在本条第一款所述的诏令生效之日起五天内，选举委员会应在政府公报上通知确切的普选日期，普选应在上述诏令生效之日起四十五天至六十天内进行，全国须在同一日进行普选。

第一百零四条 若出现不可避免的必要原因，导致选举无法按照选举委员会根据第一百零二条或第一百零三条规定所通知的日期举行，选举委员会可确定新的选举日期，但普选须在上述必要原因结束之日起三十天内举行。但为了依照第九十五条第（二）项和第九十七条第（二）项的规定计算年龄，年龄计算的截止日期应为第一百零二条或第一百零三条规定的选举日期。

第一百零五条 当下议院因任期届满或解散以外的原因而出现

席位空缺时，应采取以下措施：

（一）根据选区选举制选举产生的议员席位发生空缺时，应颁布诏令举行补缺选举产生新的议员，下议院剩余任期少于一百八十天的情况除外，且第一百零二条的规定应参照适用；

（二）根据政党提名制选举产生的议员席位发生空缺时，自空缺之日起七天内，下议院议长提名该政党名单中排序仅次于缺席议员的人补缺并在政府公报上公布；若名单上未剩下可提名补缺的人员，则政党提名制产生的议员席位由剩余的现任议员组成。

根据本条第（一）项规定产生的补选议员的议员资格自补选之日起计算。根据本条第（二）项规定产生的补选议员的议员资格自公布之日起计算，补选议员的任期为本届下议院剩余任期。

举行选举补缺时，政党提名制下政党得票比例的计算，依照第九十四条规定执行。

第一百零六条 内阁组阁执政后，由国王任命一名下议员作为下议院反对派领袖，且其政党成员须未担任内阁大臣、下议院议长或副议长。

当本条第一款规定的政党之成员人数相等时，以抽签方式决定。

下议院议长副署国王任命反对派领袖的诏令。

反对派领袖不符合本条第一款规定或出现第一百一十八条第（一）项、第（二）项、第（三）项或第（四）项规定的情况时，应卸任。在此情形下，国王将任命新的反对派领袖以替补空缺。

第三节　上　议　院

第一百零七条 上议院由两百名议员组成，这些成员须从具有专门知识、专长、经验、专业、特质或共同利益或在社会各个领域工作的人群中遴选出来。

在划分组别时，应使每个人都有权申请从属于任何一个组别。组别划分、组别数目、每个组别成员的资格、申请和接收申请、遴选的规则和程序、遴选的接收、从每个组别中遴选出的议员人数、候补名单、从候补名单中提名补缺以及其他任何使遴选能够真实、公正进行的必要措施，应符合《上议院议员遴选法》。为使上述遴选能够真实、公正地进行，可规定每个组别的参选人禁止推选同一组别中另一名参选人，或采用参选人可参与的任何其他方式筛选参选人。

本条第二款规定的措施应从县级、府级执行到国家级，使上议员成为所有泰王国公民在国家层面的代表。

如上议员人数未达到本条第一款规定的人数，无论是因职位空缺或是上议院任期届满以外的任何其他原因，且没有候补名单，上议院应由剩余的议员组成。若剩余议员人数少于上议员总数的二分之一，且上议院的剩余任期超过一年，则应在剩余议员人数少于二分之一之日起六十天内遴选新的议员填补空缺。在此情形下，新当选议员的任期为上议院剩余任期。

上议员遴选由国王发布诏令实施，在诏令生效之日起五天内，选举委员会应规定遴选开始的日期，该日期不得晚于诏令生效之日起三十天。上述规定应在政府公报上公布，第一百零四条的规定应参照适用。

第一百零八条 上议员应符合下列资质且没有下列禁止情形：

（一）资质：

（1）因出生取得泰王国国籍；

（2）在申请选举之日年满四十周岁；

（3）具有知识、专长和经验，或在其所申请的领域工作不少于十年，或具有《上议院议员遴选法》规定的资格；

（4）依照《上议院议员遴选法》的规定和程序，在其申请选举的地区出生、拥有户籍、曾经工作过或有联系。

（二）禁止情形：

（1）依照第九十八条第（一）项至第（十一）项、第（十五）项至第（十八）项的规定被禁止行使被选举权的；

（2）政府官员；

（3）当前或曾经担任下议员，但截至申请选举之日已卸任满五年者除外；

（4）政党成员；

（5）当前或曾经担任任何政党职务，但截至申请选举之日已卸任满五年者除外；

（6）当前或曾经担任内阁大臣，但截至申请选举之日已卸任满五年者除外；

（7）当前或曾经担任地方议会议员或地方行政官员，但截至申请选举之日已卸任满五年者除外；

（8）下议员、上议员、政务官员、地方议会议员或地方行政官员、同届上议员参选人、在宪法法院任职者或在独立机关任职者的父母、配偶或子女；

（9）依照本宪法曾担任上议员。

第一百零九条 上议员自遴选结果公布之日起任期五年。

上议员资格自选举委员会公布遴选结果之日起开始生效。

上议院任期届满后，上议员须继续履行职责，直至产生新一届上议员。

第一百一十条　上议院任期届满后,应依照第一百零七条第五款规定遴选出新一届上议员。

第一百一十一条　上议员资格自下列情形起终止:

(一) 上议院任期届满;

(二) 死亡;

(三) 辞职;

(四) 根据第一百零八条规定不符合资质条件或存在任何禁止情形;

(五) 未经上议院议长批准,在不少于一百二十天的会期内,缺席会议时间达四分之一以上;

(六) 被终审判处徒刑(无论是否裁定缓刑),过失犯罪、罪行轻微或诽谤罪而被裁定缓刑的除外;

(七) 其行为违反第一百一十三条、第一百八十四条或第一百八十五条规定;

(八) 根据第一百四十四条或第二百三十五条第三款规定卸任。

第一百一十二条　曾担任上议员且其资格终止不超过两年的人不得担任内阁大臣或政务官员,地方议会议员或地方行政官员除外。

第一百一十三条　上议员不得赞同或服从于任何政党的命令。

第四节　两院通用条款

第一百一十四条　上议员和下议员都是泰王国公民的代表,不受任何委托、义务或控制的约束。他们应为国家的共同利益和泰王国公民的整体幸福忠实地履行职责,不得有任何利益冲突。

第一百一十五条　上议员和下议员在就职时必须分别在上议院

和下议院郑重宣誓，誓词如下：

"本人（宣誓人姓名）郑重宣誓：我将忠诚地为国家和民众利益行使职权，在各个方面维护和遵守泰王国宪法。"

第一百一十六条 上议院和下议院各设议长一名，副议长一至两名，由国王根据各院的决议任命。

下议院议长、副议长在任期间，不得同时兼任任何政党执行委员会委员或其他任何政党职务。

第一百一十七条 下议院议长、副议长任职至任期届满或下议院被解散。

上议院议长、副议长任职至上议院任期届满之日，依照第一百零九条第三款规定继续履行职责的期间除外。

第一百一十八条 下议院议长、副议长，上议院议长、副议长在第一百一十七条规定的任期届满前，在下列情形下提前卸任：

（一）丧失所在院议员资格；

（二）辞职；

（三）担任内阁总理、部长或其他政治职务；

（四）被法院判处徒刑，不论案件是否终审或是否被裁定缓刑，过失犯罪、罪行轻微或诽谤罪案件除外。

第一百一十九条 下议院议长和上议院议长有权且有责任依据议事规则运行各院事务。副议长受议长委托，当议长缺席或不能履行职责时有权代表议长履行职责。

下议院议长、上议院议长以及代行议长职权的人须公正履行职责。

下议院议长、副议长，上议院议长、副议长均缺席时，从本院议员中选举一名议员主持本院会议。

第一百二十条 不论下议院或上议院，必须有本院全部议员人数一半以上的议员出席才能召开本院会议，但在审议质询程序时，可以根据情况另行规定参会人数。

除本法另有规定外，任何议案的表决，应以多数票为准。

在投票表决时，每名议员一人一票，如票数相等，由会议主持者增投一票作为决定性投票。

会议纪要和每位议员的投票记录应当向公众进行公示，非公开会议或不记名投票的情况除外。

除本宪法另有规定外，选举或批准某人担任公职时应采取不记名投票。

第一百二十一条 国会应在下议员普选结果公布之日起十五日内召集第一次会议。

国会每年度有两次例会。每次例会会期为一百二十天，但国王可以延长会期。

只有经国会批准，年度例会才可在一百二十天会期结束前休会。

本条第一款规定的第一次会议召开之日视为第一次年度例会的召开日期，第二次年度例会的召开日期由下议院确定。若本条第一款规定的第一次会议距离本年度结束的时间不足以召开第二次年度例会，本年度第二次例会可不再举行。

第一百二十二条 国王召集国会，决定会期开始日与结束日。

国王可出席并主持首次年度例会的开幕式，或命令其已具备完全法律行为能力的继承人或其他任何人作为其代表主持开幕式。

为国家利益事项而有必要商讨时，国王可召开国会特别会议。

在第一百二十三条和第一百二十六条规定的情形下，应颁布诏令通告国会的召集、延期和闭幕。

第一百二十三条 不少于两院现有议员总数三分之一的两院议员或下议员，有权向国会主席提交联署请求，请求国王颁布诏令召开国会特别会议。

国会主席应将联署请求提呈国王，并副署诏令。

第一百二十四条 下议院会议、上议院会议或国会联席会议期间，议员陈述事实、发表意见、投票享有绝对豁免权。任何人不得以任何方式、任何理由对议员提出司法诉讼。

如议员在会议上的发言具有违法嫌疑，经广播、电视或其他媒体向社会传播后对所在院或内阁之外的其他人造成损失的，则不受本条第一款所述的特权豁免，受害方可在规定的时间内依法向该议员提出司法诉讼。

在本条第二款规定的情形下，议员言论攻击对象为所在院或内阁之外的其他人士的，该院议长应根据本院议事规则，在规定时间内应被攻击对象的要求作出相关解释，且不得妨碍其提起诉讼的权利。

在国会会期内，根据上议院、下议院或国会议事规则进行会议记录的印刷社与出版社，经会议主席许可在该会议上陈述事实、表达意见的人，以及经议长允许通过广播、电视或其他媒体转播该会议的人，均受本条规定的特权豁免。

第一百二十五条 国会会议期间，除非作案时被捕或经议员所在议院同意，否则不得将上议员和下议员作为刑事犯罪嫌疑人进行逮捕、拘留或传唤。

下议员或上议员作案时被捕的，警方应立即报告被拘者所在议院的议长。同时，出于会议利益为重的考量，该议长可命令释放被捕议员以出席会议。

若下议员或上议员在国会开会之前在案件调查或审理中被拘留，国会会议开始时，若被拘者所在议院议长要求释放该议员，审讯官员或法院应立即签发释放令。在此情形下，法院可采取保释措施发出释放令。

下议员或上议员受刑事指控，不论是否发生在国会会议期间，法院均可在会议期间审理有关案件，但法院的审理不得妨碍该议员出席会议。

第一百二十六条　下议院因任期届满、被解散或任何其他原因而不存在时，除下列情形外，上议院不得召开会议：

（一）国会须依照第十七条、第十九条、第二十条、第二十一条或第一百七十七条规定履行职责；

（二）依照宪法规定，上议院需召开会议以审议公职任命。

出现本条第一款规定的情形时，批准上议院召开会议。上议院议长应向国王报告，请求颁布诏令召开国会特别会议，上议院议长副署诏令。

在本条第一款第（一）项规定的情形下，上议院履行国会职权时，根据第一百七十七条规定，赞成票数不得少于现有上议员总数的三分之二。

第一百二十七条　根据两院议事规则，下议院会议、上议院会议及国会联席会议需公开举行。应内阁要求，或不少于本院或两院现有议员总数四分之一议员的要求，会议可不公开举行。

第一百二十八条　下议院和上议院有权制定以下事项的议事规则，包括议长、副议长选举，议长、副议长行使职权的范围，各常设委员会职权范围内的事项与事务，委员会的职责履行与法定人数，会议的召开，宪法性法案与一般法案的提出与审议，动议的提出，咨询，辩论，决议的通过，决议通过的记录与公开，质询，一般性辩论，规则和秩序的维护及其他相关事项，关于议员和委员会委员的道德准则以及其他有关宪法实施的事项。

根据本条第一款的议事规则，下议院认为内容涉及儿童、青年、妇女、老年人、身心障碍者或病患的法案，如需任命特别委员会审议的，应规定特别委员会的构成应包括上述各类群体或与上述群体有直接关系的私人组织代表，人数不得少于特别委员会总人数的三分之一。

第一百二十九条 下议院和上议院有权遴选、任命所在院议员组成常设委员会；根据第一百三十七条的规定有权遴选、任命任何人组成特别委员会或联合委员会，不论其是否为所在院议员，委员会有权在国会规定的期限内履行职责、调查事实或研究任何事项，并向国会汇报调查结果。

本条第一款规定的职责的履行、事实的调查或任何事项的研究，需在国会的职权范围内。任命各委员会时规定的职权以及各委员会履行的职责不得重复。若职责的履行、事实的调查或任何事项的研究相互关联，议院议长应指示所有相关委员会共同执行上述任务。

任何委员会不得授权、委托第三人或第三方团体代表其开展事实调查。

本条第一款规定的委员会有权发布命令并要求任何人提供资料，或就其调查、研究的有关活动或事项传唤任何人予以说明或给出意见。上述命令或传唤不得适用于履行审判职责的法官、各法院的人事管理事务，不得适用于宪法或宪法附则规定的独立机关中直接履行公职的人员。

负责委员会调查或研究事项的内阁大臣应指示在其监督、管理下的政府官员应委员会的要求，提供事实、提交资料或给出意见。

下议院和上议院应向公众披露其会议纪要或委员会关于行动、调查结果或研究的报告，下议院或上议院通过决议禁止披露的情形除外。

第一百二十四条规定的豁免权应扩展至根据本条规定履行职责和服从传讯命令之人。

下议院组织的常设委员会中，各政党参加委员会的人员分配比例应按照或接近现有各政党在下议院中的议员人数比例。

下议院尚未制订第一百二十八条规定的议事规则时，由下议院议长决定本条第八款中人员的参加比例。

第一百三十条　应制定如下宪法性法律：

（一）下议院议员选举法；

（二）上议院议员遴选法；

（三）选举委员会法；

（四）政党法；

（五）监察委员会法；

（六）反腐败法；

（七）国家审计法；

（八）宪法法院诉讼程序法；

（九）政务官员刑事诉讼法；

（十）国家人权委员会法。

第一百三十一条　宪法性法律提案只能由下列人员或机关提出：

(一)在最高法院、宪法法院或相关独立机关的建议下由内阁提出；

(二)不少于现有下议员总数十分之一的下议员。

第一百三十二条 宪法性法律提案应与法案以相同的方式制定，并符合以下规定：

(一)宪法性法律提案提交国会，国会召开联席会议审议该宪法性法律提案，并应在一百八十日内完成。三读表决时，宪法性法律提案的赞成票数需超过国会现有议员总数的二分之一。国会联席会议未在规定期限内完成审议的，视为国会已通过第一百三十一条所述的宪法性法律提案；

(二)国会自通过宪法性法律提案之日起十五日内，将宪法性法律提案提交最高法院、宪法法院或有关独立机关征求意见。最高法院、宪法法院或有关独立机关自收到宪法性法律提案之日起十日内无异议的，国会应采取下一步程序；

(三)若最高法院、宪法法院或有关独立机关认为国会通过的宪法性法律提案的条款违宪或导致无法遵守宪法规定，应将该意见提交国会，国会召开联席会议审议该意见，并应在收到该意见之日起三十日内完成。在此情形下，国会有权根据最高法院、宪法法院或有关独立机关的建议酌情修改上述宪法性法律提案。完成后，国会应采取下一步程序。

第一百三十三条 法案应首先提交下议院，只能由下列人员或机关提出：

(一)内阁；

(二)不少于二十名的下议员；

(三)不少于一万名根据第三章泰王国公民的权利和自由或第

五章国家的义务的规定有选举权的合法选民,可依照公开提交法案的法律规定,提出法案请求。

若第(二)项、第(三)项规定的人员提出与财政有关的法案,须经总理认可。

第一百三十四条 财政法案系指涉及以下内容的法案:

(一)税收的设立、取消、减少、变更、修改、豁免或管理;

(二)国家资金的分配、收入、保管、支出,或国家预算支出的调整;

(三)借贷、担保、偿还贷款,或约束国家财产的行动;

(四)货币相关事项。

当质疑一项法案是否为财政法案时,由下议院议长和各常设委员会主席举行联席会议进行裁决。

下议院议长在本条第二款情形发生之日起十五日内主持联席会议进行裁决。

本条第二款规定的联席会议的决议应通过多数投票决定,如票数相等,下议院议长可另投决定性一票。

第一百三十五条 下议员或有选举权的合法选民提出的法案本不涉及财政问题,但经下议院审议过程中作了修改,下议院议长认为或下议员向议长提出异议认为修改后的法案已涉及财政问题时,下议院议长应下令停止审议,并依照第一百三十四条第二款、第三款、第四款的规定采取下一步程序。

若联席会议认为修改后的法案属于财政法案,下议院议长应将其提交总理认可。若总理不予认可,下议院应修改该法案以使其不属于财政法案。

第一百三十六条 下议院审议并决议通过宪法性法律提案后,

应将该法案提交上议院。上议院应在六十日内审议结束，但若属于财政法案，应在三十日内审议结束。如有特殊情况，上议院可决定是否延期，延期时间最长不超过三十日。该审议期限系指在会期之内，时间从上议院收到法案之日起计算。

本条第一款所指审议时间不包括第一百三十九条规定的宪法法院审理期间。

若上议院未在本条第一款规定期限内完成审议，则视为法案已经上议院通过。

下议院向上议院提交财政法案时，下议院议长应告知上议院该法案属于财政法案，下议院议长的通知应被视为最终通知。若下议院议长未告知上议院提交的法案属于财政法案，该法案视为非财政法案。

第一百三十七条 上议院完成法案审议后，应按以下程序进行处理：

（一）若其赞成下议院意见，根据第八十一条采取下一步程序；

（二）若其不赞成下议院意见，可将法案搁置并将其退回下议院；

（三）若上议院审议后对法案提出修改意见，则将修改后的法案退回下议院。若下议院同意修改意见，根据第八十一条采取下一步程序；在其他情形下，各院任命由下议院确定数量的议员或非议员组成联合委员会审议该法案，联合委员会向两院提交报告和审议后的法案。若两院同意通过审议后的法案，根据第八十一条采取下一步程序；如两院中任何一院未同意通过，不论另一院是否已审议，则暂缓通过该法案。

两院任命的联合委员会委员过半数出席会议，联合委员会召开的会议才合法有效，第一百五十七条规定可参照适用。

上议院未在第一百三十六条规定时间内将法案退回下议院的，则该法案视为已经上议院通过，根据第八十一条采取下一步程序。

第一百三十八条 根据第一百三十七条规定暂缓通过的法案，只能在下列情形下由下议院重新进行审议：

（一）第一百三十七条第（二）项情形下被暂缓通过的法案，下议院在上议院退回有关法案之日起一百八十日后才能重新进行审议；

（二）第一百三十七条第（三）项情形下被暂缓通过的法案，从任一院不予认可之日起一百八十日后才能重新进行审议。

在本条第一款的情形下，若下议院决议重审其审议的法案或联合委员会审议的法案，并经下议院现任议员总人数的过半票数通过，该法案视为经国会通过，应根据第八十一条采取下一步程序。

根据第一百四十三条第四款规定，若暂缓通过的法案为财政法案，则本条第一款规定的一百八十日期限应缩短为十日。

第一百三十九条 当一项法案根据第一百三十七条规定被暂缓通过，内阁或下议员不得再次提出与其实质性相同或相似的法案。

若下议院或上议院认为提出或提交审议的法案与暂缓通过的法案实质性相同或相似，下议院议长或上议院议长应将该法案提交宪法法院裁定，若宪法法院裁定该法案与暂缓通过的法案实质性相同或相似，则该法案失效。

第一百四十条 国家财政支出只能在财政预算开支法、预算程序法、财政开支调整法、国库储备法或国家金融和财政秩序法允许的范围内进行，但根据法律规定和程序，在紧急和必要情形下可以预支。在此情形下，为平衡国库开支预算须列入预算调整法案、补充预算法案或下一财政年度之年度预算法案。

第一百四十一条 国家财政预算应以法案形式制定。若下一财政年度的年度预算法案没有在此财政年度通过，此时应按照前一财政年度预算的相关法律继续实施。

国家应依照国家金融和财政秩序法的规定，提供足够的预算拨款，以保障国会、法院、独立机关和国家检察机关独立履行职责。国会、法院、独立机关或国家检察机关认为预算拨款不足以履行职责时，可直接向委员会提出动议。

第一百四十二条 依照国家金融和财政秩序法的规定，年度预算法案的制定必须明确指出收入来源、预计收入以及预计的支出目的或收益，并与国家战略和发展计划存在一致性。

第一百四十三条 下议院应在收到法案之日起一百零五日内完成对年度预算法案、补充预算法案以及预算调整法案的审议。

若下议院没有在本条第一款规定期限内完成审议，则视为下议院同意通过该法案，并应提交至上议院审议。

上议院须在收到法案之日起二十日内审议该法案，审议过程中不得对该法案进行任何修改，超过规定期限，则视为上议院同意通过该法案；在此情形下，按照第八十一条采取下一步程序。

若上议院否决该法案，则应参照适用第一百三十八条第二款所述规定。在此情形下，下议院应立即重新审议该法案。

本条第一款和第三款所指的时间不包括宪法法院根据第一百四十四条第三款进行审议的时间。

第一百四十四条 审查年度预算法案、补充预算法案和预算调整法案时，下议员不得建议修改或增加任何项目或数额，但可建议减少或压缩支出，但不应减少或压缩下列支出：

（一）偿还贷款本金；

（二）贷款利息；

（三）根据法律应支付的款项。

下议院、上议院或委员会审议时，禁止任何可能导致下议员、上议员或委员会委员与拨款产生直接或间接关系的提议、动议或行为。

下议院或上议院不少于各院现任议员总数十分之一的议员，若认为有违反本条第二款规定的情形发生时，应将意见提交至宪法法院裁决，宪法法院应在收到该意见之日起十五日内作出裁决。若宪法法院裁决违反本条第二款规定的情形发生，则该提议、动议或行为无效。若违反者为下议员或上议员，其议员资格自宪法法院作出裁决之日起终止，该议员的被选举权同时被剥夺。若内阁实施或批准实施上述行动，或知晓该行动但未下令停止，则内阁应自宪法法院作出裁决之日起集体辞职，辞职的内阁大臣的被选举权也同时被剥夺，除非其能证明在通过决议时并未出席会议。违反者应当承担赔偿责任并支付利息。

对于明知违反本条第一款或第二款规定，仍运营项目、批准或提供预算拨款的任何政府官员，若其已以书面形式记录其反对意见或已以书面形式告知国家反腐败委员会，应当免除其任何责任。

在本条第三款和第四款规定的情形下，可在预算拨付之日起二十年内提出返还的请求。

国家反腐败委员会根据本条第四款规定已获知的，应立即进行秘密调查。若认为案件初步证据确凿，应将意见提交宪法法院，并根据本条第三款规定采取下一步程序。不论何种情形下，国家反腐败委员会、宪法法院或任何其他人都不得公开举报人的信息。

第一百四十五条 总理自收到国会已经通过的法案之日起应将该法案保留五日,若没有出现需采取第一百四十八条规定的程序的情形,总理应在上述保留期限届满之日起二十日内将法案呈交国王。

第一百四十六条 国王未予御准并退回国会的法案,或国王在九十日内未批复的法案,国会须重新审议该法案。若国会两院现任议员总数三分之二以上投票通过该法案,总理应将该法案再次上呈国王。若国王在三十日内未予批复,则视为国王已御批,总理应将该法案在政府公报公布。

第一百四十七条 下议院任期届满或被解散时,未经国会通过的、国会已通过但国王未御准或在九十日内未予批复的宪法修正案草案或法案视为无效。

对于本条第一款所述的所有未经国会通过的无效的宪法修正案草案或法案,若大选后新任命的内阁向国会提出申请,请求国会、下议院或上议院进一步审议上述修正案或法案,经国会同意后,国会、下议院或上议院应进一步审议上述修正案或法案,但内阁须在大选后国会第一次会议召开之日起六十日内提出申请。

第一百四十八条 总理根据第八十一条规定将任何法案呈交国王签署之前:

(一)如不少于现有两院议员总数十分之一的下议员、上议员或两院议员认为上述法案的条款违宪或法案制定程序违宪,应将意见提交至下议院议长、上议院议长或国会主席,各院议长或主席在收到意见后,应将其迅速提交至宪法法院裁定,并通知总理;

(二)如总理认为上述法案的条款违宪,或法案制定程序违宪,应将其意见迅速提交宪法法院裁定,并通知下议院议长与上议院议长。

宪法法院审理期间，总理不得将法案呈交国王签署。

如宪法法院裁定法案部分条款违宪或法案制定程序违宪，且违宪条款为该法案实质核心部分，则该法案无效。

如宪法法院裁定法案部分条款违宪，但并非本条第三款规定的情形，则法案中部分违宪条款无效，总理应根据第八十一条采取下一步程序。

第一百四十九条 第一百四十八条可参照适用于下议院、上议院或国会已经同意通过，但尚未在政府公报公布的下议院议事规则草案、上议院议事规则草案或国会议事规则草案。

第一百五十条 下议员或上议员有权根据所在院的议事规则对内阁大臣职权范围内的各项事务提出口头或书面质询，该议事规则至少应规定允许在未提前通知的情形下提出口头质询。

如内阁认为有关问题涉及国家安全和重大利益暂不便公开时，内阁大臣有权拒绝答询。

第一百五十一条 不少于下议院现任议员总数五分之一的议员，有权提出对个别内阁大臣或全体内阁的不信任案并提出一般性辩论的动议。

本条第一款所述的动议提出后，除非撤回动议或表决时未获得本条第四款规定的票数，否则不得解散下议院。

如一般性辩论结束后仍未就动议形成决定，下议院应投票决定是否通过不信任案。投票不得在辩论结束当天进行。

不信任案须经下议院现任议员总数的过半数投票通过。

在下议员根据本条第一款提交动议之后已离职但仍担任其他内阁职务的大臣，或在动议提交之前已离职不超过九十日但仍担任其他内阁职务的大臣，仍应对其不信任案进行辩论及投票。

第一百五十二条 不少于下议院现任议员总数十分之一的议员,有权提出无需通过投票决议的一般性辩论动议,以询问事实或提出问题。

第一百五十三条 不少于上议院现任议员总数三分之一的议员,有权提出在上议院进行无需通过投票决议的一般性辩论的动议,以要求内阁陈述事实或解释与管理国家事务有关的重要问题。

第一百五十四条 第一百五十一条、第一百五十二条或第一百五十三条所述的一般性辩论动议,每年度可提出一次。

本条第一款所述规定不适用于第一百五十一条规定的在辩论结束时需形成决议的一般性辩论。

第一百五十五条 出现与国家稳定、国家安全或国民经济有关的重要问题时,国会和内阁应进行联合协商,下议院反对派领袖可通知国会主席,要求在国会会议上进行一般性辩论。在此情形下,国会主席须在收到通知之日起十五日内举行会议,但国会不得就辩论事项进行投票决议。

本条第一款所述的会议应非公开举行,内阁应出席该会议。

第五节 国会联席会议

第一百五十六条 下列情形下国会应举行联席会议:

(一)根据第十七条批准摄政王的任命;

(二)根据第十九条,摄政王向国会郑重宣誓;

(三)根据第二十条认可《王位继承法(1924年)》之修改;

(四)根据第二十一条认可或批准王储继位;

(五)根据第一百二十一条批准会议休会;

(六)根据第一百二十二条国会会议开幕;

（七）根据第一百三十二条审议宪法性法律提案；

（八）根据第一百四十六条重新审议宪法性法律提案或一般法案；

（九）根据第一百四十七条审议通过；

（十）根据第一百五十五条和第一百六十五条进行一般性辩论；

（十一）根据第一百五十七条制定国会议事规则；

（十二）根据第一百六十二条宣布政策；

（十三）根据第一百七十七条批准宣战；

（十四）根据第一百七十八条听证和批准条约；

（十五）根据第二百五十六条修改宪法；

（十六）宪法规定的其他情形。

第一百五十七条 国会联席会议适用国会议事规则。如国会议事规则尚未颁布，可暂时参照适用下议院议事规则。

两院通用条款参照适用于国会联席会议，但对于委员会的任命，委员会委员中各院议员的组成数量应按照或接近各院议员人数的比例进行分配。

第八章　内　　阁

第一百五十八条 国王任命总理及不超过三十五名大臣组成内阁，内阁负责行使国家事务管理职权。

总理的任命须依照第一百五十九条规定经下议院批准通过。

下议院议长需副署总理任命的诏令。

总理任期累计不得超过八年，无论是否连任，但累计任期不包含总理卸任后仍执行职务的期间。

第一百五十九条 下议院负责完成对总理人选的批准和通过，

总理人选应符合第一百六十条规定的资格，应是第八十八条所规定的政党名单中的人员，该政党在下议院的议员席位须不少于下议院现有议员总数的百分之五。

本条第一款所述的人选，需由不少于下议院现有议员总数十分之一的议员提名通过。

下议院批准任命总理的决议，需通过公开投票的方式，由下议院现有议员过半数投票通过。

第一百六十条 内阁大臣须符合下列条件：

（一）因出生取得泰王国国籍；

（二）年满三十五周岁；

（三）拥有学士以上学位或同等学力；

（四）品行廉正；

（五）不存在严重违反或不符合道德准则的行为；

（六）不存在第九十八条所述的任何禁止情形；

（七）不存在以下情形：被法院判处徒刑，不论案件是否终审或是否被裁定缓刑，过失犯罪、罪行轻微或诽谤罪案件除外；

（八）不存在以下情形：因作出第一百八十六条或第一百八十七条所规定的任何禁止行为而被免职，且距任命之日不满两年。

第一百六十一条 就职前，内阁大臣应向国王郑重宣誓，誓词如下：

"我（宣誓人姓名）郑重宣誓，我将忠于国王陛下，为国家和民众利益忠诚履行职责。我将在各个方面维护和遵守泰王国宪法。"

若在郑重宣誓之前，国王已命令内阁暂为履行职责，内阁可按照第一百六十二条第二款规定执行。在此情形下，根据第一百六十八条第（一）项规定，即将离任的内阁应自上述命令下达之日起终止履行职责。

第一百六十二条 即将上任管理国家事务的内阁大臣,必须于就职之日起十五日内,向国会阐述其执政政策,该政策须符合国家职责、国家政策的指导性原则以及国家战略,并声明将用于实施上述政策的经费来源,该事项无须经过信任案投票表决。

在根据本条第一款向国会阐述执政政策之前,发生严重或紧急的情形时,若延迟处置将损害国家重大利益的,已就职内阁需即刻采取必要措施进行应对。

第一百六十三条 内阁大臣有权参加下议院会议并陈述事实或发表意见,但无权投票,除非该大臣以下议员的身份进行投票。第一百二十四条规定的豁免权应参照适用。

第一百六十四条 内阁依照宪法、法律、向国会阐述的政策管理国家事务,并依照下列原则履行职责:

(一)以诚实、善意、奉献、开放、缜密和谨慎的态度行使职权,为国家和公众的最大利益开展各项活动;

(二)严格遵守国家金融和财政秩序法规定的有关国家资金的行为纪律;

(三)维护和遵守良好的公共治理原则;

(四)鼓励社会各界公平、幸福、和睦、团结共存。

内阁大臣就其职权范围内的事项以个人名义对下议院负责,并就内阁总体政策制定和政策执行对国会负集体责任。

第一百六十五条 若遇有国家重大事务,国会认为需要征询下议院和上议院意见时,总理可告知并提请国会主席召开国会联席会议举行一般性辩论。在此情形下,国会不得就辩论事项进行投票决议。

第一百六十六条 在有合理理由的情形下,内阁可要求就任何不违宪的事项或与法律规定的任何个人或群体有关的事项进行全民公投。

第一百六十七条 内阁全体成员的职务如遇下列情况即行终止:

(一)总理职务根据第一百七十条终止;

(二)下议院任期届满或被解散;

(三)内阁集体辞职;

(四)根据第一百四十四条规定被撤职。

当内阁根据第(一)项、第(三)项或第(四)项的规定集体离职时,应依照第一百五十八条和第一百五十九条的规定进行新一届内阁组阁程序。

第一百六十八条 即将离任的内阁应按下列条件继续履行职责:

(一)在第一百六十七条第(一)项、第(二)项或第(三)项情形下,即将离任的内阁应继续履行职责,直至新任命的内阁就职,如总理因不符合资格而按照第一百六十七条第(一)项规定终止任职,或存在第九十八条或第一百六十条第(四)项、第(五)项规定的任何禁止行为,总理不得继续履行职责;

(二)在第一百六十七条第(四)项情形下,即将离任的内阁不得继续履行职责。

内阁依据本条第一款第(二)项规定不能继续履行职责,或继续履行职责的内阁集体辞职,并且第一百五十八条和第一百五十九条规定的程序尚未完成或因故无法进行时,常务秘书长仅在必要情形下暂代履行上述内阁大臣的职责,并应在常务秘书长中选举一人担任总理职务。

第一百六十九条 根据第一百六十七条第（二）项规定即将离任但根据第一百六十八条规定必须继续履行职责的内阁，应按下列条件履行职责：

（一）不得批准任何计划、项目，不得实施对下届内阁有拘束力的行为，已在年度预算中确定的除外；

（二）除非事先获得选举委员会的批准，否则不得任命或调任政府官员、国家机关人员、国有企业人员或国家为大股东的企业的人员，不得将上述人员免职、撤职，或指示他人代替上述人员履行职责；

（三）除非事先获得选举委员会的批准，否则不得实施旨在批准应对危机情况的预留预算的行为；

（四）不得利用国家资源或人力影响选举结果，不得实施违反选举委员会规定的禁止性活动。

第一百七十条 内阁大臣的职务在下列情形出现时即行终止：

（一）死亡；

（二）辞职；

（三）下议院通过了不信任决议；

（四）根据第一百六十条规定不符合条件或存在禁止情形；

（五）存在第一百八十六条或第一百八十七条禁止的行为；

（六）根据第一百七十一条发布诏令免去内阁大臣职务。

除了内阁大臣职务因上述情形终止外，总理职务也应在第一百五十八条第四款规定的期限届满时终止。

第八十二条的规定应参照适用于本条第一款第（二）项、第（四）项或第（五）项以及本条第二款所规定的终止内阁大臣职务的情形。因此选举委员会有权就引发的争议提交宪法法院裁决。

第一百七十一条 国王有权根据总理建议免去内阁大臣职务。

第一百七十二条 为维护国家安全、公共安全、国家经济利益，为避免出现公共灾难，国王可颁布紧急状态命令，该命令具有与法律同等的效力。

上述紧急状态命令仅在出现不可避免的紧急状态时依内阁建议发布。

在随后召开的国会会议上，内阁应向国会提交该紧急状态命令，国会应立即予以审议，不得拖延。若国会处于休会期间，等待下一次全体例会审议势必会造成延误的，内阁应召集国会特别会议，以从速审议是否批准紧急状态命令。若下议院不予同意，或下议院同意但上议院不予同意，而下议院重新审议时未获下议院现有议员过半数同意的，该紧急状态命令的效力终止，但不影响紧急状态命令施行期间已经实施行为的法律效力。

若本条第一款所述的紧急状态命令将导致任何现行法律条款的修正或废除，但该命令依据本条第三款规定失效时，之前生效的法律条款，在紧急状态命令的效力被否决后继续有效。

若下议院和上议院批准该紧急状态命令，或上议院未予同意但下议院经重新审议获得下议院现有议员过半数同意时，则该命令继续拥有与法律相同的效力。

总理应将紧急状态命令批准与否的审议结果公布于政府公报。若未能批准，则此结果自政府公报公布次日起生效。

下议院和上议院审议紧急状态命令以及重新审议通过紧急状态命令，必须在各院会议上第一时间进行。

第一百七十三条 下议院或上议院批准紧急状态命令之前，下议院或上议院现任议员总数五分之一以上的议员，认为紧急状态命令不符合第一百七十二条第一款规定的，有权向所在议院的议长提议。该院议长应于收到此提议后三日内将其提交宪法法院裁决。该紧急状态命令的审议应延迟至宪法法院作出裁决结果之后进行。

宪法法院应在收到提议之日起六十日内作出裁决，并应将裁决结果告知提交的议长。

若宪法法院裁决紧急状态命令（紧急状态法）不符合第一百七十二条第一款的规定，则该命令自始至终不具任何法律效力。

宪法法院作出紧急状态命令不符合第一百七十二条第一款规定的裁决时，该裁决需获得宪法法院现有全体法官三分之二以上的投票。

第一百七十四条 若因国家利益须制定关于税收或货币的法律，且需进行紧急、秘密的审议时，国王可发布紧急状态命令予以认可，该命令具备法律效力。

第一百七十二条第三款至第七款的规定参照适用于根据本条第一款规定发布的紧急状态命令。但若上述命令是在国会会期内发布的，须在政府公报公布之日起三日内提交至下议院。

第一百七十五条 国王有权发布不与法律相抵触的诏令。

第一百七十六条 国王有权宣布和解除戒严。

在紧急情况下如有必要，军事机关可依照戒严法在特定地区颁布戒严令。

第一百七十七条 国王有权依据国会的决议宣布战争。

国会有关战争的决议需由不少于两院现任议员总数的三分之二票数通过。

第一百七十八条 国王有权与其他国家或国际组织缔结涉及和平、停战及其他事项的条约。

一项条约若涉及改变泰王国主权所及领土，或改变泰王国根据条约、国际法所拥有主权或管辖权的海外领地，或要求根据该条约制定法律的，或对国家经济、社会、贸易或投资安全产生深远影响的，该条约必须经国会批准。在此情形下，国会应于收到该事项之日起六十日内完成审议。若国会未在上述期限内完成审议，则视为国会已批准。

本条第二款所述的可能对国家经济、社会、贸易或投资安全产生深远影响的条约系指与自由贸易、共同关税同盟或授权利用自然资源有关的条约，导致国家失去对自然资源的全部或部分权利的条约，以及法律规定的其他任何条约。

本条第三款所述条约的缔结对公众造成影响的，法律应规定相关程序使公众参与表达意见并获得必要救济。

若对一项条约是否构成本条第二款或第三款规定的情况持有疑问，内阁可请求宪法法院就此作出裁决。宪法法院应在收到请求之日起三十日内作出裁决。

第一百七十九条 国王有权实行赦免。

第一百八十条 由国王任免国家各部委常务次长、总干事以及其他此类级别的军事官员和民政官员，除非职位空缺是由于官员死亡、退休或受免职惩罚。

第一百八十一条 保有永久职位或领取固定职位薪酬的政府官员和国家职员，如非政务官员，不得成为政务官员或担任其他政治性职务。

第一百八十二条 除本宪法另有规定，所有与国家事务有关的法律、御批、诏令，应由一名内阁大臣副署。

第一百八十三条 枢密院委员、下议院议长与副议长、上议院议长与副议长、下议院反对派领袖、下议员及上议员的薪资和其他报酬应依诏令规定。

卸任枢密院委员的薪资、退休金或其他报酬，依诏令的规定给付。

第九章 利益冲突

第一百八十四条 下议员和上议员不得：

（一）在政府机构、国家机关或国有企业担任任何职务、履行任何职责，或担任地方议会议员、地方行政官员；

（二）直接或间接地接受、干涉或介入任何来自国家、政府机构、国家机关或国有企业的特许权，成为与国家、政府机构、国家机关或国有企业签订具有垄断性或排他性契约的一方，成为获得特许权的合伙企业或公司的合伙人或股东，或正在成为类似性质契约的一方；

（三）接受来自政府机构、国家机关或国有企业的任何特别资金或利益，政府机构、国家机关或国有企业与他人的正常交易除外；

（四）直接或间接地实施任何等同于非法阻碍或干扰报纸或媒体机构行使权利或自由的行为。

本条规定不适用于下议员或上议员接受军人抚恤金、遣散费、退休金、年金或任何其他相同性质的酬金的情形，也不适用于下议员或上议员接受或担任国会、下议院、上议院的委员会委员职务，或在与议会事务相关的国家事务管理过程中被任命为某委员会委员职务，或法律明确规定的委员职务的情形。

本条第一款第（二）项、第（三）项规定适用于上议员、下议员的配偶和子女，也适用于其配偶或子女以外的相关人员，包括其代理人、合作伙伴或根据其委托行事的受托人。

第一百八十五条 下议员和上议员不得利用其议员身份或职务，为本人、他人或政党利益，以直接或间接的方式进行任何干涉或介入下列事项的行为：

（一）政府官员或政府机构、国家机关、国有企业、国家为大股东的企业或地方行政机关的官员或雇员的常规职责的履行；

（二）实施使其能够参与国家机关预算支出或批准任何项目的行为，在国会事务范围内实施的行为除外；

（三）非政务官员或政府机构、国家机关、国有企业、国家为大股东的企业或地方行政机关的官员或雇员的招聘、任命、调动、改组、晋升、加薪或免职。

第一百八十六条 第一百八十四条的规定参照适用于内阁大臣，但下列情形除外：

（一）依据法律规定的内阁大臣的职权而担任职务或实施行为；

（二）依据国家事务管理的职权、向国会阐明的执政策略或法律规定而实施的行为。

除本条第一款规定的情形外，根据道德准则的规定，内阁大臣不得利用其身份或职务，为本人、他人或政党利益，以直接或间接的方式实施任何干涉或介入政府官员职责履行的行为。

第一百八十七条 内阁大臣不得成为合伙企业或公司的合伙人或股东，或保持该身份超过法律所许可的限度，或受雇于任何人。

若内阁大臣意图继续获取本条第一款所述情形下的利益，该内阁大臣应在任命之日起三十日内告知国家反腐败委员会主席，并根据法律规定将其持有的合伙企业或公司的股份转让给其他法人。

内阁大臣不得以任何方式参与本条第二款规定的合伙企业或公司的股份或事务的管理经营。

本条中与合伙人或股东身份有关的规定也适用于内阁大臣的配偶和未成年子女，以及以任何方式拥有或管理内阁大臣所持股份的其他人员。

第十章　法　　院

第一节　总　　则

第一百八十八条　法院具有审理和裁决案件的权力，须依照法律规定代表国王公正行使该权力。

法官和大法官在案件审理和裁决中保持独立，并根据宪法和法律以迅速、公平、公正的方式行使权力。

第一百八十九条　所有法院均依据法律设立。

对任何特定案件或任何特定指控的案件，法院依法存在并对案件享有审理和裁决管辖权的，不得设立新的法院和程序来代替该法院。

第一百九十条　国王任免法官和大法官。若职位空缺是由于死亡、退休、任期届满或被免职，应将该事项呈报国王。

第一百九十一条　就职前，法官和大法官应向国王郑重宣誓，誓词如下：

"本人（宣誓人姓名）郑重宣誓，本人将忠于国王陛下，为司法、民众及泰王国公共秩序的利益，以国王名义公正、忠实地履行职责。本人将在各个方面维护和遵守君主立宪政体、泰王国宪法和法律。"

第一百九十二条 当普通法院、行政法院或军事法院之间因案件的管辖权发生争议时，须设立委员会来决定管辖权，该委员会由下列人员组成：担任该委员会主席的最高法院院长、最高行政法院院长、军事司法办公室主任以及不超过四名法律规定的且符合条件的人士。

本条第一款规定的法院间管辖权争议的裁决规则和程序应依照法律规定。

第一百九十三条 除军事法院外，每个法院均设有独立于人事管理、预算和其他活动的秘书处，办公室主任作为上级官员，依法直接对每个法院院长负责。

法院和行政法院应有法律规定的特殊、适当的薪金和酬劳制度。

第二节 普通法院

第一百九十四条 普通法院有权审理和裁决除宪法、法律规定属于其他法院管辖案件之外的所有案件。

普通法院的设立、程序及运行应依照法律规定执行。

第一百九十五条 最高法院需设立针对政务官员的刑事审判法庭，由五至九名职位不低于最高法院大法官级别的最高法院法官或高级法官组成，上述法官由最高法院大会根据《政务官员刑事诉讼法》逐案选举产生。

最高法院的政务官员刑事审判法庭有权审理和裁决宪法规定的所有案件。

政务官员刑事诉讼程序应依照《政务官员刑事诉讼法》的规定执行。

对最高法院政务官员刑事审判法庭判决不服的，可自判决之日起三十日内向最高法院大会提出上诉。

最高法院大会在对本条第四款所述的上诉进行审理时，应由九名从未审理过该案件且职位不低于最高法院审判长级别的最高法院法官或高级法官组成合议庭审理，上述法官由最高法院大会逐案选举产生。上述合议庭作出的裁决视为最高法院大会的判决。

最高法院政务官员刑事审判法庭作出免职判决或该判决具有免职效力的，不论是否根据本条第四款规定提出上诉，被判决者的职务应自判决之日起终止。

本条第四款规定的上诉的规则和程序，以及本条第五款规定的对上诉的审理，应依照《政务官员刑事诉讼法》的规定执行。

第一百九十六条 与法院法官有关的人事管理应由法院司法委员会负责且独立进行，该委员会由下列人员组成：最高法院院长（担任该委员会主席），符合条件的法院各级司法官员，以及根据法律规定由司法官员选出的不超过两名非司法官员或从未担任过司法官员的符合条件的人员。

第三节 行政法院

第一百九十七条 行政法院有权审理和裁决因行使法定行政权力或实施法定行政行为而产生的行政纠纷案件。

应设立最高行政法院和初审行政法院。

本条第一款规定的行政法院的管辖权不包括独立机关根据宪法直接行使权力作出的裁决。

行政法院的设立、程序和运行应依照法律规定执行。

第一百九十八条 与行政法院法官有关的人事管理应由行政法院司法委员会负责且独立进行，该委员会由下列人员组成：最高行政法院院长（担任该委员会主席），符合条件的行政法院法官，以及根据法律规定由行政法院司法官员选出的不超过两名非行政法院法官或从未担任过行政法院法官的符合条件的人员。

第四节 军事法院

第一百九十九条 军事法院有权审理和裁决受军事法院管辖的刑事案件以及法律规定的其他案件。

军事法院的设立、程序、运行以及军事法院法官的任免应依照法律规定执行。

第十一章 宪法法院

第二百条 宪法法院由国王从下列人员中任命九名法官组成：

（一）三名职位不低于最高法院审判长级别且任职年限不少于三年的最高法院法官，并经最高法院全体大会选举产生；

（二）两名职位不低于最高行政法院法官级别且任职年限不少于五年的最高行政法院法官，并经最高行政法院全体大会选举产生；

（三）一名法律领域的符合条件的人士，从正在或曾经担任泰王国大学教授职位、任职年限不少于五年且目前拥有学术著作的人士中遴选产生；

（四）一名政治学或公共管理学领域符合条件的人士，从正在或曾经担任泰王国大学教授职位、任职年限不少于五年且目前拥有学术著作的人士中遴选产生；

（五）两名符合条件的人士，从正在或曾经担任不低于总干事或同等职级的政府机构负责人或副检察长职位，且任职年限不少于五年的人士中遴选产生。

若没有选举产生本条第一款第（一）项规定的最高法院审判长，最高法院全体大会可从职位不低于最高法院法官级别且任职不少于三年的法官中进行遴选。

本条第一款规定的任职时间计算应截至选举之日或申请遴选之日。在不得已的情形下，遴选委员会可宣布减少本条第一款或第二款规定的任职期限，但缩减后的期限不得少于两年。

第二百零一条　宪法法院法官还应符合下列条件：

（一）因出生取得泰王国国籍；

（二）在当选之日或申请遴选之日，年满四十五周岁且未满六十八周岁；

（三）拥有学士以上学位或同等学力；

（四）品行廉正；

（五）身体状况良好，可以有效地履行职责。

第二百零二条　宪法法院法官不得存在下列禁止情形：

（一）当前或曾经担任宪法法院法官或在独立机关任职；

（二）第九十八条第（一）项至第（十一）项、第（十七）项、第（十八）项规定的任何禁止情形；

（三）被终审判决徒刑，因过失犯罪或罪行轻微的除外；

（四）在选举或申请遴选之前的十年期间，正在或曾经担任下议员、上议员、政务官员、地方议会议员或地方行政官员；

（五）在当选或申请遴选之前的十年期间，正在或曾经担任政党成员或其他政党职务；

（六）为保有永久职位或领取固定职位薪酬的政府官员；

（七）为国家机关、国有企业或地方政府机构的官员或雇员，或担任国家机关、国有企业的主管或顾问；

（八）在合伙企业、公司或以营利为目的的商业组织任职，或受雇于任何人；

（九）从事独立职业；

（十）存在涉及严重违反或不遵守道德准则的情况。

第二百零三条 由遴选委员会行使职权遴选合适人选任命为宪法法院法官，遴选委员会由下列成员组成：

（一）最高法院院长担任委员会主席；

（二）下议院议长和下议院反对派领袖担任委员会委员；

（三）最高行政法院院长担任委员会委员；

（四）由每个独立机关各任命一名符合第二百零一条规定的条件、不存在第二百零二条规定的任何禁止情形，并且从未在宪法法院或独立机关履行过任何职责的人员担任委员会委员。

在本条第一款第（二）项规定的委员会委员空缺或本条第一款第（四）项规定的委员人数因故不足时，遴选委员会由现有委员组成。

上议院秘书处作为遴选委员会的行政单位履行相关职责。

遴选委员会依照《宪法法院诉讼程序法》规定的规则、程序和条件，遴选合适人选担任宪法法院法官。

若出现与申请人、当选人的资格有关的问题，应由遴选委员会行使职权，对该事项进行审议并作出最终裁决。

在遴选过程中，遴选委员会应谨慎考虑，以遴选出责任心强、勇于履行职责、品行端正、可以为社会树立良好榜样的人选。除公开发布职位申请的遴选之外，遴选委员会还可遴选普遍适合的人选，但须征得该人的同意。

第二百零四条 当选通过或遴选产生的宪法法院法官应经上议院同意，其票数不得少于现有上议员总数的二分之一。

若上议院不同意该人选，应重新进行遴选或选举产生新的人选，并提交上议院同意。

经上议院同意后，应在当选人中选举一人担任宪法法院院长，并将结果通知上议院议长。

上议院议长应呈送国王任命宪法法院院长和法官，并副署诏令。

第二百零五条 经上议院同意成为宪法法院法官者，若尚未辞去第二百零二条第（六）项至第（八）项所述职务或仍在从事第（九）项所述职务，则应在上议院议长根据第二百零四条第四款呈送国王之前，在上议院议长规定的期限内向其提交辞职或终止从事第二百零二条第（六）项至第（九）项所述职业的证据。逾期未提供证据的，视为该人放弃其权利，应重新遴选或选举出新的人选。

第二百零六条 在根据第二百零四条审议同意时，若经上议院同意的人数不少于七人，则应从已获同意的人选中选举一人担任宪法法院院长，并将结果通知上议院议长，无需等待九名人选全部经过同意。在接受国王任命后，宪法法院应暂时履行其职权。在此期间，宪法法院视为由宪法法院现有法官组成。

第二百零七条 宪法法院法官任期七年，自国王任命之日起计算，且任期仅只一届。

第二百零八条 除因任期届满离任外，宪法法院法官职务还应在下列情形下终止：

（一）不符合第二百零一条规定的条件或存在第二百零二条规定的禁止情形；

（二）死亡；

（三）辞职；

（四）年满七十五周岁；

（五）宪法法院以不少于宪法法院现有法官总数的四分之三票数通过决议，以违反或不遵守宪法法院道德准则为由将其免职；

（六）根据第二百三十五条第三款规定被免职。

宪法法院院长辞职时，也应辞去宪法法院法官职务。

宪法法院法官因任期届满离任时，该离任的宪法法院法官应继续履行职责，直至新任宪法法院法官就任为止。

若对宪法法院法官是否已根据本条第一款第（一）项或第（三）项规定离任持有异议，遴选委员会应根据第二百零三条规定行使职权作出裁决。遴选委员会的裁决为最终裁决。

根据本条第四款规定提出的请求、请求人适格与否、审理和裁决，应符合《宪法法院诉讼程序法》的规定和程序。

第二百零九条 宪法法院法官在任期届满前离任，但新的宪法法院法官尚未被任命递补期间，宪法法院剩余法官可以继续履行职责。

宪法法院法官剩余人数不足七人时，不适用本条第一款规定。

第二百一十条 宪法法院的职权如下：

（一）审理和裁决法律或法案的合宪性；

（二）审理和裁决与下议院、上议院、国会、内阁或独立机关的职权有关的问题；

（三）宪法规定的其他职权。

除宪法另有规定，请求的提交及提交条件、审理、裁决以及宪法法院的运作，应符合《宪法法院诉讼程序法》的规定。

第一百八十八条、第一百九十条、第一百九十一条和第一百九十三条的规定参照适用于宪法法院。

第二百一十一条　宪法法院审理和裁决的法官小组由不少于七名法官组成。

宪法法院的裁决应以多数支持票通过，宪法另有规定的除外。

宪法法院受理案件时，宪法法院法官不得以案件不属于宪法法院管辖为由拒绝审理。

宪法法院的裁决为最终裁决，并对国会、内阁、法院、独立机关和国家机关具有约束力。

第二百一十二条　在案件适用通用法律进行审理时，如法院认为或案件当事人提出合理异议认为，该法律条款属于本宪法第五条规定的情形且宪法法院尚未对此作出裁决的，法院应将其意见提交宪法法院裁决。在此期间，法院可继续审理该案件，但应延迟判决，直至宪法法院作出裁决。

若宪法法院认为本条第一款所述的当事人提出的异议并不会影响到案件的判决，可拒绝受理和审查此案。

宪法法院的裁决适用于所有案件，但不得损害法院终审判决的权威，在刑事案件中，如法院根据法律条款判定某人有罪，但该法律条款经宪法法院依据第五条规定裁决为违宪，则视为该人从未犯下上述罪行，若该人仍在服刑中，则应将其释放。但该人无权索要任何补偿金或损害赔偿金。

第二百一十三条 若公民受宪法保障的权利或自由受到侵犯，该人有权根据《宪法法院诉讼程序法》规定的规则、程序和条件，向宪法法院提出申诉，请求裁决该行为是否违宪。

第二百一十四条 当宪法法院法官根据第二百三十五条第三款规定必须停职，而剩余法官人数少于七人时，由最高法院院长和最高行政法院院长共同任命具备宪法法院法官同等资质且不存在任何禁止情形的人选暂时履行宪法法院法官的职责，以补满九名法官的席位。被任命者应履行宪法法院法官的职责，直至被暂时代替的宪法法院法官能够正常履行职责，或任命新的法官递补为止。

第十二章 独立机关

第一节 总则

第二百一十五条 独立机关是依照宪法和法律的规定，为独立履行职责而设立的机关。

独立机关应公开、公正、勇敢地行使职权，在行使自由裁量权时不得有任何偏袒。

第二百一十六条 在独立机关任职的人员，除必须符合各独立机关特别规定的条件以及不存在禁止情形外，还应符合下列常规条件且不存在下列常规禁止情形：

（一）年满四十五周岁但不超过七十周岁；

（二）符合第二百零一条第（一）项、第（三）项、第（四）项和第（五）项规定的条件；

（三）不存在第二百零二条规定的任何禁止情形。

第二百一十七条 除国家人权委员会以外，在遴选合适人选担任独立机关的职位时，应由遴选委员会根据第二百零三条的规定行使职权进行遴选；但第二百零三条第（四）项规定的遴选委员会成员应由宪法法院和无需遴选的独立机关任命的人员组成。

第二百零三条、第二百零四条、第二百零五条和第二百零六条的规定参照适用于本条第一款规定的遴选。

第二百一十八条 除因任期届满离任外，在独立机关任职的人员职务还应在下列情形下终止：

（一）死亡；

（二）辞职；

（三）依据第二百一十六条的规定，不符合常规条件或存在任何常规禁止情形，或依据第二百二十二条、第二百二十八条、第二百三十二条、第二百三十八条或第二百四十六条第二款的规定，不符合特定条件或存在任何特定禁止情形，以及不符合第二百四十六条第四款颁布的法律规定。

第二百零八条第二款至第五款以及第二百零九条的规定，参照适用于在独立机关任职人员的离任。

当独立机关任职人员根据第二百三十五条第三款规定必须停职时，若剩余成员不足总数的二分之一，应参照适用第二百一十四条的规定。

第二百一十九条 宪法法院和独立机关应共同制定适用于宪法法院法官和独立机关任职人员的道德准则，该准则应适用于宪法法院与独立机关的审计长和秘书处负责人，道德准则自政府公报公布之日起生效。上述道德准则应包括维护国家荣誉和利益，还应明确规定严重违反或不遵守道德准则的情形。

在制定本条第一款所述的道德准则时，下议院、上议院和内阁的意见也应纳入考虑。该道德准则发布后，也应适用于下议员、上议员和内阁大臣。但并不妨碍下议院、上议院或内阁制定适合其职责履行且不违反本条第一款所规定道德准则的额外道德准则，并在政府公报上公布。

第二百二十条　除国家审计委员会外，各独立机关应设立机构负责行政工作、业务工作和协助工作，使独立机关依据独立机关的决议或指示完成宪法和法律规定的任务和职责。各独立机关分别批准任命一名机构负责人，主管行政工作并依法直接对独立机关负责。

第二百二十一条　各独立机关在履行职责时，应当相互配合、相互协助，以实现各机关履行职责的目标。任一独立机关认为有人实施违法行为且属于其他独立机关职权范围的，前述独立机关应通知后述独立机关根据其职权采取进一步行动。

第二节　选举委员会

第二百二十二条　选举委员会由国王根据上议院的提议从下列人员中任命七名委员组成：

（一）遴选委员会从具有专门学术领域的知识和专长、有助于以诚实和公正的方式管理和实施选举且品行廉正的人中遴选出五名人选；

（二）经最高法院全体大会遴选出两名具有法律知识、专长和经验，品行廉正、职位不低于首席大法官或国家检察长且任职不少于五年的人选。

根据本条第一款第（一）项规定遴选为选举委员会委员的人须

符合第二百三十二条第（二）项、第（三）项、第（四）项、第（五）项、第（六）项或第（七）项规定的条件，或依照遴选委员会的通知规定须在民间社会部门工作或曾经工作过不少于二十年。

第二百二十三条 选举委员会委员任期七年，自国王任命之日起计算，任期有且仅有一届。

选举委员会委员在任期届满前离任，但新的委员尚未被任命递补期间，选举委员会剩余委员可以继续履行职责。但若剩余的委员人数少于四名，选举委员会只能实施必要的行为。

第二百二十四条 选举委员会的职权如下：

（一）举行或安排下议员选举、上议员遴选、地方议会议员和地方行政官员选举以及公民投票；

（二）管理和监督本条第（一）项所述的选举和遴选以真实、公正的方式进行，并管理和监督公民投票以合法方式进行；基于此目的，选举委员会有权在必要或认为适当的情形下进行调查或询问；

（三）若本条第（二）项规定的调查或询问结果表明，或有某项行为致使合理怀疑本条第（一）项所述的选举或遴选未以真实、公正的方式进行，或公民投票以非法方式进行，选举委员会有权暂停、制止、纠正或取消选举、遴选或公民投票，并命令在某些投票站或所有投票站重新举行选举、遴选或公民投票；

（四）如有确凿证据表明参选人实施了或纵容他人实施了不诚实行为，或导致选举或遴选未以真实、公正的方式进行，选举委员会有权暂时中止该参选人参与本条第（一）项规定的选举或遴选的被选举权，为期不超过一年；

（五）监督政党依法运行；

（六）宪法、法律规定的其他职权。

在进行本条第（二）项规定的调查或询问时，选举委员会可委托一名委员个人或委托一个小组在委员的监督下根据选举委员会的规定、程序和条件执行。

任何目击违法行为的选举委员会委员均有权根据选举委员会规定的规则、程序和条件，在目击违法行为的投票站或选区行使本条第（三）项规定的权力。

第二百二十五条 在宣布选举或遴选结果之前，如有确凿证据表明该选举或遴选未以真实、公正的方式进行，选举委员会有权命令在该投票站或选区重新进行选举或遴选。若实施该违法行为的人是参与选举或遴选的参选人，或该参选人纵容他人实施违法行为，选举委员会应依据第二百二十四条第（四）项规定暂时中止该人的被选举权。

本条第一款规定的命令为最终命令。

第二百二十六条 当执行第二百二十五条规定的程序时，或在宣布选举或遴选结果之后，如有确凿证据表明参选人在选举或遴选中实施了不诚实行为或纵容他人实施了该行为，选举委员会应向最高法院提出申请，请求下令剥夺该人的被选举权或选举权。

最高法院对本条第一款所述案件的审理应以选举委员会的调查或询问档案为基础，为公正起见，法院有权下令进行询问以获取补充事实或证据。

最高法院判决本条第一款所指之人确有违法行为的，应依照《下议院议员选举法》或《上议院议员遴选法》，命令剥夺该人的被选举权或选举权十年。

最高法院下令受理申请进行审议时，如被告是下议员或上议员，则该人应停职，直至最高法院判决其未犯有任何违法行为。经最高法院判决有罪的，该人的下议员或上议员资格自停职之日起终止。

根据本条第四款规定停职的下议员或上议员不计入下议院或上议院现有议员总数。

本条规定参照适用于地方议会议员或地方行政官员选举。但最高法院的权力应授予上诉法院，上诉法院的命令或判决为最终命令或判决。

本条规定的最高法院或上诉法院的审理及裁决，应依照最高法院全体大会的规则采取究问或审判方式，并从速进行。

第二百二十七条　在要求举行下议员选举的诏令、上议员遴选的诏令或要求举行公民投票的通告生效期间，除非经选举委员会批准或作案时当场被捕，否则不得对选举委员会委员进行逮捕、拘留或传讯。

选举委员会委员作案时当场被捕，或因其他原因被逮捕或拘留，应立即向选举委员会主席报告，选举委员会主席有权命令释放被逮捕的委员，若选举委员会主席被逮捕或拘留，剩余委员组成的选举委员会有权命令将其释放。

第三节　监察委员

第二百二十八条　国王根据上议院的提议从遴选委员会遴选的人员中任命三名监察委员。

入选人员须品行廉正、具有知识和专长，其中两人应具有担任不低于总干事、同等职级的政府机构负责人或至少与遴选委员会规定的部门相当的国家机关负责人职位的国家事务管理经验，且须担任上述职位不少于五年，另外一人应具有不少于二十年的经营公共事业的经验。

第二百二十九条　监察委员任期七年，自国王任命之日起计算，且任期仅只一届。

第二百三十条　监察委员行使如下职权：

（一）建议相关国家机关修改任何造成不满、不公平或对公民施加不必要或不适当负担的法律、规章、条例、命令或任何实质程序；

（二）发现有人因国家机关或国家官员不遵守法律的行为或越权行为而产生不满或遭受不公平对待时，监察委员应进行实情调查，以建议有关国家机关消除或阻止上述不满或不公平对待；

（三）提交内阁确认某一国家机关未正确、完全地遵守第五章关于国家义务的规定。

若有关国家机关在没有合理理由的情形下未执行本条第（一）项或第（二）项规定的监察委员的建议，监察委员应通知内阁考虑发布适当的命令。

在进行本条第（一）项或第（二）项规定的程序时，如案件与侵犯人权有关，监察委员应将该案件提交国家人权委员会采取进一步行动。

第二百三十一条　在履行第二百三十条规定的职责时，监察委员在发现下列情形后可将相关事项提交宪法法院或行政法院：

（一）若任何法律条款涉及合宪性问题，应将此事项连同意见一并提交宪法法院；宪法法院应根据《宪法法院诉讼程序法》立即审理并作出裁决；

（二）若国家机关或国家官员的规章、命令或其他任何行为涉及合宪性或合法性问题，应将此事项提交行政法院；行政法院应根据《行政法院组织设立法》和《行政诉讼法》，立即审理并作出裁决。

第四节　国家反腐败委员会

第二百三十二条　国家反腐败委员会由国王根据上议院的提议从遴选委员会遴选的人员中任命九名委员组成。

入选人员须品行廉正，具有法律、会计、经济、国家事务管理以及任何其他有利于预防和打击腐败的领域的知识、专长和经验，还须符合下列任一条件：

（一）正在或曾经担任不低于首席大法官、初审行政法院首席大法官、中央军事法院首席大法官或国家检察长的职位且任职年限不少于五年；

（二）正在或曾经担任不低于总干事或同等职级的政府机构负责人的职位且任职年限不少于五年；

（三）正在或曾经担任国有企业或其他非政府机构、非国有企业的国家机关的首席执行官不少于五年；

（四）正在或曾经担任泰王国大学教授职位不少于五年，且目前拥有学术著作；

（五）正在或曾经担任经法律认证的职业从业者，在提名之日前已持续从事该职业不少于二十年，并已获得该职业的专业机构认证；

（六）在管理、公共财政、会计或企业管理领域具有知识、专长和经验，担任不低于公共有限公司首席执行官的职位不少于十年；

（七）曾担任本条第（一）项、第（二）项、第（三）项、第（四）项或第（六）项规定的职位且任职总时长不少于十年。

本条第二款规定的任职时间计算应截至提名之日或申请遴选之日。

第二百三十三条 国家反腐败委员会委员任期七年，自国王任命之日起计算，且任期仅只一届。

国家反腐败委员会委员在任期届满前离任，但新的委员尚未被任命补缺期间，国家反腐败委员会剩余委员可以继续履行职责，除非剩余委员人数少于五人。

第二百三十四条 国家反腐败委员会行使下列职权：

（一）若政务官员、宪法法院法官、在独立机关任职者或审计长被指控涉及巨额财产来源不明、实施腐败行为、故意违反宪法或法律规定行使职权、严重违反或不遵守道德准则，国家反腐败委员会应依照宪法或《反腐败法》的规定，进行调查并提出意见以采取进一步处理程序；

（二）进行调查并判定政府官员是否犯有巨额财产来源不明罪、腐败罪、公职渎职或司法渎职罪，以根据《反腐败法》的规定采取进一步处理程序；

（三）要求政务官员、宪法法院法官、在独立机构任职者、审计长和国家官员提交一份显示本人、配偶和未成年子女的财产和负债的详细账目，依照《反腐败法》的规定对上述账目进行审查并公布审查结果；

（四）宪法或法律规定的其他职权。

在履行本条第（一）项至第（三）项规定的职责时，国家反腐败委员会有责任提供相关措施或指导方针，以确保高效、迅速、诚实和公正地履行职责。必要时，国家反腐败委员会可委托职权与预防和打击腐败相关的国家机关代表其处理除严重罪行或特定级别政府官员的行为以外的事项，或要求国家反腐败委员会秘书处的主管官员依照《反腐败法》规定的规则、程序和条件进行初步调查或询问。

第二百三十五条 根据第二百三十六条规定，如有合理理由怀疑或指控任何《反腐败法》规定的某些政务官员、宪法法院法官、在独立机关任职者或审计长存在第二百三十四条第（一）项规定情形的，国家反腐败委员会应当查实；若该人如调查结果所示涉及上述违法情形或实施犯罪行为的决议以不少于现有委员总数的二分之一票数通过，则应采取下列程序：

（一）严重违反或不遵守道德准则的，应将该事项提交最高法院裁决，第二百二十六条第七款规定应参照适用于最高法院的审理和裁决；

（二）除本条第（一）项规定的情形外，调查文件应提交总检察长，以便在最高法院政务官员刑事审判法庭提起公诉，或根据《反腐败法》进行其他程序。

国家反腐败委员会根据本条第一款规定进行调查和通过决议时，应在《反腐败法》规定的期限内完成相关程序。

最高法院或最高法院政务官员刑事审判法庭受理案件后，被告应停止职务直至作出判决，但最高法院或最高法院政务官员刑事审判法庭另有命令的除外。最高法院或最高法院政务官员刑事审判法庭作出判决，裁定被告违法或实施犯罪行为的，该人应从停职之日起离任，法院应剥夺该人的被选举权，可以剥夺其选举权不超过十年，或不剥夺其选举权。

任何人在任何情况下被剥夺被选举权，将永远无权申请下议员、上议员、地方议会议员或地方行政官员选举或遴选的候选资格，且无权担任任何政治职务。

若最高法院政务官员刑事审判法庭裁定上述人员犯有巨额财产来源不明罪或腐败罪，则应没收该人因犯罪而获得的财产，包括财产本身以及产生的所有收益，收归国家所有。

最高法院和最高法院政务官员刑事审判法庭的审理应以国家反腐败委员会的调查文件为依据，为公正起见，法院有权进行调查以获取补充事实和证据。

在第二百三十四条第（三）项规定下，如有人故意不报送财产负债情况、故意虚报财产负债情况或瞒报应披露的事实，并有理由相信该人故意不参照披露财产来源或负债情况，则本条规定应参照适用。

第二百三十六条 不少于现有两院议员总数五分之一的下议员、上议员或两院议员，或不少于两万人的享有选举权的合法选民有权向国会主席提出申请，并提供合理证据证明任何国家反腐败委员会委员实施了第二百三十四条第（一）项规定的违法行为。若国会主席认为有合理理由怀疑该人有被指控的行为，国会主席应将此事项提交最高法院院长，任命由政治公正、品行廉正的独立调查员组成的小组进行实情调查。

独立调查员小组的资格、禁止情形、职权、调查程序、调查期限和其他必要程序应符合法律规定。

第二百三十七条 调查完成后，独立调查员小组应按下列程序进行处理：

（一）若认为该项指控没有表面确凿证据，则指控失效，该命令为最终裁决；

（二）若认为被告严重违反或不遵守道德准则，应将该事项提交最高法院裁决，第二百三十五条第三款、第四款和第六款的规定应参照适用；

（三）若认为被告确实涉及被指控的罪行，但不属于本条第（二）项规定的情形，则应将调查文件送交总检察长，以便在最高法院政务官员刑事审判法庭提起公诉，第二百三十五条第三款、第四款和第五款的规定应参照适用。

第五节　国家审计委员会

第二百三十八条　国家审计委员会由国王根据上议院的提议从遴选委员会遴选的人员中任命七名委员组成。

入选人员须品行廉正，具有不少于十年的国家审计、法律、会计、内部审计、公共财政以及其他有利于国家审计的领域的知识、专长和经验。

第二百三十九条　国家审计委员会委员任期七年，自国王任命之日起计算，且任期仅只一届。

第二百四十条　国家审计委员会行使下列职权：

（一）制定国家审计政策；

（二）制定国家审计标准规范；

（三）监督国家审计机关对本条第（一）项和第（二）项规定的国家审计政策和国家审计标准以及国家金融和财政秩序法律的遵守情况；

（四）就国家资金的支出提出符合国家金融和财政秩序法律的意见、提议或建议，包括向国家机关提出纠正国家资金支出缺陷的建议；

（五）对违反国家金融和财政秩序法律的行为进行行政处罚。

根据本条第一款规定进行的程序应符合《国家审计法》。

受到本条第（五）项规定的处罚的人可在收到处罚令之日起九十日内向最高行政法院提出上诉。最高行政法院在审理时应将本条第（一）项和第（二）项规定的国家审计政策和国家审计标准规范纳入考虑。

第二百四十一条 国王根据上议院的提议和国家审计委员会的提名，任命一名审计长。

国家审计委员会委员的任职条件及禁止情形的规定应同样适用于审计长。

被提名任命为审计长的人选须经上议院以不少于现有上议员总数二分之一的票数通过，第二百零四条第一款、第二款和第四款以及第二百零五条的规定应参照适用于审计长的任命。

审计长的遴选、选举和提名应符合《国家审计法》的规定。

第二百四十二条 审计长应以公正和中立的方式履行职责，在行使自由裁量权时不得偏颇，其职权如下：

（一）依照国家金融和财政秩序法律、国家审计委员会制定的国家审计政策和国家审计标准规范，对国家资金进行审计；

（二）评估国家机关资金支出的结果和效率；

（三）委托官员根据本条第（一）项和第（二）项的规定采取程序；

（四）监督本条第（三）项规定下官员的职责履行且该官员对审计长负责。

第二百四十三条 审计长独立履行职责，对国家审计委员会负责，是国家审计委员会秘书处的最高级别官员。

审计长的任期、离任和职责履行应符合《国家审计法》的规定。

第二百四十四条 如有确凿证据显示国家资金的支出涉及贪污腐败，或蓄意违反宪法和法律规定行使职权，或可能导致选举以不真实或不公正的方式进行的，在审计长无权采取任何行为的情形下，审计长应通知国家反腐败委员会、选举委员会或其他相关机构，以便其根据职权采取下一步程序。

在国家反腐败委员会、选举委员会或其他相关机构根据本条第一款规定收到通知后进行的程序中，经审计长审查或出示的文件和证据应视为国家反腐败委员会、选举委员会或其他机构调查文件的组成部分。

第二百四十五条 为停止或防止可能对国家财政造成的损害，审计长应向国家审计委员会提交申请，请求对不符合国家金融和财政秩序法律且可能对国家财政造成严重损害的行为的审查结果进行审议。

国家审计委员会同意该审查结果的，应与选举委员会、国家反腐败委员会进行商议。若联席会议同意该审查结果，应立即书面通知下议院、上议院和内阁，并向公众公布上述审查结果。

第六节　国家人权委员会

第二百四十六条 国家人权委员会由国王根据上议院的提议从遴选的人员中任命七名委员组成。

入选人员须具有保护公民的权利和自由方面的知识和经验，并且须政治公正、品行廉正。

国家人权委员会委员任期七年，自国王任命之日起计算，且任期仅只一届。

国家人权委员会的任职条件、禁止情形、遴选和离任应符合《国家人权委员会法》的规定。但关于遴选的条款还应规定与人权有关的私人团体代表参加遴选。

第二百四十七条 国家人权委员会行使下列职权：

（一）从速审查和报告所有案件中侵犯人权的事实，并提出适当的措施或指导方针，以防止或纠正侵犯人权的行为，包括有关国家机关或私营单位向人权受到侵犯的人提供补救措施；

（二）编写关于国家人权状况评估结果的报告，提交至国会和内阁，并向公众发布；

（三）为促进和保护人权，向国会、内阁和相关机构提出相关措施或指导方针的建议，包括修订任何法律、法规、条例或命令以符合人权原则；

（四）当有关泰王国人权状况的报告不正确或不公正时，应立即解释并报告正确事实；

（五）促进社会各界对人权重要性的认识；

（六）法律规定的其他职权。

内阁在收悉本条第（一）项和第（二）项所述的报告或第（三）项所述的建议后，应迅速酌情进行改进和更正。若无法进行或需要一定时间才能进行改进、更正，内阁应立即将原因通知国家人权委员会。

国家人权委员会在履行职责时，应将泰王国民众的幸福和国家的共同利益作为重要考虑因素。

第十三章　国家检察机关

第二百四十八条　国家检察机关有权行使宪法和法律规定的职权。

检察官独立地审理案件、作出裁决，迅速、公正、无偏见地履行职责，且此行为不得视为行政行为。

国家检察机关的人事管理、预算事务和其他行动应独立进行，并适当地制定具体的薪资和酬劳制度。检察官的人事管理由国家检察官委员会负责执行，该委员会至少由非检察官的主席和经检察官选定的合格成员组成；根据法律规定，其中至少两名合格成员应为非检察官或从未担任过检察官。

本条第三款所述的法律应包含相关措施，以防止检察官实施任何可能导致案件裁决或职责履行不符合本条第二款规定，或可能引起利益冲突的行为，以及担任任何可能导致上述后果的职位。在此情形下，该措施应明确规定并具有普遍适用性，且无需授权逐案审议。

第十四章　地方行政

第二百四十九条　在遵循本法第一条规定的前提下，地方行政根据地方自治原则和当地民众的意愿，依照法律规定的地方行政机关的程序和形式进行组建。

任何形式的地方行政机关的设立，应就收入、人口数量、人口密度和管辖范围等方面，充分考虑当地民众的意愿和自治能力。

第二百五十条　地方行政机关有权利和义务根据可持续发展的

原则，为当地民众的利益而管理和提供公共服务和公共活动，并且依照法律规定推动和支持为当地民众提供教育。

应由各类地方行政机关具体负责的，或应主要由地方行政机关执行的任何公共服务和公共活动的提供，应依照法律规定进行。该法律应与本条第四款规定的地方行政机关的收入保持一致。该法律至少应包含将政府部门的职权以及与此相关的预算和人员下放至地方行政机关的机制和程序的相关规定。

在提供或开展任何属于地方行政机关职权范围内的公共服务或公共活动时，若与私人组织或国家机关联合运营，或委托私人组织或国家机关进行运营，均比地方行政机关独自运营更有益于当地民众，则该地方行政机关可以与私人组织或国家机关联合运营或委托其运营。

国家承诺通过建立适当的税收和税收分配制度，并促进和发展地方行政机关的收入来源，以确保地方行政机关拥有自己的收入。为保证充分实施本条第一款的规定，在上述承诺尚未达成期间，国家应暂时拨款支持地方行政机关。

本条第一款提及的法律以及与地方行政有关的法律应规定地方行政机关在管理和提供公共服务、促进和支持教育以及公共财政方面的独立性，规定只有在为维护当地民众利益或国家整体利益而预防腐败并有效利用资金的必要情形下，才可以对地方行政机关进行监督和管控，同时应考虑各类地方行政机关的适应性和差异性。该法律还应包含防止利益冲突和防止干涉地方官员履行职责的规定。

第二百五十一条 地方行政机关的人事管理依照法律规定进行，但应实行功绩制，并适当考虑各个地方和各类地方行政机关的适应性和必要性，以及标准的符合性，以期促进地方行政机关的共同发展和人员调配。

第二百五十二条　地方议会议员由选举产生。

地方行政官员应由地方议会批准选举或任命，地方行政机关有特殊形式的，可以采取其他任何方式，但应依法适当考虑公众的参与。

在地方议会议员和地方行政官员的选举中，享有选举权的选民和享有被选举权的参选人的资格、选举的规则和程序应依照法律规定，但应适当考虑按照宪法规定的指导性原则确立预防和打击腐败的意向。

第二百五十三条　地方行政机关、地方议会以及地方行政官员在执行工作时，应依照法律规定的规则和程序向社会公开信息、报告工作成果，并建立当地民众参与机制。

第二百五十四条　在地方行政机关中享有选举权的人，有权依照法律规定的规则、程序和条件，签署联合请愿书，请求制定法令、罢免地方议会议员或地方行政官员。

第十五章　宪法修订

第二百五十五条　禁止提出等同于改变君主立宪政体或国家形式的宪法修正案。

第二百五十六条　在遵循第二百五十五条规定的前提下，可以根据下列规则和程序对宪法进行修正：

（一）修宪动议须由内阁、不少于现任下议员总数五分之一的下议员、不少于现任两院议员总数五分之一的两院议员，或根据公开提交法案的法律规定由不少于五万名有选举权的合法选民提出；

（二）修宪动议须以宪法修正案草案的形式提交国会，国会应进行三读审议；

（三）一读为原则通过，以唱票和公开投票方式进行表决，修正案须经两院现任议员总数的过半票数通过，其中须经不少于现任上议员总数三分之一的上议员投票通过；

（四）二读为逐条审议，以多数票表决通过，但由选民提出宪法修正案草案的，还应给予签署请愿书的人表达意见的机会；

（五）二读结束时，国会应在十五天间隔期之后进行三读；

（六）三读为最终审议，以唱票和公开投票方式进行表决，宪法的颁布须经两院现任议员总数的过半票数通过，其中须经不担任内阁大臣、下议院议长或副议长职务的政党的下议员以不少于所有此类政党的议员总数的百分之二十投票数通过，同时须经不少于现任上议员总数三分之一的上议员投票通过；

（七）在根据本条第（六）项规定通过决议后，应在十五天间隔期之后将宪法修正案草案提交国王，第八十一条的规定应参照适用；

（八）若宪法修正案草案是对第一章总则、第二章国王或第十五章宪法修订的修正案，或是与本宪法规定的任职人员的资格和禁止情形有关的事项，或是与法院或独立机关的职权有关的事项，或是使法院或独立机关无法按照其职权行事的事项，在进行本条第（七）项规定的程序之前，应根据《公民投票法》举行公民投票，若投票结果是通过宪法修正案草案，则应按照本条第（七）项规定采取下一步程序；

（九）在总理根据本条第（七）项规定呈交国王签署之前，不少于所在院现任议员总数十分之一的下议员或上议员，或不少于两院现任议员总数十分之一的两院议员,认为本条第(七)项下的宪法修正案草案违反第二百五十五条规定或具有本条第(八)项规定的特征的,有权签署联合请愿书,将其意见提交至所在院议长或国会主席。收到该请求的议长应将意见提交宪法法院。宪法法院应在收到该请求之日起三十日内作出裁决。在宪法法院审议该请求以作出裁决期间,总理不得将上述宪法修正案草案呈交国王签署。

第十六章 国家改革

第二百五十七条 本章规定的国家改革必须为实现下列目标而进行:

(一)根据自给自足经济哲学理念,国家和平有序、团结一致、实现可持续发展以及物质与精神的平衡发展;

(二)社会和平、公正,并提供相似的机会来消除差异;

(三)民众幸福快乐,生活质量高,并参与国家和君主立宪政体的发展建设。

第二百五十八条 全国各领域改革至少要取得下列成果:

一、政治:

(一)确保公民对君主立宪政体有正确的认识和理解,公民参与组织政治活动并审查国家权力的行使,公民能够包容不同的善意的政治观点,公民在选举和公民投票中独立行使选举权,不受任何形式的影响;

(二)确保政党活动以公开透明的方式组织,使政党发展成为具有共同政治意识形态的公民的政治机构,有明确具体的程序以确保政党成员真正参与和负责政治活动,并遴选具有知识、能力、正直品行、良好道德和伦理的人担任政治职务；

（三）具有一项机制来裁定政党因推动尚未对影响、成本效益和风险进行彻底评估的政策所应负的责任；

（四）具有一项机制来要求担任政治职务的人忠实地履行职责，并在履行职责时向公众负责；

（五）具有一项符合君主立宪政体的、以和平方式解决政治冲突的机制。

二、国务管理：

（一）确保将适当的技术应用于国家事务管理和公共服务提供，以利于国家事务管理和公众的便利；

（二）整合所有国家机关的数据库，以提供数据系统用于管理国家事务和为公众提供服务；

（三）改进和发展国家运行管理和公共部门人力规划的结构和系统，以迅速应对变化和新挑战，但必须以与各个国家机关的不同任务相兼容的方式开展工作；

（四）改进和发展公共部门的人事管理，以激励真正有知识、有能力的人进入国家机关工作，并获得符合个人能力和成就的职业发展，成为品行端正、勇于作出决定和采取行动、更注重公共利益而不是个人利益的人，成为有创造力的、能够为高效执行公务和管理国家事务而进行创新的人；同时具有相关措施保护公共部门人员免遭其上级官员滥用权力；

（五）完善公共部门采购制度，做到灵活、公开、透明，并建立机制预防各个阶段的腐败。

三、法律：

（一）具有对本宪法颁布之日前生效的法律、法规、规则或章程进行修改的机制，以符合第七十七条规定的原则并改进上述法律以符合普遍标准，通过规定仅在为灵活履行职能所必需、有明确的负责当局且不对民众造成过度负担的情形下，才可采用许可制度和委员会制度，以提高国家竞争力，防止不诚信行为及不法行径；

（二）改革法律学习、指导和教育体系，旨在将法律从业人员培养成为具有法律思维、恪守律师道德操守的博学之人；

（三）利用各种技术开发国家法律数据库系统，使公众能够方便地获取法律信息，轻松了解法律内容；

（四）建立协助民众起草和提出法律草案的机制。

四、司法程序：

（一）确保每个阶段司法程序的时限都有明确规定，以及时为公民伸张正义，确保具有帮助经济困难人员获得司法援助的机制，并建立严格执法机制，以减少社会上的差距和不公正；

（二）改进刑事调查制度，通过以下方面进行：在调查官员和检察官之间提供适当的制衡；明确规定所有相关官员履行职责的时限，以避免因时效而妨碍行动并促进公众对刑事调查过程中调查官员和检察官履行职责的信任；以及要求在调查中使用法医学并通过一家以上相互独立的机构提供法医服务，以确保公众有此类服务的其他选择来证明事实；

（三）促进和发展司法程序中相关组织的组织文化，为公民提供方便快捷的公正司法；

（四）高效执法，通过以下方面进行：适当修正和修订与警察职责、权力和使命有关的法律，并修正和修订与警务人员人事管理有关的法律，以确保效率，保证警务人员获得适当的酬劳、公平地进行任用和调动，以及按照功绩制度明确考量津贴和绩效；在考虑任用和调动时，必须兼顾资历、知识和能力，使警务人员在不受任何人命令的情形下能够独立、高效地履行职责，并以履行职责为荣。

五、教育：

（一）确保根据第五十四条第二款规定，在接受教育之前对幼儿进行照顾和培养，使其身体、思想、自制力、情感、社会能力和智力得到符合其年龄段的无偿发展；

（二）在本宪法颁布之日起一年内完成第五十四条第六款所述的关于基金会设立的法律的制定；

（三）具有培养、筛选和发展教学专业人员和导师的机制和体系，以培养作为教师的精神状态，使其掌握真正的知识和能力，并获得与其教学能力和教学效率相匹配的酬劳，此外还应具有在教学专业人员人事管理中推行绩效制的机制；

（四）改进各个层次的学习和教学，使学生能够根据其个人资质开展学习，同时改进相关机构的结构，以期在国家层面和地方层面统一实现上述目标。

六、经济：

（一）消除障碍并提升国家竞争力，使国家和民众以可持续、有弹性的方式参与各种经济团体而受益；

（二）建立促进和支持创新思想和现代技术在国家经济发展中应用的机制；

（三）改进税收制度，以促进公平、缩小差距、有效增加国家从各个来源获取的收入，并改进预算编制和预算支出制度，做到高效率、有效果；

（四）建立一项机制来促进各种规模的合作社和经营者的发展

以确保其拥有适当的竞争力，并促进社会企业和环境友好型企业的发展，同时建立增加公民就业和职业机会的机制。

七、其他方面：

（一）具有高效、公平、可持续的水资源管理系统，并结合环境和气候变化适当考虑水资源需求的各个方面；

（二）确保土地占有权公平分配，在全国范围内进行土地所有权和占有权审查，以系统解决土地所有权和占有权问题；

（三）建立以高效、环保的方式管理和处理固体废物并回收此类废物以作他用的制度；

（四）调整医疗保障体系，使公民从医疗保障体系管理和获取优质便捷的服务中享受相似的权利和利益；

（五）建立基层医疗保健体系，由家庭医生为适当比例的群众提供医疗保健服务。

第二百五十九条 在遵循第二百六十条和第二百六十一条规定的前提下，本章规定的国家改革应符合国家改革实施计划和程序的法律，该法律至少须包含计划编制的程序、公众和有关机构的参与、国家改革的实施过程、实施结果的评估以及各个领域国家改革实施的时间段。该法律须规定各个领域改革的实施应在本宪法颁布之日起一年内启动，并规定五年内预期取得的成果。

本条第一款所述法律的制定及颁布应在本宪法颁布之日起一百二十日内进行。

在本条第一款所述的法律尚未生效的情形下，国家机关应暂时在其现有职权的基础上实施改革。

第二百六十条 在根据第二百五十八条第四部分司法程序第（四）项规定修正和修订法律时，应由内阁任命一个委员会，其成员包括：

（一）由一名学识广博、品行廉正、公平公正且从未担任过警察的合格人士担任委员会主席；

（二）由当前或曾经担任过警察的人士担任委员会委员，其人数由内阁规定，其中须至少包括泰王国国家警察总署署长；

（三）由学识广博、品行廉正、公平公正且未担任警察的合格人士担任委员会委员，其人数与本条第（二）项规定的委员人数相同；

（四）由财政部常务秘书长、内政部常务秘书长、司法部常务秘书长、法院秘书长以及总检察长担任委员会委员。

本条第一款规定的委员会应在本宪法颁布之日起一年内完成其职责。

本条第二款规定的期限届满后，若上述法律的修正和修订尚未完成，警务人员的任用和调动应依照内阁规定并在政府公报上公布的规则按资历进行。

第二百六十一条　关于第二百五十八条第五部分教育方面的改革，应由内阁任命一个独立委员会，负责为实现改革目标而进行研究并编制相关建议和法律草案，以提交内阁实施。

内阁应在本宪法颁布之日起六十日内完成本条第一款规定的委员会的任命，该委员会应在任命之日起两年内完成相关建议和法律草案的研究和准备，并提交内阁。

临 时 条 款

第二百六十二条　本宪法颁布前在任的枢密院在本宪法颁布后

即为本宪法规定的枢密院。

第二百六十三条 在根据本宪法组建下议院和上议院之前，根据《泰王国2014年临时宪法》成立的国民立法大会应继续代行国会、下议院和上议院的职权，本宪法颁布前在任的国民立法大会议员依照本宪法的规定分别行使下议员或上议员的职权。国民立法大会及其议员资格于根据本宪法规定举行普选后的国会第一次会议召开之日前终止。

除了必须符合《泰王国2014年临时宪法》规定的条件且不存在该宪法规定的任何禁止情形外，国民立法大会的议员还必须符合本宪法规定的条件，且不存在本宪法针对下议员和上议员规定的下列任何禁止情形或议员资格终止的情形：

（一）第九十八条，但第（三）项、第（十二）项至第（十五）项除外；

（二）第一百零一条，除了：

1. 第（六）项规定的情形中仅与第九十八条有关的部分，但第九十八条第（三）项、第（十二）项至第（十五）项除外；

2. 第（七）项中仅限于国民立法大会议员是依照法律或合法命令行使职权的国家官员的情形，并且与第一百八十四条第（一）项规定有关的部分；

（三）第一百零八条，但资质部分的第（三）项、第（四）项以及禁止情形部分的第（一）项、第（二）项和第（七）项除外；禁止情形部分的第（一）项不包括与第九十八条第（三）项和第（十五）项有关的部分。

第一百一十二条的规定不得适用于国民立法大会议员担任内阁大臣的情形。

任何禁止担任政务官员的法律规定不得适用于第二百六十四条规定的内阁大臣的任职，即根据第二百六十四条的规定为履行内阁职责或根据第二百六十五条的规定为履行国家和平与秩序委员会的职责，或根据本条规定为履行国民立法大会议员职责之目的而任命的政务官员。

国民立法大会依据本条第一款规定行使国会、下议院和上议院职权期间，本宪法或法律规定的国会主席、下议院议长和上议院议长的权力应属于国民立法大会主席。

国民立法大会依据本条第一款规定履行职责时，若出现职位空缺，国家和平与秩序委员会主席可呈报国王任命符合本条第二款规定的条件且不存在本条第二款规定的任何禁止情形的人士担任国民立法大会议员。

在本宪法颁布后的第一次普选中，国民立法大会议员不得参与下议员选举，在本宪法颁布之日起九十日内辞去国民立法大会议员职务的除外。

第二百六十四条 本宪法颁布前管理国家事务的内阁在本宪法颁布后继续作为本宪法规定的内阁执政，直至根据本宪法规定第一次普选后任命的新一届内阁就职。第二百六十三条第三款的规定应参照适用于内阁大臣的任职。

除了必须符合《泰王国2014年临时宪法》规定的条件且不存在该宪法规定的任何禁止情形外，本条第一款所指的内阁大臣不得存在第一百六十条规定的任何禁止情形，第（六）项中仅与第九十八条第（十二）项至第（十五）项有关的部分除外，并且内阁大臣在第一百七十条规定的情形下必须离任，第（三）项和第（四）项规定的情形除外；但在第一百七十条第（四）项规定的情形下，仅限于与第九十八条第（十二）项至第（十五）项有关的部分，并且第一百七十条第（五）项中仅与第一百八十四条第（一）项规定的任职有关的部分除外。

在本条第一款规定的时间内进行的内阁大臣任命应符合经《泰王国2014年临时宪法修正案》（2015年第1号）及《泰王国2014年临时宪法修正案》（2016年第2号）修订后的《泰王国2014年临时宪法》。但内阁大臣不得有本条第二款规定的任何禁止情形。

第二百六十三条第七款的规定也参照适用于本条第一款和第三款所指的内阁大臣申请参与下议员选举。

第二百六十五条 本宪法颁布前在任的国家和平与秩序委员会应继续履行职责，直至根据本宪法规定第一次普选后任命的新一届内阁就职。

在根据本条第一款规定履行职责时，国家和平与秩序委员会以及该委员会主席继续拥有经《泰王国2014年临时宪法修正案》（2015年第1号）及《泰王国2014年临时宪法修正案》（2016年第2号）修订后的《泰王国2014年临时宪法》规定的职责和权力；泰王国宪法中关于国家和平与秩序委员会以及该委员会主席的权力的规定视为继续有效。

第二百六十三条第七款的规定也参照适用于在国家和平与秩序委员会任职者申请参与下议员选举。

第二百六十六条 国家改革指导大会应暂时继续履行职责，以编制与国家改革指导有关的建议，直至根据第二百五十九条规定颁布关于国家改革实施计划和程序的法律。

为指导国家改革，国家和平与秩序委员会主席可以依据第十六章国家改革的规定，重组或调整国家改革指导大会的工作方式，以提高国家改革的效率。

第二百六十三条第七款的规定也参照适用于国家改革指导大会议员申请参与下议员选举。

第二百六十七条 根据经《泰王国2014年临时宪法修正案》（2015年第1号）及《泰王国2014年临时宪法修正案》（2016年第2号）修订后的《泰王国2014年临时宪法》成立的宪法起草委员会，应继续履行职责，完成下列宪法性法律提案的编制工作，提交国民立法大会进行进一步审议和批准：

（一）下议院议员选举法；

（二）上议院议员遴选法；

（三）选举委员会法；

（四）政党法；

（五）宪法法院诉讼程序法；

（六）政务官员刑事诉讼法；

（七）监察委员会法；

（八）反腐败法；

（九）国家审计法；

（十）国家人权委员会法。

在进行本条第一款规定的任务时，宪法起草委员会可以编制上述宪法性法律或修正案的新草案，以符合宪法为消除一切形式的不诚信行为和不法行径的规定和目的，且必须在本宪法颁布之日起二百四十日内完成。国民立法大会根据本条第一款规定完成对宪法性法律提案的审议后，宪法起草委员会应卸任，但不得迟于第二百六十三条规定的国民立法大会议员的卸任。

为高效、迅速地履行本条第一款和第二款规定的任务，宪法起草委员会可请求国家和平与秩序委员会主席任命额外的宪法起草委员会成员。但成员总数不得超过三十人。

根据本条第一款规定审议宪法性法律提案时，国民立法大会须在收到宪法起草委员会提交的宪法性法律提案之日起六十日内完成审议。国民立法大会未在上述期限内完成宪法性法律提案审议的，视为国民立法大会同意通过宪法起草委员会提交的该宪法性法律提案。

国民立法大会完成宪法性法律提案审议后，应将该宪法性法律提案提交宪法法院或有关独立机关以及宪法起草委员会进行审议。宪法法院、有关独立机关或宪法起草委员会认为该宪法性法律提案不符合宪法宗旨的，应在收到该宪法性法律提案之日起十日内通知国民立法大会主席。国民立法大会应任命由十一名成员组成的特别委员会，包括：宪法法院院长或有关独立机关首长，由宪法起草委员会委托的五名国民立法大会议员和五名宪法起草委员会委员。该特别委员会应在任命之日起十五日内审议宪法性法律提案并提交国民立法大会批准。若国民立法大会以超过其现有议员总数三分之二的票数通过不赞成的决议，该宪法性法律提案即告失效。若国民立法大会以不超过其现有议员总数三分之二的票数通过不赞成的决议，视为国民立法大会同意该特别委员会提交的草案，并依照第八十一条的规定采取下一步程序。

为消除利益冲突，宪法起草委员会委员自本条第二款规定的卸任之日起两年内不得担任任何政治职务。

第二百六十八条 本宪法规定的下议员选举应在第二百六十七条第（一）项至第（四）项规定的宪法性法律生效之日起一百五十天内举行并完成。

第二百六十九条 过渡期间，上议院由国王根据国家和平与秩序委员会的提议任命的二百五十名议员组成。上议员的遴选和任命应符合下列规则和程序：

（一）由国家和平与秩序委员会从具有多领域知识和经验、政治公正的人士中任命九至十二人组成上议员遴选委员会，其职责为提名合适的人选以任命为上议员。提名应按照下列规则和程序进行：

1. 选举委员会根据《上议院议员遴选法》的规定遴选出第一百零七条规定的两百名上议员。上述遴选应在第二百六十八条规定的下议员选举日期前不少于十五天内完成。选举委员会随后应将名单提交至国家和平与秩序委员会。

2. 上议员遴选委员会应按照其规定的程序，遴选出不超过四百名具有适当的知识、能力且被认为有利于履行上议院职责和开展国家改革的人选，随后将名单提交至国家和平与秩序委员会。上述任务应在本条第1目规定的期限之前完成。

3. 国家和平与秩序委员会从选举委员会根据本条第1目规定提交的名单中选出五十名人选，同时从中选出五十名候补人选，并对来自不同团体的人士给予适当、全面的考虑。国家和平与秩序委员会还应从本条第2目规定的遴选名单中选出一百九十四名人选，再加上国防部常务秘书长、最高总司令、泰王国皇家陆军总司令、泰王国皇家海军总司令、泰王国皇家空军总司令和泰王国国家警察总署署长，共计二百五十人。此外，国家和平与秩序委员会应从本条第2目规定的名单中选出五十名候补人选。上述任务应在第二百六十八条规定的下议员选举结果公布之日起三天内完成。

（二）第一百零八条规定的禁止情形的第（六）项中规定与曾经任职内阁大臣有关的部分不适用于根据本条第（一）项第2目规

定被遴选为上议员的人；此外，第一百零八条规定的禁止情形的第（二）项、第一百八十四条第（一）项以及第一百八十五条的规定不适用于被任命为当然上议员的人。

（三）国家和平与秩序委员会应将根据本条第（一）项第3目规定遴选出的二百五十名人选名单恭呈国王任命，国家和平与秩序委员会主席应副署诏令。

（四）本条规定的上议员任期为五年，自任命诏令公布之日起计算。上议员资格自任命诏令公布之日起生效。若出现席位空缺，由上议院议长提名本条第（一）项第3目规定的候补名单中排序仅次于缺席议员的人员进行补缺，并副署诏令。一名当然上议员在辞去被任命为上议员时所担任的职务时也应同时辞去上议员的职务，并应采取相关程序任命担任该职务的人为新的当然上议员。被任命补缺的上议员的任期为本届上议院剩余任期。

（五）当根据本条第（四）项规定从候补名单中任命上议员补缺的诏令还未公布时，或候补名单中没有剩余人员或因故无人担任当然上议员的情形下，上议院由现任上议员组成。

（六）本条第（四）项规定的上议院任期届满时，应按照第一百零七条规定进行上议员遴选程序。第一百零九条第三款规定应参照适用。

第二百七十条 除宪法规定的职权外，第二百六十九条所述的上议院还拥有监督、建议和加快国家改革的职权，以实现第十六章国家改革规定的目标，同时还应监督、建议和加快国家战略的编制和实施。在此方面，内阁须每三个月向国会汇报国家改革计划的实施进度。

为实施第十六章国家改革而拟制定的法案，须提交国会联席会议审议。

若内阁认为任一法案是为实施第十六章国家改革而制定的，应通知国会主席并提交该法案。在内阁没有通知该法案是为实施第十六章国家改革而制定的情形下，若下议员或上议员认为该法案是为实施第十六章国家改革而制定的，不少于所在院议员人数五分之一的下议员或上议员可签署联合请愿，请求国会主席作出裁决。上述请愿必须在下议院或上议院完成对该法案的审议之前提交。

国会主席在收到本条第三款所述的请求后，应将此事项提交联合委员会作出裁决，该委员会由上议院议长担任主席，由一名下议院副议长、下议院反对派领袖、一名内阁代表和从上议院所有常务委员会主席中选举产生的一名常务委员会主席担任委员。

本条第四款规定的联合委员会作出的裁决应以多数票通过，并具有最终决定效力。国会主席应依照此裁决执行。

第二百七十一条 在第二百六十九条规定的上议院任期内的过渡期间，若某项法案涉及以下情形，上议院或下议院根据第一百三十七条第（二）项、第（三）项规定搁置的法案应由国会联席会议进行审议：

（一）对公职渎职罪、司法渎职罪或政府组织、国家机关官员违法行为的处罚或罪行要素进行修订，若该修订使犯罪者免予罪责或免予处罚；

（二）经上议院不少于现任议员总数三分之二的票数表决认为严重影响司法。

国会联席会议关于通过本条第一款规定的法案的决议，必须经不少于国会现任议员总数三分之二的票数通过。

第二百七十二条 在根据本宪法规定成立第一届国会之日起五

年内，应按照第一百五十九条的规定批准合适的总理人选，但第一百五十九条第一款规定的审议和批准应由国会联席会议进行，另外根据第一百五十九条第三款规定批准任命总理的决议必须经两院现有议员总数的过半票数通过。

在本条第一款规定的时间内，若因故无法从政党根据第八十八条规定提交的名单中任命合适人选为总理，并且不少于两院现任议员总数一半的两院议员向国会主席提交联合签署的请愿书，请求国会通过决议，免除从政党根据第八十八条规定提交的名单中提名的总理人选，在此情形下，国会主席应立即召集国会联席会议。若国会以不少于两院现任议员总数三分之二的票数通过决议，同意免除上述提名，则应进一步采取本条第一款规定的程序，就此而言，政党根据第八十八条规定提交的名单中的人员可能会也可能不会被提名。

第二百七十三条 本宪法颁布前在任的宪法法院法官、独立机关任职人员和审计长应继续履行职责。根据第二百六十七条规定所制定的相关宪法性法律生效后，应依照该宪法性法律的规定继续任职。在不存在第二百六十七条规定的宪法性法律的情形下，宪法法院法官、独立机关任职人员和审计长的卸任应依照《泰王国宪法（2007年）》、相关宪法性法律或法律的规定执行。

宪法法院、独立机关和审计长的行为应符合本宪法颁布前已生效的法律，前提是上述法律不违反本宪法的规定。

在《宪法法院诉讼程序法》颁布之前，宪法法院的审理和裁决应符合本宪法颁布前已生效的宪法法院规则，前提是上述规则不违反本宪法的规定。

第二百七十四条 根据《无线电广播、电视广播和电信业务频率分配和监管组织法（2010年）》成立的国家广播和电信委员会应为第六十条第三款规定的机构。内阁应负责修改该法律以符合本宪法的规定，并在本宪法颁布之日起一百八十天内将该修正案提交国民立法大会审议。

第二百七十五条 内阁应负责在本宪法颁布之日起一百二十天内完成第六十五条第二款规定的法律的制定，并在该法律生效之日起一年内完成国家战略的制定工作。

第二百七十六条 宪法法院和独立机关应负责在本宪法颁布之日起一年内制定第二百一十九条规定的道德准则。若未能在该期限内完成任务，宪法法院法官和独立机关任职人员应当辞职。

宪法法院法官及独立机关任职人员根据本条第一款规定辞职时，第一款规定的一年期限自新任宪法法院法官及独立机关任职人员就职之日起计算。本条第一款规定参照适用于新任宪法法院法官及独立机关任职人员。

第二百七十七条 除本宪法明确规定外，内阁应自本宪法颁布之日起一年内向国会提议为实施第一百九十六条、第一百九十八条和第二百四十八条第三款规定而制定的法律。

在修改或修正第一百九十六条、第一百九十八条和第二百四十八条第三款规定的法律之前，在本宪法颁布前在任的法院司法委员会、行政法院司法委员会及国家检察官委员会应暂时行使第一百九十六条、第一百九十八条和第二百四十八条第三款规定的法院司法委员会、行政法院司法委员会及国家检察官委员会的职权。

在修改或修正第二百四十八条第四款规定的法律之前，检察官不得在国有企业或其他类似性质的国家企业中担任董事，不得在合伙企业、公司或以营利为目的的其他企业任职，不得担任政务官员的顾问或其他相同性质的职务。

第二百七十八条　内阁须确保其指定的国家机关根据第五十八条、第六十二条和第六十三条规定完成必要的法律草案制定工作,并在本宪法颁布之日起二百四十日内将其提交国民立法大会,国民立法大会须在收到该法案之日起六十日内完成审议。

在涉及多个机关的情形下,内阁应根据各个机关的需要规定各个机关必须完成其任务的期限,但该期限总共不得超过本条第一款规定的二百四十日。

若本条第一款所述的国家机关未能在本条第二款规定的期限内完成其任务,内阁应责令该国家机关首长辞职。

第二百七十九条　国家和平与秩序委员会或该委员会主席在本宪法颁布前已发布生效的或根据第二百六十五条规定将要发布的所有公告、命令和法案,不论其宪法、立法、行政或司法效力以及依其执行的行为如何,均视为具有本宪法规定的合宪性、合法性和有效性。上述公告或命令应以法案的形式进行废除或修改,若该公告或命令本质上是行使行政权力,则应以总理命令或内阁决议的形式进行废除或修改。

经《泰王国 2014 年临时宪法修正案》（2015 年第 1 号）及《泰王国 2014 年临时宪法修正案》（2016 年第 2 号）修订后的《泰王国 2014 年临时宪法》所确认的所有合宪、合法的事项,包括其附带行为,均视为合宪、合法。

下议院议员选举法
（2018年）

玛哈·哇集拉隆功·博丁达德巴亚瓦兰恭国王陛下
于在位第3年，即2018年9月12日宣布

玛哈·哇集拉隆功·博丁达德巴亚瓦兰恭国王陛下欣然宣布：制定关于下议院议员选举的法律是合理的。

本法包含某些限制公民权利、自由的条款，依照《泰王国宪法》第二十六条、第二十七条、第三十三条、第三十四条以及第三十七条规定，在符合法律规定的情形下可实施上述限制行为。

根据本法规定限制公民权利、自由的正当理由和必要性在于以诚实、公正的方式举行下议院选举，本法的颁布符合《泰王国宪法》第二十六条规定的条件。因此，在代行国会职权的国民立法大会的建议和同意下，国王陛下御准颁布本法，条款如下：

第一条 本法名为《下议院议员选举法（2018年）》。

第二条 本法自在政府公报上公布九十天后生效。

第三条 应废除下列规定：

（一）《下议院议员选举和上议院议员遴选法（2007年）》中

关于下议院选举的部分；

（二）《下议院议员选举、上议院议员遴选法（第二版）（2011年）》；

（三）全国维持和平秩序委员会签发于 2014 年 6 月 7 日的第 57/2557 号《关于现行宪法性法律继续有效的决定》中关于下议院选举的部分。

第四条 在本法中：

"委员会"指《选举委员会法》规定的选举委员会。

"委员"指《选举委员会法》规定的选举委员会委员，并且包括选举委员会主席。

"选举监察员"指《选举委员会法》规定的选举监察员。

"府选举主任"指《选举委员会法》规定的府选举主任。

"选举官员"指选区选举主任、选区选举委员会主席以及委员、选举单元选举委员会主席以及委员、安保人员以及其他在选举过程中接受任命支持工作的人员。

"选民"指在下议院议员选举中有选举权的人员。

"参选人"指报名参与下议院选举的人员。

"选举日"指选举委员会所公布确认的选举日期。

"选举"指下议院议员选举。

"选（举）区"指按照规定确认的下议院议员选区。

"选举单元"指按照规定确认的投票区域。

"选举地点"指按照规定确认的投票场所，并包含选举地周围的区域。

"府（changwat）"指包含曼谷在内的所有府。

"县（amphoe）"指包含县级区在内的所有县。

"乡（tambon）"指包含乡级区在内的所有乡。

"府政府"指包含曼谷中央政府在内的所有府政府。

"县政府"指包含县级区政府在内的所有县政府。

"市政府"指芭堤雅市以及其他任何依法以特殊地方治理组织形式所设立的地方治理组织。

"基金"指根据《政党法》设立的用于发展政党的基金。

"办事处"指《选举委员会法》规定的选举委员会办事处。

"秘书长"指《选举委员会法》规定的选举委员会秘书长。

第五条 在本法未作规定的情形下，需通知、上报或将文书、文件送达至特定人时，如果已经通知、上报或将文书、文件送达至民事登记证明上所记载的住所或者住址，则视为根据本法已经完成通知、上报或送达。出现本法要求向公众公布或传播的情形时，需依照本法要求通过信息技术系统或者通过其他能够让民众便捷访问的系统或者方式加以公布、传播。

在本法授权委员会作出决定、命令的情形下，若本法并没有规定具体的实施方法时，委员会应视情况通过制定规章、公告或命令的方式作出规定。如果规章、公告、命令对公民发生法律效力，则应在政府公报予以公布，并依据第一款的规定执行。任何对选举流程作出规定的规章、公告或命令都必须明确每一流程的具体时限。

第六条 为了本法的有效施行，委员会有权在与本法不抵触或本法未规定的范围内，制定有关选举官员履行职责的规章以及其他必要的规则、程序。

第七条 自选举诏令生效之日起至公布选举结果之日期间，委员会在依据本法规定履行委员会职责时，如有紧急需要，必须召开委员会会议的，有权通过电子媒介召开会议，委员可以在不同地点参与上述会议，秘书长应按照委员会规定的规则、程序进行录音和录像作为证据。

第八条　最高法院根据本法进行的审议和判决，需符合政府公报上公布的《最高法院大会议程》，需高效、公平地进行。有管辖权的选区所在地基层法院可以接受立案，并移送最高法院审理。上述基层法院也可接受指令代替最高法院进行调查、质证或者其他活动。

最高法院应根据本法履行与选举有关的职责。出席最高法院大会的法官、合议庭以及受合议庭委托履行职责的人员，有权根据法院管理委员会依据法院管理法律所制定的规章获得会议津贴或报酬。

第九条　在选举期间，为了保证选举的诚实、公正，委员会应依法促进、支持依据社区组织协会法律设立的社区组织协会、社区、民众向委员会提供选举相关的线索或信息。

根据本条第一款规定进行的促进、支持举措以及线索、信息提供的相关工作应符合委员会制定的规则和程序。委员会至少需要制定相关措施防止对线索、信息提供人产生伤害，并制定有利于线索、信息提供人的保密措施。

第一款所述的社区组织协会、社区、民众向委员会提供的线索、信息不得以任何方式作为证据向线索、信息提供人提起诉讼，线索、信息提供人明知所提供的线索、信息虚假的情形除外。

第十条　选举委员会主席负责本法的执行。

第一章　总　　则

第十一条　选举诏令生效时，委员会应按下列程序开展工作：

（一）按照选区选举方式，产生三百五十名下议院议员。

（二）按照政党提名方式，根据本法的规定和程序，产生一百五十名下议院议员。

第十二条 自选举诏令生效之日起五天内，委员会应在政府公报上公布下列选举信息：

（一）确定选举日期；

（二）确定按选区选举方式进行选举的报名参选日期，自选举法令颁布之日起二十五日内需开放报名，报名时间不少于五天；

（三）各府应选下议院议员名额和各府选区数，应当包含各选区内县、区的具体信息；

（四）确定按政党提名方式进行选举的政党提交名单的地点。

如补选诏令公告施行，本条第（一）项、第（二）项的规定应参照适用。

第十三条 在普选过程中，提名候选人的政党应在报名参选截止日前向委员会提交通过该政党决议的不超过三名总理候选人以供下议院表决。委员会应将上述候选人的姓名以及所在政党的名称一并向公众公布。

当政党根据第一款规定公布候选人姓名后，只有在候选人死亡、缺乏资格或具有被禁止参选的情形时，并在报名参选截止日前，政党才能撤回或更改参选人名单。

依据第一款规定选拔的候选人需要符合《政党法》的相关规定。

政党可以不依据第一款的规定提名候选人。

第十四条 第十三条规定的候选人提名应符合以下规则：

（一）应有被提名人的书面同意，具体内容要求由委员会规定。

（二）被提名人应具备参选资格、不存在《宪法》规定不能担任总理的各种情形，并且在此次选举中没有向其他政党出具第（一）项中的书面同意。

不符合第一款规定的任何候选人提名应视为此候选人并未被提名。

第十五条　在不得已的情况下，大选无法在委员会依据第十二条第（一）项规定之日期在全国同时进行，且并非第一百零二条规定的情形时，委员会以不少于三分之二现有委员票数通过决议，认为按照原定日期继续进行选举会造成不公平或混乱的情形，则委员会可据此宣布新的选举日期。但选举应在上述情况结束之日起三十天内举行。

在投票期间，发生第一款规定的情形时，委员会应下令取消选举并宣布新的选举日期。

为了正确计算选民以及参选人的年龄，计算日期的截止日期应为委员会依据第十二条第（一）项规定的选举日期。

第十六条　在大选或补选中，如果委员会在选举结果公布前下令重新选举，基于选举高效、诚实、公正的原则，委员会有权依据本法中关于选举部分的条款，在合适和必要的限度内，公告新的选举日期、缩短或延长选举期限、省略选举相关流程。

在依据第一款进行新的选举的情况下，符合参选条件且不存在禁止情形的参选人，应视为继续作为候选人参加选举，除非原有申请人不存在。

第十七条　如果本法未另有规定，任何关于委员会并未直接依据《宪法》规定举行、组织选举的诉讼或申诉应在相关事项发生之日起七天内向最高行政法院提出。但不适用于《设立行政法院和行政诉讼法》规定的临时措施或手段。

最高行政法院根据第一款进行的审议、判决、命令,应符合政府公报上公布的《最高行政法院大会议程》,需高效、公平地进行。最高行政法院的判决、命令不应影响在最高行政法院作出判决、命令之前所进行的任何选举行为或活动。

在最高行政法院根据本法履行与选举有关的职责时,出席最高行政法院法官大会的法官、合议庭以及受合议庭委托履行职责的人员,有权根据法院行政委员会依据《设立行政法院和行政诉讼法》制定的规章获得会议津贴或报酬。

最高行政法院根据本条进行的审判应在选举日期前至少七天内完成,如果最高行政法院未作出判决或命令,则应终止审理,并执行委员会的命令。

第二章 选举官员

第十八条 在每次选举中,委员会有权任命下列人员担任选举官员:

(一)一名选区选举主任,负责选区内报名参选事宜,并执行本法规定的与选举相关事宜。

(二)不少于三人组成选区选举委员会,负责划定选举单元、选举地点,编制选区内选民名单,增删选区内选民名单,监督投票、计票以及公布投票结果。

选区选举主任以及选区选举委员会委员的任免应按照委员会制定的规则和程序进行。

为进行选举,委员会有权在合理范围内任命或委托选区选举主任或选区选举委员会任命委员会分会、团体或公民协助进行选举工作。

在选区选举主任以及选区选举委员会的职权范围内，委员会可制定相关规则，授权选区选举主任以及选区选举委员会委托本条第三款所述的委员会分会、团体或公民代其履行职责。在此情况下，任何向受委托人作出的行为、通知或上报，均应视为向选区选举主任以及选区选举委员会作出。

第十九条 选区选举委员会应任命有选举权的人员担任下列选举官员：

（一）五人组成选举单元委员会，负责选举地点的投票工作以及每个选举单元的计票工作，如任一选举单元内选民人数超过八百人，则可按照委员会制定的规则任命额外的选举单元委员会委员；

（二）至少一人担任安保官员，且应从公务员中任命，负责提供安全保障服务并协助选举单元委员会履行职责。

选举单元委员会和安保官员的任命以及培训应遵守委员会制定的规则和程序。在培训方面，培训第一款所述的符合资格人员的总数应多于实际参与工作的人数以作为候补，但不应超过委员会规定的上限。

如果选区选举委员会或选举监察员发现选举单元委员会的任何成员或任何安保官员的行为违反本法，或其行为可能妨碍选举的诚实、公正，或导致选举非法进行，选区选举委员会或选举监察员应立即向委员会或其成员报告，委员会或其成员有权对选举单元委员会成员或安保官员进行其认为适当的变更。在涉及国家公务员执行工作的情形下，选举监察员有权发出警告提示其正确执行工作。如其未对警告采取补救措施，选举监察员应迅速向委员会或其成员报告。

在委员会委员发现本条第三款所述行为的情形下，委员会委员有权对选举单元委员会成员或安保官员进行其认为适当的变更。如上述作为或不作为的主体为国家公务员时，委员会委员有权向其发出中止、暂停、变更工作或其认为适当的任何命令。如上述行为的主体为非国家公务员的公民，委员会有权命令行政官员、警察、高级行政官员或高警衔警察在其职责和权力范围内采取行动；或命令府选举主任记录该行为、收集采取下一步行动的必要证据，在极端的不可避免的情况下，可下令中止或暂停发生该行为的选区内部分或所有选举单元的选举，并根据委员会制定的规则、程序以及条件立即向委员会报告。

第二十条 在选举日期前，如选举单元委员会的委员人数因故不足时，该选区选举委员会应任命具备第十九条规定资格的人担任选举单元委员会委员，以达到规定的人数。

第二十一条 在选举日，如选举单元委员会委员在规定的投票时间开始时到场履行职责的人数不足，但到场选举单元人数不少于选举单元委员会委员人数的一半，则到场的选举单元委员会委员可以继续履行职责，当时在场履行职责的选举单元委员会委员应向该选区选举委员会报告，选区选举委员会应任命符合第十九条规定资格的人担任选举单元委员会委员，以在计票前达到所需出席的选举单元委员会委员法定人数。

如到场履行职责的选举单元委员会委员少于半数，则当时在场履行职责的选举单元委员会委员应向该选区选举委员会报告，选区选举委员会应尽快任命符合第十九条规定资格的人担任选举单元委员会委员，以达到规定人数。

如选举单元委员会成员无一到场履行职责，选区选举委员会应尽快任命符合第十九条规定资格的人担任选举单元委员会委员，以在该选举单元履行职责。

选举单元委员会委员的任命及职责，应按照委员会所制定的规则、程序和条件执行。

第二十二条 如有证据证明或有合理理由怀疑选举官员在履行职责时缺乏效率、玩忽职守或拒绝履行职责，委员会委员有权免除该人职位并向委员会报告。

第二十三条 选举委员会委员、秘书长、监察员、府选举主任以及其他选举官员不得逃避履行职责、不诚实地履行职责或实施任何其他行为，妨碍依照本法规定执行与选举有关的法律法规、委员会公告、委员会命令以及法院命令。

选举委员会委员、秘书长、监察员、府选举主任以及其他选举官员依照本法、与选举有关的法律法规、委员会公告、委员会命令以及法院命令诚实地履行职责，则免予承担民事、刑事或行政责任。

第二十四条 在履行本法规定的职责时，下列人员应为《刑法典》规定的官员：

（一）选举委员会委员、秘书长、监察员和府选举主任；

（二）选举官员。

第（二）项所述人员应为《刑法典》规定的官员，任期自任命之日起至工作完成时结束。

第二十五条 选举官员的报酬应由委员会规定。

第三章　选举管理

第一部分　议员人数、选区、选举单元以及选举地点

第二十六条　应根据以下程序确定各府应选下议院议员人数、划分选区：

（一）每名议员代表的人口数（以下简称代表数），由全国人口数除以三百五十名应选议员数确定，全国人口数以选举前一年度最后一次公布的人口普查统计数为准；

（二）人口数低于本条第（一）项规定的代表数的府，应选举产生一名议员，该府整体应被视为一个选区；

（三）人口数超过代表数的府，每超过一个代表数则增加一名议员；

（四）根据本条第（二）项、第（三）项规定，确定各府应选议员人数后，如议员人数仍少于三百五十名，则根据本条第（三）项所述的计算方式，按照人口数除以代表数，余数最多的府可增加一名议员名额，以此类推，再分配给余数次多的府，直至剩余名额分配完毕；

（五）若某府应选议员人数超过一人，则将该府划分为若干选区，选区数目应与该府应选议员人数相等；划分选区时，各选区的边界应相邻，且各选区的人口数必须相近。

第二十七条　委员会应为选区选举制的所有府进行选区划分，供民众提前知晓。选区划分应依照第二十六条所规定的规则进行，各选区之间边界相连，且各选区人口总数相近，选区划分应遵守下

列规则：

（一）考虑到相邻区域、交通便利情况以及曾属于同一选区的特定区域等情况，应将各个县合并为一个选区。如果将符合上述情况的县合并之后，出现选区人口过多或过少的情况，则应将上述县下设的乡划到其余选区，从而使选区人数达到要求，但禁止划分或合并乡下辖的某一部分区域；

（二）如果根据第（一）项确定的选区边界导致每个选区的人口分配不均或实质上未能代表同一社区，则应根据社区性质划分选区，居民之间有定期互动沟通、居民交通往来便捷的社区应划为同一选区，且各选区人口应尽可能相当；

（三）政党和公民应有机会根据委员会规定的规则、程序，参与表达意见，协助考虑依据第（一）项和第（二）项的规定进行选区划分。

第二十八条 选区划分完成后，委员会应将选区公布在政府公报上，予以施行，有效日期直至下次换届选举时止。

如需重新确定选区，且重新确定将导致选区边界发生变化，则在重新确定选区之前任何合法实施的行为均应视为有效。

第二十九条 如举行新的换届选举，委员会应依照先前确定和公布的选区，根据第二十七条的规则对选区进行修订，第二十八条的规定应参照适用。

第三十条 选区选举委员会应在选举日期前至少二十五天，按照以下规则，决定每个选区内的选举单元以及每个选举单元的选举地点：

（一）村庄边界应为选举单元的边界，但在选民人数较少的情况下，可将两个以上相邻的村庄合并为同一选举单元；对于特别市、曼谷都或人口稠密的社区，选举单元的边界可参照社区的边界、街道、尽头路、小巷、运河或河流予以确定，同时应考虑选民行使选举权的交通便利度；

（二）每个选举单元约容纳一千名选民，如认为该数目存在可行性或安全性问题，可将选民人数确定为多于上述数目，或增设选举单元，使选举单元可以容纳的选民人数少于上述数目；

（三）选举地点须为容许选民方便进入投票的地方，应大小适中，位于选举单元的中心范围内，并应按照该地方特色及地理景观设置告示板或显示其界限的任何标记，以便选民进行投票；出于选民便利或者安全的考量，可以将选举地点设置在选举单元的界限之外，并应作出公告，但该地点应靠近该选举单元。

选举单元及选举地点的信息应在选举地点或靠近选举地点的地方展示。

选举单元或选举地点的任何更改，可在选举日期前不少于十天以通知的形式作出，但如发生暴乱、水灾、火灾、不可抗力或其他原因，则可在选举日期前十天内作出通知，本条第二款的规定应参照适用。

第二部分　选　民

第三十一条　符合下列条件者拥有选举权，在充分考虑国家利益的情况下，选民有权利自由行使选举权：

（一）拥有泰王国国籍或加入泰王国国籍不少于五年；

（二）在选举日年满十八周岁；

（三）截至选举日，已拥有本选区户籍不少于九十天。

第三十二条　在选举日有下列情形之一者，禁止其行使选举权：

（一）比丘、沙弥、苦行僧或修行僧；

（二）被剥夺选举权的人，无论该案件的司法程序是否已经终结；

（三）根据法院决定或合法命令被拘留的人；

（四）精神失常或心智不健全的人。

第三部分　无法行使选举权的告知

第三十三条　在选举过程中，选民因合理事由而无法行使选举权时，选民应在选举日前七天或自选举日起七天内，将无法行使选举权的事由告知此选区内委员会任命的人士。但因故无法在选举日前七天内通知的，应按照委员会的规定进行告知。按照上述要求进行告知的行为不应被视为选民的选举权已被取消。

选民应根据第一款的规定以书面形式或其他方式说明上述事由。选民可以委托其他任何人代表其向委员会任命的人士提交上述文件，或以挂号信的方式寄送说明相关事由的文书，或以电子方式告知。

如果委员会任命的人员在考虑后认为选民告知的事由不合理，则应在收到告知之日起三天内通知选民。

第三款所述的接到通知的选民有权在选举之日起三十天内向府选举主任提出申诉。

事由的告知、电子方式进行告知的途径、告知的对象、告知地点、对告知事由的审核以及申诉应符合委员会制定的规则和程序。在制定关于上述事项的规定时，应以方便民众为出发点。在这方面，委员会还应详细规定无法行使选举权的事由，作为委员会任命人员审核上述事由的指导。

第三十四条 自选举日起六十天届满时，委员会根据第三十三条第一款任命的人员应公布未能行使选举权，且未根据第三十三条规定告知事由或告知事由不合理的人员名单。

如根据第一款规定公布的名单存在任何事实错误，利害关系人应根据委员会规定的规则和程序，向府选举主任或委员会根据第三十三条任命之人员提出更正请求。

第三十五条 选民在未告知无法行使选举权的事由或告知的事由不合理时，该选民在下列方面的权利将受到限制：

（一）提交对下议院议员选举产生的异议；

（二）竞选下议院议员、地方议会议员、地方行政长官、上议院议员；

（三）根据地方行政法规，参加基层组织选举；

（四）根据《政务官员规章法》担任政务官员，根据《国会政务官员规章法》担任国会政务官员；

（五）根据《地方行政组织设立法》，担任地方行政长官副职、地方行政长官秘书、地方行政长官助理秘书、地方行政长官首席顾问、地方行政长官顾问、地方行政长官顾问委员会成员。

根据第一款规定进行的权利限制应自选民未能行使选举权的选举日起为期两年。如果在下一次选举中，该选民仍未能行使选举权，则与该次选举有关的权利限制期限应从该次选举中未能行使选举权之日起开始计算。上一次限制权利的剩余期限应即刻终止。

第四部分 选民名单

第三十六条 在选举日期公布后，选区选举委员会或委员会委托之人员，应在选举日期前不少于二十五天制作每个选举单元内所有选民的名单，并在选举地点、靠近选举地点的地方或便于公众查阅该名单的地方公示该名单，除此之外，还应在选举日期前不少于二十天，按照委员会的规定，将上述选民名单通知到户主。

第一款所述的选民名单不应显示选民公民身份号码。

为方便选举官员核实出现在选举地点行使选举权的人员而编制的选民名单应标明选民公民身份号码。

第三十七条 如果选民或户主认为其本人或其户口簿中登记的人员应被列入选民名单中而未被列入时，该选民或该户主有权在选举日期前不少于十天向选区选举委员会提出增加姓名的申请。

选区选举委员会在接到第一款所述的申请后，应审查证据，如认定申请人或其户口簿中登记人员拥有选举权，则应迅速命令将所申请的人员姓名列入选民名单。如果选区选举委员会认定申请人或其户口簿中登记人员没有选举权，则应驳回请求，并在收到申请之日起三天内告知申请人，并应说明理由。

在收到第二款所述的告知后，申请人有权在选举日期前至少五天向其住所地的府法院或其住所地所在的曼谷民事法院提起诉讼，由法院裁决支持或驳回在选民名单上增加姓名的诉讼请求，起诉人无需支付诉讼费用。

法院在收到第三款所述的诉讼请求后，应迅速进行审理。法院的判决为最终判决，法院应将判决结果尽快通知该选区选举委员会以执行该判决结果；如选区选举委员会在收到法院的判决前已公布选民名单，则该选区选举委员会应采取行动，更正选民名单，以确保其准确性。

在收到法院的判决前，因执行选区选举委员会命令所作出的任何行为，均合法有效。

第三十八条 如选民认为依据第三十六条规定公布的选民名单载有无选举权人员的姓名，或户主认为选民名单载有其户口簿内其他无选举权的人员姓名时，选民或该户主有权在选举日期前不少于十天，向选区选举委员会提出申请，请求将该无选举权人员的姓名从选民名单中剔除。

选区选举委员会考虑后，认为应当从选民名单中删除无选举权人员的姓名，或认为应当驳回其请求的，应根据具体情况下达剔除相关人员姓名或驳回请求的命令，并应将该命令通知申请人或户主，同时第三十七条第三款、第四款和第五款的规定应参照适用。

第三十九条 在法院判决剥夺某人选举权的情况下，即使该判决并非终审判决，办事处亦应编制一份被剥夺选举权的人员名单，并记录相关人员的选举权剥夺情况。在选民名单已经公布的情况下，办事处应向选区选举委员会发出通知，将被法院剥夺选举权的人员从选民名单上剔除，并注明是依据法院判决作出。

在第一款规定的情况下，法院办公厅应将判决结果通知办事处，以便其对选民名单作出相应的修正。

第四十条 禁止任何人出于不法的选举目的，进行或容许将其他人非法转入其户籍的行为。

在下列情况下，应推定为出于不法的选举目的，将其他人非法转入其户籍的行为：

（一）将至少五名与户主姓氏不同的人员转移至其户籍中，以便转入人员有权在转移到户籍之日起两年内所进行的选举中进行投票；

（二）在没有正当理由的情况下，将其他人户口转移到户籍中；

（三）未经户主同意，将其他人户口转入户籍。

第二款第（一）项的规定不适用于按照委员会规定的规则和条件，国家机构、教育组织、委员会公告的其他组织将其官员、学生或雇员转入其户籍的行为。

第四章　参选人以及报名参选

第一部分　参　选　人

第四十一条　符合下列资格者，可以报名参加下议院议员选举：

（一）因出生而取得泰王国国籍；

（二）在选举日年满二十五周岁；

（三）为单一党派人士，截至选举之日，入党时间需连续且满九十日；若因下议院解散而举行普选，九十日期限可缩短至三十日；

（四）选区选举制参选人还应满足以下任一资质：

1. 截至申请参选之日，参选人须拥有所参选府地的户籍，且户籍登记时间需连续且满五年；

2. 在其参加选举的府出生；

3. 在其参加选举的府接受教育，接受教育时间需连续且满五年；

4. 曾在其参选府地的国家机关担任公务员或曾拥有其参选府地的户籍连续满五年。

第四十二条　有下列情形之一者，禁止其在下议员选举中行使被选举权：

（一）吸食毒品受到处罚的人；

（二）破产或曾经恶意破产的人；

（三）任何报纸或媒体业务的所有者或股东；

（四）比丘、沙弥、苦行僧或修行僧；

（五）被剥夺选举权的人，无论该案件的司法程序是否已经终结；

（六）精神失常或心智不健全的人；

（七）被暂时中止被选举权或被剥夺被选举权的人；

（八）被处徒刑或因法院决定而被拘留的人；

（九）截至选举日，刑满释放不满十年，但因过失犯罪或罪行轻微的除外；

（十）曾因渎职或腐败而被国家机关或国有企业撤职的人；

（十一）因财产来源不明，被法院判决或命令充公者，或因触犯《反腐败法》而被判处监禁者；

（十二）因以下行为被最终判决定罪：犯有公职渎职或司法渎职罪；犯有《国家组织或机关官员犯罪法》规定的罪行；《刑法》规定的贪污腐败罪行；《借贷法》规定的公共欺诈罪；《麻醉品法》规定的生产、进口、出口或销售麻醉品的罪行；《赌博法》规定的作为赌博庄家或赌场所有者的罪行；《反人口贩卖法》规定的罪行；《反洗钱法》规定的洗钱罪行；

（十三）因在选举中有不诚信行为而被判决的人；

（十四）公务员，但政务官员除外；

（十五）地方议会议员或地方行政官员；

（十六）上议员或上议员资格终止未满两年者；

（十七）在政企机关或国有企业任职者；

（十八）宪法法院法官或在独立机关任职者；

（十九）当前被禁止担任政务职位者；

（二十）因宪法法院裁定该人的提案、动议或其他行为导致下议院议员、上议院议员、委员会成员直接或间接使用预算，从而被免职的人；

（二十一）因最高法院、最高法院政务官员刑事审判法庭裁定该人巨额财产来源不明、存在渎职行为、在履行职责或行使权力时故意违反宪法和法律规定、严重违反公序良俗，从而被免职的人。

第二部分　选区选举制的报名参选

第四十三条　报名参选选区选举制选举的参选人应由其所属政党依据《政党法》规定的程序选出。参选人只能在一个选区进行参选报名，不能同时以政党提名制的方式报名参选下议院选举。

第四十四条　选区选举主任应在确定选举日期之日起三天内公布报名参选程序或报名参选的具体地址。在不可避免的情况下，可改变报名参选程序或报名参选的具体地址。根据委员会规定的规则，也可规定同一府各个选区的参选人在同一地点进行报名。

第四十五条　在选区选举制下，参选人应依据第四十四条的规定在规定的报名时间内提交报名材料，报名材料和证明如下：

（一）由政党领袖向参选人出具的推选参与选区选举制的证明，并应说明已按照委员会规定的形式，依据《政党法》的要求正确地完成了全部手续；

（二）截至报名参选当年，参选人连续三年的个人所得税缴纳凭证，除非参选人不是个人所得税纳税人，在此情形下，参选人应提供未缴纳个人所得税的书面确认，并说明原因；

（三）每人一万泰铢的报名费；

（四）委员会为进行选举而规定的其他文件和证明。

办事处应根据第（二）项的规定整理相关证明材料，并予以公开披露。

第四十六条 选区选举主任应负责审核参选人的材料，以查明根据第四十五条所提交的文件、证明是否正确、完整。如果发现材料不正确、不完整，应将所有文件、证明退还给参选人。

如参选人已根据第四十五条的规定正确、完整地提交了文件、证明，则选区选举主任应向参选人签发回执证明文件，表示已按提交文件的先后次序收到了参选人的申请，同时应准备材料的副本，以作证据用途。选区选举主任应在参选人报名结束日期起七天内，在选举地点、选举地点附近或其他合适的地点公布参选人名单。

根据第二款规定公布的信息应至少包括参选人姓名、照片、所属政党、参选人投票使用的个人编号。

第四十七条 在某一特定地区因暴动、水灾、火灾、不可抗力或任何其他合理理由无法依据第四十五条的规定在选区内组织参选报名时，委员会有权延长参选报名的时间，可以在其他地点组织参选报名。

第十六条的规定亦适用于本条所指选区的管理。

第四十八条 在报名参选过程中，参选人应领取个人编号。此号码由选区选举主任依据第四十六条规定按照报名参选的顺序分配给参选人。

如果有多人同时在场提交报名，且报名顺序无法达成一致时，则应由同时在场的参选人抽签决定。

参选人的个人编号已被确定后，不得以任何理由更改。

第四十九条 如果选区选举主任拒绝依据第四十六条的规定接

受参选人的报名或拒绝公布其为参选人，参选人有权在拒绝报名之日或公布参选人名单之日起七天内向最高法院提起诉讼，且无需支付诉讼费用。最高法院的审理和判决应在选举日期前至少三天完成。最高法院作出任何判决时，法院应通知选区选举主任，以便其迅速采取行动，但不影响选区选举主任在获知法院判决之前所作出的任何行为。

第五十条 在选区选举主任已根据第四十六条规定向参选人签发接受报名的证明后，参选人或政党只可以在参选人去世、丧失资格或被禁止的情况下才可以撤销报名或更改参选人。撤销或更改应在参选人报名结束前作出，且应符合委员会所制定的规则及程序。

第五十一条 如选民或参选人认为选区选举主任依据第四十六条规定所公布的名单中存在没有被选举权的人士，选民或参选人有权在参选人名单公布之日起七天内，向委员会提出申诉。委员会作出决定后，应将决定通知选区选举主任，以便选区选举主任按照委员会制定的规则和程序，立刻执行决定，但不影响其知道该决定前的任何行为。

如果委员会决定撤销任何参选人的报名，参选人有权在撤销决定作出之日起三天内向最高法院提起诉讼，如果最高法院在选举之日前未就此作出判决，则应终止审理，并应执行委员会的命令进行选举。

第五十二条 在选举日期前，如选区选举主任审查后，认为参选人因丧失资格或受禁止而不具有被选举权，选区选举主任应向最高法院提交申诉，要求将该人的姓名从已公布的参选人名单中剔除。

在选举日，如果最高法院尚未就上述事宜作出判决，则应根据该日已经公布的、仍然有效的参选人名单进行选举。

第五十三条 在宣布选举结果前，选区选举主任审查后，认为参选人因丧失资格或受禁止而不具有被选举权，但参选人所获投票排名足以使其当选时，选区选举主任应将相关事宜提请委员会作出裁决。如委员会裁决参选人存在上述情形，应命令取消该选区选举，并举行新的选举。在此情形下，**依据第一百二十八条规定所统计的参选人得票应当作废**。

在第一款所列的情形下，如丧失资格或受禁止的参选人所获投票排名不足以使其当选，依据第一百二十八条规定所统计的属于上述参选人的得票应当作废。

在第一款或第二款所列的情形下，如参选人明知其不具备被选举权，则委员会应下令暂时中止其行使被选举权，并应依据第一百三十八条的规定采取行动。

第五十四条 若选举结果公布后，出现第五十三条规定的情形，且该参选人当选，则选举委员会应提请宪法法院作出判决。

在第一款的情形下，参选人明知其不具备被选举权，仍隐瞒或未披露事实，则其所在选区的选举应被视为未以诚实、公正的方式进行，宪法法院应下令剥夺该参选人的被选举权。当新的选举开始时，第一百三十一条的规定应参照适用。

在宪法法院收到审理事项后，如果有合理理由怀疑当选下议院议员的行为与申诉的事实相符，宪法法院应命令该人停止履行职责，直到宪法法院作出判决为止。

第五十五条 参选人所属的政党，如希望派遣相关代表前往选举地点观察投票、计票情况的，应在选举日前不少于十五天向选区选举委员会书面提交代表委任书，每个选举地点只能委任一名代表。

第一款中的政党代表应被安排在选举地点内可以观察到工作进行的地方,并应遵守选举单元委员会委员的要求。

如有任何违反第二款规定的行为,选举单元委员会应责令该政党代表离开选举地点,选举单元的安保官员应采取行动执行该命令。

各政党代表的工作执行情况应符合委员会规定的规则和程序。

第三部分　政党提名制的报名参选

第五十六条　推选参选人参与选区选举制选举的政党,有权参与政党提名制选举,并根据下列规则,每个政党有权提交一份不超过一百五十人的名单:

(一)政党提名人员应当按照《政党法》规定的程序遴选产生;

(二)政党应在当事人书面同意的情况下,提名当事人参选,作为该党党员的当事人只能以一个政党的提名人员身份参与选举;

(三)政党提名参选名单应按照委员会规定的格式编制,参选人姓名应按数字顺序排列;

(四)政党提名制下,任一政党的参选人名单不得与其他政党重复;政党提名制下的所有参选人名单不得与选区选举制下的参选人名单重复。

依照第一款编制政党提名名单时,根据《政党法》的规定,提名应考虑来自不同地区的参选人,并遵循男女平等原则。

第五十七条　政党提名制的选举报名中,由政党在下议院选区选举制报名截止日前,依照委员会规定的方式和地点,向委员会提交其依照第五十六条规定编制的提名名单。在不可抗力的情况下,委员会可以变更报名的方式和地点。

依照第一款提交的报名材料应包含下列文件和证明：

（一）报名参选人的同意书；

（二）政党对其依照《政党法》的要求正确完成了所有相关手续的承诺证明；

（三）提名参选人连续三年的个人所得税缴纳凭证，除非报名参选人不是个人所得税纳税人，在此情形下，报名参选人应提供未缴纳个人所得税的书面确认，并说明原因；

（四）每人一万泰铢的报名费；

（五）委员会为进行选举而规定的其他文件和证明。

办事处应根据本条第二款第（三）项的规定，整理相关证明材料，并予以公开披露。

任何政党所提交的参选人文件、证明出现错误、不完整的情形时，委员会有权拒绝接受报名参选人的报名，办事处应依照委员会的规定将理由通知当事人所属政党。

第五十八条 委员会接受任何政党的提名名单后，应在报名截止日期起七天内，在选举地点、选举地点附近或其他合适的地点公布提名名单，第四十六条第三款、第四十七条的规定应参照适用。

第五十九条 如果委员会拒绝依据第五十八条的规定接受提名参选人的提名或拒绝公布其为参选人，提名参选人有权在拒绝提名之日或公布参选人名单之日起七天内向最高法院提起诉讼，第四十九条的规定应参照适用。

第六十条 如选民或提名参选人认为委员会依据第五十八条规定所公布的名单中存在没有被选举权的人士，第五十一条的规定应参照适用。

第六十一条　在选举日期前，如委员会认为任何政党的提名参选人因丧失资格或受禁止而不具有被选举权，委员会应向最高法院提交申诉，要求将该人的姓名从已公布的参选人名单中剔除，第五十二条第二款的规定应参照适用。

第四部分　选举经费以及竞选方式

第六十二条　委员会应公布选区选举制每位参选人的选举经费限额。委员会应与政党领袖讨论、公布政党选举经费的限额。上述经费限额应至少每四年进行一次审查，以确保恰当、符合经济情况。

政党依照第一款支出的经费应依照委员会规定的规则和条件用于政党竞选。政党不得以其推选的参选人人数作为经费计算基础。

第六十三条　参选人、政党在选举中的开支不得超过第六十二条规定的限额。上述开支应包括在参选人、政党无异议的情况下，任何人为参选人、政党支付、提供或允诺支付、提供的无偿用于竞选活动的金钱、财产。提供财产供使用的，应参照当地的正常租金或者报酬纳入计算范围。但委员会平均分配给每位参选人以及每个政党的经费不纳入计算范围。

第六十四条　参选人、政党选举经费应根据选举期间的实际支出计算，具体如下：

（一）如因下议院任期届满而举行大选，则应计算自选举委员会确定的选举日期前一百八十天至选举日期之间产生的实际支出；

（二）如因下议院解散或补选而进行大选，则应计算自下议院解散之日或出现席位空缺之日起至选举日期之间产生的实际支出。

为了确保选举诚实、公正进行，委员会可根据第一款的规定延长计算时间。

委员会应公告选举经费开支类别，以便参选人、政党及公众参考。上述公告应适时更新。

第六十五条 在第六十四条规定的期限届满后，政党、政党工作人员、担任下议院议员或担任政务官员的政党成员向任何自然人、自然人团体、法人提供金钱、财产、利益的行为应被视为第六十三条中与选举有关的支出，应纳入该政党在下一次下议院议员选举中的选举经费。

如第一款所述的行为是下议院议员在其选区内的行为，则该行为应被视为第六十四条中与选举有关的支出，应纳入该人在下一次下议院议员选举中的选举经费。

第一款和第二款的规定不适用于根据惯例或基于合理理由，且按照委员会规定的规则、程序和条件提供的财物。

第六十六条 如果委员会认为存在第六十五条规定的行为，委员会应指示秘书长将相关金钱、财物等记录在册，作为该政党或担任第六十五条规定职位人员在下一次下议院议员选举中的选举经费，并通知该政党或当事人。对此有异议的政党或当事人有权依照委员会规定的规则、程序和条件提出反对意见。

第六十七条 自选举之日起九十天内，参选人以及提交政党提名名单的政党领袖应按照委员会规定的格式向委员会提交收支账目。该账目至少应包括已支出、拖欠的所有费用以及相关文件、证明，以确保正确性和完整性，参选人以及政党领袖应在收支账目上签字，确认账目正确、完整。

委员会应公布所有参选人和政党的收支情况，供公众参考。

委员会应按照委员会规定的程序，对第一款所述的经费进行审查。

如果委员会认为或质疑参选人或政党的选举经费明显高于委员会规定的限额，或者收支账目不正确或不完整，委员会应立即进行调查或审查，并依据结果采取行动。委员会应将收支账目、文件和证明予以保留，直至委员会完成相关程序为止。

第六十八条 为了维护选举的公平和秩序，委员会应规定参选人和政党应遵守的竞选方式。竞选方式的规定在下列期间内有效：

（一）因下议院任期届满而进行大选时，自任期届满之日前一百八十天起至选举之日前；

（二）因下议院解散或补选而进行大选时，自下议院解散之日或出现席位空缺之日起至选举之日前；

（三）命令重新举行选举时，自重新选举的命令发出之日起至选举之日前；

（四）命令重新进行投票时，任何人不得进行竞选活动，除非委员会在考虑到诚实、公平的情况下另有决定。

第六十九条 参选人、政党、个人不得通过无线电广播、电视广播进行竞选活动，除非是第八十一条规定所支持的行为。

第七十条 竞选活动可根据委员会规定的规则、程序和条件以电子方式进行。无论竞选活动对参选人或政党有利或有害，不得在选举日前一天18：00至选举日结束期间进行竞选活动。

在制定第一款所述规则、程序和条件时，委员会还应与各政党，拥有包括报纸、广播、电视广播和电子媒体在内的大众媒体专业背景的人士进行讨论。

如果委员会发现任何依照第一款规定进行的活动并未遵守第一款中委员会制定的规则、程序和条件，委员会有权命令其在规定时间更正、更改或删除相关信息。

根据本条规定以电子方式进行的竞选活动所发生的费用，应纳入参选人及政党的选举经费中。

第七十一条 委员会可规定，除第六十九条、第七十条、第八十一条和第八十三条规定的方式外，通过其他任何方式进行的竞选活动应在所有参选人和政党公平、平等的基础上，按照委员会规定的规则、程序和条件进行。

第七十二条 不得基于不诚实的意图进行民意调查，禁止任何引导做出投赞成票或反对票决定的行为。

第七十三条 参选人或任何人不得通过以下方式，诱使选民为自己或其他参选人投票，或诱使其不为参选人投票，或唆使其不选举任何人担任下议院议员：

（一）提供、给予、提议给予、承诺给予或准备给予任何人财产或其他货币等价的利益；

（二）直接或间接向社区、协会、基金会、寺庙、教育机构、援助机构或其他机构提供、提议提供或承诺提供金钱、财产或其他利益；

（三）通过组织演出或娱乐活动进行竞选活动；

（四）招待或同意招待任何人；

（五）欺骗、强迫、威胁、利用权势威慑、诽谤、故意曲解参选人或政党。

第（三）项的规定不适用于未使用表演工具但在竞选过程中利用自身艺术才华进行表演的参选人。

第（一）项或第（二）项的行为依照《反洗钱法》应被视为上位犯罪，委员会有权将相关事项移送反洗钱办公室，反洗钱办公室应根据其职责和权力采取行动。

第七十四条　参选人和政党的竞选活动不应违背政党根据《政党法》确定的政策方针。

第七十五条　禁止任何人或政党索取或接受财产或其他任何利益，选择是否参与选举，从而使其他参选人或政党在选举中受益，妨碍选举的诚实、公正。

第七十六条　禁止参选人提供交通工具免费接送选民往返选举单元进行投票。

禁止任何人实施第一款的行为，诱使或控制选民投票赞成或反对任何参选人。

本条的规定不适用于国家机构按照委员会规定为选民提供便利的车辆。

第七十七条　禁止非泰王国国籍人士参与竞选活动或实施任何有利或不利于参选人或政党的行为。为协助公务或在其正常工作范围善意采取的行为除外。

第七十八条　禁止国家公务员非法利用其职务之便实施任何有利或不利于参选人或政党的行为。

第一款所述的非法利用职务之便的情况不应包括以国家公务员的身份正常履行职责或在不涉及履行职责的情况下，向参选人或政党的竞选活动提供咨询或协助，对参选人或政党产生利害关系的行为。

如有证据证明出现了违反第一款规定的情形，委员会或发现相关情形的委员有权责令国家公务员中止或暂停任何被认为对参选人或政党产生利害关系的行为。

在第三款的情形下，委员会应通知其上级或对其有监督职权的官员，并责令与参选人或政党选举行为产生利害关系的国家公务员暂时中止履行职责，或责令其驻扎在位于选区内或选区外的部委、厅局、市政府或地区办事处，或禁止其进入任何选区。

第七十九条 在选举日前一天 18：00 至选举日结束期间，禁止任何人以任何方式进行竞选活动，无论该行为会对参选人或政党产生有利或不利的影响。

第八十条 为了竞选活动的有序进行，委员会应规定参选人和政党在竞选活动中应当禁止的行为。

参选人或政党可配备竞选助理，但人数不得超过委员会规定的数额，并应按照委员会规定的项目和程序，将竞选助理的详细信息、职责和薪酬告知办事处。

第八十一条 委员会有义务按照委员会规定的规则和程序，支持参选人和政党的竞选活动。委员会也可请求其他国家机关给予支持。

在根据第一款规定支持竞选活动时，委员会可为政党组织关于国家行政政策的辩论。

第八十二条 被任命协助选举工作的办事处官员或雇员、选举监察员和警察有责任监督本法的执行。如发现任何不符合第八十条、第八十一条规定的行为，应立即向委员会报告，以便其按照职权采取进一步行动。

具有第一款所规定职权的办事处官员或雇员、警察，如无任何正当理由而不向委员会报告，应视为违纪。委员会应提请有权进行纪律审查的官员在其职权范围内作出处理，并将处理结果告知委员会。如选举监察员未能履行第一款所述职责，则应被视为玩忽职守或拒绝履行《选举委员会法》规定的职责。

第八十三条 参选人、政党或任何人只能在委员会规定的地点展示与选举有关的海报或公告板,其大小及数目不得超过委员会的规定。本条所述规定应与各政党讨论后作出。

第五章 投票和计票

第一部分 投 票

第八十四条 应通过选票进行投票。

委员会可规定以其他任何方式进行投票,若该方式能够比选票投票更有效、方便地防止选举舞弊,具有成本效益,并且允许投票人以直接、无记名的方式进行投票。

根据第一款和第二款进行的投票应符合委员会规定的规则和程序。

如委员会规定以选票方式以外的方式进行投票,则第九十一条、第九十三条、第九十五条、第九十六条、第九十八条以及第九十九条的规定不参照适用。

第八十五条 投票箱及选票应符合委员会规定的特征。关于投票箱的规定也应考虑到先前投票箱的可用性。

第八十六条 在选举日,投票应在 8:00 至 17:00 开放。

第八十七条 在投票开始前,选举单元委员会应清点该选举单元的所有选票,并在公共场所公示选票的数目。在投票时间开始时,选举单元委员会应在公共场所开启投票箱,以便让出席投票的选民清楚看到投票箱是空的,之后应按照委员会所规定的方式将选票箱关闭,并将上述行为记录下来。该记录应由在场不少于两名的选民签名确认，除非在该选举地点没有选民进行投票。

第八十八条　在投票开始时，选民投票前，应向选举单元委员会委员出示其公民身份证或其他由官方签发或由国家机关签发、附有照片及公民身份证号码的证件或证明，选举单元委员会委员应将选票下发给选民进行投票。

已过期的公民身份证可用作第一款所述的身份证件。

核实身份的程序和方式应符合委员会的规定。

第八十九条　选民应按照其姓名所归属的选举单元，在该选举单元内的选举地点进行投票，且选民只能在一个地方进行投票。

第九十条　选民获委任在其所属选举单元以外但属同一选区的选举单元履行职责时，选民有权在其履行职责的选举单元内进行投票。选举单元委员会主席应按照委员会规定的程序，记录该人的投票行为，并告知选区选举委员会主席。

第九十一条　选民在投给任一参选人时，应在选票上参选人个人编号方框内画十字。如果选民决定不投票给任何参选人，则应在标有"不投票给任何人"的方框内画十字。

第九十二条　为方便残疾、体弱人群以及老年人投票，委员会或委员会委托人员应在选举单元委员会的监督下，特别为上述人群提供投票设施或提供投票协助。协助应切实满足上述人群依照其个人真实意愿投票的目的，但如残疾、体弱人群以及老年人因其身体原因而不能在选票上进行标记时，其他人或选举单元委员会委员应在其本人同意的情况下按照其真实意愿代其投票，该行为应被视为投票人直接、无记名的投票行为。

在委员会认为适当的情况下，可为残疾、体弱人群或老年人设置专门的选举地点。为达到此目的，应允许上述人群在该地点登记行使选举权，登记后，上述人群将无权在其户籍所属的选举单元进行投票。

根据第一款规定提供便利措施、根据第二款规定设置选举地点以及登记以行使选举权，应符合委员会规定的规则和程序。按照委员会规定的程序进行的登记，还应考虑到登记人员的便利性。

第九十三条 如选民已在选票上加画十字，选民应将选票折叠，防止其他人知晓该选票所投参选人，选票应在选举单元委员会委员在场的情况下由选民亲自插入投票箱内。

第九十四条 禁止任何人在知道自己无选举权或在某选举单元无权行使选举权的情况下，仍然企图向选举单元委员会委员出示他人身份证件或假冒证件进行投票的行为。

第九十五条 禁止选民使用除选举官员下发选票以外的、非投票目的的其他任何卡片。

禁止选民将选票带离选举地点。

第九十六条 禁止选民以任何方式在选票上故意加上明显的标记。

第九十七条 禁止选民使用任何装置或设备对其投票后的选票进行拍照。

第九十八条 禁止选民在没有合法权力的情况下，将选票插入投票箱的行为，或对选民名单作出任何改动，以虚假地显示某人曾出席投票的行为，或作出任何导致选票数目超过实际数目的行为。

第九十九条 禁止选民向其他人出示其投票后的选票，使其知晓该票所选参选人。

第一百条 禁止任何人在无合法权力的情况下作出阻止选民行

使其权利,或妨碍、阻止选民在投票时间内前往选举地点或到达该地点的任何行为。

第一百零一条 禁止选民为自己或其他人索取、接受或者同意接受金钱、财产或其他任何利益,以换取投票或不投票。

第一百零二条 出现因暴乱、水灾、火灾、不可抗力或其他必要事由导致选举单元无法进行投票的情形时,如上述情形发生在选举日前,该选区选举委员会应决定一个新的方便选民到达的选举地点。如不能决定新的选举地点,该选区选举委员会应公告中止该选举单元的投票,并立即告知委员会。

如上述情形发生在选举日当日,选区选举委员会或选举单元委员会应公告中止该选举单元的投票,并立即告知委员会。

第一款和第二款规定的程序应按照委员会规定的规则和程序进行。

在收到第一款或第二款规定的告知后,为了保证选举的诚实、公正,委员会应立即研究、决定该选举单元新的选举日期,或作出其他命令。

第一百零三条 投票结束时,选举单元委员会应宣布结束投票,同时停止下发选票,并在剩余的选票上标明不可用于投票的标记。在投票截止时间前已进入选举地点但因尚未查验身份或未收到选票而未行使选举权的选民,选举单元委员会应查验选民身份,并向选民提供行使选举权的选票,在选民完成投票后,选举单元委员会应按照委员会所制定的规则及程序,封闭投票箱上供插入选票的孔洞,并制作载有选票总数、到场并领取选票的选民人数以及剩余选票数的报告,并向在投票现场的民众公布。

第一百零四条 因投票而放置的投票箱从开启到关闭期间,或在投票截止后将投票箱关闭之后，禁止无合法权力的任何人，开启、毁坏、损坏、改装投票箱或使投票箱失效。禁止无合法权力的任何人将选举单元委员会制作的与选举有关的投票箱、选票、文件或证明带走。

第二部分　选举日期前的投票

第一百零五条　选举日期前的投票安排，除应符合本部分的规定外，还应符合本法的其他规定。

第一百零六条　选区选举制中，截至选举日时，选民在选区内户籍登记的存续时间不应少于九十天。少于九十天的，选民有权在其最近一次户籍存续时间超过九十天的选区进行投票。

如第一款所述的选民有意在选举日期之前在其选区以外行使投票权，选民应在委员会规定的期限内向选区选举委员会提出登记请求，第一百零七条第二款、第三款和第四款的规定应参照适用。

第一百零七条　在换届选举中，选民接到政府命令前往其所在选区以外的地区执行职责，或选民身处其户籍所在地选区外的地区，有意在选举日期前在其所属选区或其他选区进行投票的，选民应在委员会规定的期限内向选区选举委员会提出登记请求。

根据第一款提出的登记请求，如选民要求在选举日期前在其有选举权的选区行使选举权，应向其有选举权的选区选举委员会提出；如选民要求在选举日期前在其有选举权的选区以外行使选举权，应向其有选举权的选区选举委员会或拟行使选举权的选区选举委员会提出，或者委员会可以要求其按照委员会制定的规则及程序以电子方式进行登记。

选区选举委员会在审查第一款规定的登记请求后，如认为请求正当，应制作、公布拟在选举日期前投票并已登记的选民名单以及对应的选民人数、集中选举地点，同时还应告知选民所在选区选举委员会并在相关文件上标注出集中选举地点。选区选举委员会进行选民登记后，选民将不再有权在其原属的选举单元行使其选举权。

请求行使第一款规定的选举权、集中选举地点和地点数目、提前行使选举权的日期、投票和计票、下发选票和其他必要的程序，应符合委员会规定的规则和程序，所有集中选举地点提前行使选举权的日期应相同，且不得超过一天。

本条参照适用于选民因必要事由须前往其有选举权的选区以外的区域履行职责，而无法在其有选举权的选区行使选举权的情形。

第一百零八条 选民如已根据第一百零七条规定进行了登记，并已行使选举权，但未能在新的选举中行使选举权时，选民可以此登记作为合理理由，而不受第三十五条规定的限制。

第一百零九条 在不是换届选举的大选中，居住在境外的选民可申请在其居住的国家行使当次选举的选举权。

根据第一款进行登记后，选民可行使第一百一十条和第一百一十一条规定的选举权。

第一百零七条第四款及第一百零八条的规定应参照适用。但关于行使选举权的日期，委员会可酌情为不同国家确定不同的日期。

第一百一十条 选民已在任何特定国家登记行使选举权时，委员会或委员会委托人员应在该国家组织投票。为达到此目的，可根据委员会规定的规则、程序和条件，考虑到特定国家的适用性，通过设置投票点、邮寄或其他不设立投票点的方式组织投票。

第一百一十一条 根据第一百零九条提出行使选举权的请求

后,选民不再有权在选民名单中列有其姓名的选举单元进行投票。

第一百一十二条 委员会应在选举日期前不少于三天,公布已登记在国外行使选举权的人数,并按照国家进行区分。

第一百一十三条 在投票工作完成后,委员会可作出预先安排,以便在选举日将选票全部清点、汇总,但如在某一特定地方有需要,委员会可另作规定。

在境外进行投票时,经外交部批准后,出于方便、快捷点票的考量,委员会可规定在境外进行点票,且应根据委员会规定的规则和程序进行,产生的费用应少于根据第一款进行点票所产生的费用。

第一百一十四条 在有确定证据表明在选举日期之前进行的投票或在境外进行的投票存在不诚实、不公正的情形,或在开始计票后仍有选票被送到选区计票处,或运送选票的箱子曾被打开,并且有合理理由怀疑该事件是由不诚实、不公正的行为造成的,或任何地方的选票丢失的情况下,委员会应有权要求将这些选票计为无效选票。

在境外进行的计票,如有确定证据表明投票未能以诚实、公正的方式进行,则应将选票视为无效选票。

第一百一十五条 在某一特定地区出现第四十七条规定的必要事由时,委员会有权在选举日期之前依照第一百零六条、第一百零七条及第一百一十条规定在上述选区公布新的选举日期。委员会可委托任何人公布新的投票日期。

如第一款所述事由已连续发生两次,委员会或委员会委托人员应命令暂停选举日期前在该选区内的投票,或暂停该选区内的居民的投票。在此情况下,如果登记人未能行使选举权,登记人可以以此作为合理理由,而不受第三十五条规定的限制。

第三部分　计票和汇总选票

第一百一十六条　完成第一百零三条规定的程序后，选举单元委员会应在公众在场的情况下在选举地点打开选票箱，并进行计票。

第一百一十七条　在第一百二十一条规定的情形下，计票须在选举地点公开、不间断地进行，直至完成为止，禁止延迟或押后计票。

计票应符合委员会规定的规则和程序。在"不投票给任何人"框中加画标记的选票也应清点在内。

第一百一十八条　在进行计票时，无效选票应被分开，且在任何情况下均不得被计入有效选票。

下列选票应视为无效选票：

（一）伪造的选票；

（二）除投票规定标记之外，带有其他明显标记或有文字内容的选票，上述行为由选举官员合法实施的除外；

（三）未进行投票标记的选票；

（四）给多于一名参选人进行投票的选票；

（五）无法确认所投参选人的选票，标记"不投票给任何人"选项的除外；

（六）给参选人进行投票，并在"不投票给任何人"选项也进行标记的选票；

（七）本法规定的无效选票；

（八）符合委员会规定的无效选票。

选举单元委员会应在本条所列无效选票上注明"无效"字样，

并按照相关条款规定注明原因，同时不少于两名委员会成员签名确认，如出现第（七）项规定的情况，则该选票的作废理由应记作证据用途，代替签注。

第一百一十九条 选举单元委员会成员不得故意错误计票、错误汇总选票，或在无合法权力的情况下以任何方式使选票有瑕疵或损坏，使选票作废，或以任何方式使作废选票成为有效选票，或以歪曲事实的方式唱票，或编写歪曲事实的选举报告。

第一百二十条 选举单元委员会在选举地点完成计票工作后，应公开宣布该选举单元的计票结果、所使用的选票数目及投票剩余的选票数目，并立即将计票结果向选区的选举委员会报告。

为加快向公众公布选举信息，委员会可采取措施，提供非正式计票结果的报告。

计票结果的公告、报告和非正式计票结果的报告应符合委员会规定的规则和程序。

第一百二十一条 如果由于暴乱、水灾、火灾、不可抗力或影响安全的其他必要原因而无法在选举地点进行或完成计票，选举单元委员会应中止该选举单元的计票，并向选区选举委员会报告，以便其尽快确定计票的日期、时间和地点，并由选区选举委员会将上述事项尽快通知府选举主任和委员会。如有合理原因，委员会可更改选区选举委员会所确定的日期、时间及地点。

选区选举委员会在收到第一款所述的报告后，如发现已投票的选票有损毁或遗失的情况，应向委员会报告，由委员会决策是否下令在有关选举单元重新进行投票。

选票、投票箱、选举相关文件的保存以及重新点票的程序，应符合委员会的规定。

第一百二十二条 如计票结果显示，出席行使选举权的人数与投票后的选票数目不符，选举单元委员会应审查其准确性。如仍存在不符，选举单元委员会应将上述情况连同原因告知委员会，以供委员会决定是否下令在有关选举单元重新计票或重新投票。委员会同时应将相关命令通知该选区选举委员会，并将投票箱以及选举配套设施一并移交给该选区选举委员会或该选区选举委员会委托的人员。

第一百二十三条 在统计选区内所有选举单元的选票，包括该选区内在选举日期前进行投票所获得的以及在境外进行投票所获得的选票后，选区选举委员会应宣布选区选举制下各参选人的得票数以及不投给任何参选人的票数，并立即将计票结果通知府选举主任以及委员会。

第一百二十四条 委员会在收到计票结果后，如有确信证据表明选区内的选举未以诚实、公正的方式进行，或计票未以正确的方式进行的，委员会可中止公告选举结果，并安排该选区内某一选举单元或所有选举单元重新进行投票或计票。

第六章 选举结果公告

第一百二十五条 选区选举制的下议院议员选举中，得票最多，且得票数高于不投票给任何参选人的参选人当选。如有多人同时获得最高票数，当选人应按照委员会制定的规则及程序，在选区选举委员会面前抽签决定。

第一百二十六条 在所有参选人得票均低于不投票给任何参选人的票数的选区，委员会应重新组织选举，参选人在上一轮的得票数不能用于政党提名制下的选举中。在此情形下，委员会应开放参选人报名，此前的所有参选人均无资格报名参加此轮选举。

在根据第一款规定重新组织选举时，第十六条第一款的规定应参照适用。

第一百二十七条 在大选中，委员会初步审查后，有合理的理由认为选举结果诚实、公正，并涵盖了不少于95%的选区，则可以宣布选区选举制下的下议院议员选举结果。委员会应迅速完成初步审查、公布选举结果，且不得迟于选举之日起六十天。

在根据第一款进行初步审查时，委员会应听取选举监察员的汇报以及各方获得的资料后综合考量。

第一款规定亦适用于补选结果的公告。

在重新选举的情况下，依照第一款规定，选举结果公告的时限应自新的选举日期开始计算。

第一百二十八条 所有选区公告选举结果后，政党提名制下的各个政党应选下议员的名额按照以下程序进行计算，所得计算结果不为整数的情况下，小数部分应保留四位：

（一）所有提交参选人提名名单的政党在选区选举制下获得的选票总数除以下议院议员总数五百人；

（二）以每一政党在选区选举制下获得的选票总数除以第（一）项的结果，所得结果初步确定为该政党在下议院的议员总数；经过第（三）项、第（四）项、第（五）项的计算后，方可最终确定该政党在下议院中的议员总数；

（三）应从第（二）项所述的某一政党在下议院的议员总数中，扣除该政党在选区选举制下当选的下议院议员人数，所得结果初步确定为政党提名制下，该政党在下议院的议员人数；

(四）根据第（五）项的规定，政党提名制下的下议院当选议员总数应以一百五十人为限，分配应参照第（三）项规定的结果。如果一百五十人仍未完成分配，根据计算结果中的小数部分从高到低排列，数值最高的政党在政党提名制选举中将额外获得一个议员席位，直至议员人数达到一百五十人。若小数部分相同，应适用第（六）项的规定；

（五）如果某一政党在选区选举制中当选的下议院议员人数等于或高于第（二）项中该政党在下议院的议员总数，则该政党的下议院议员均产生自选区选举制，其无权从政党提名制中获得任何下议院议员席位。政党提名制下的下议院议员总名额将会按照第（二）项的结果比例分配给在选区选举制中当选的下议院议员人数少于其应选下议院议员总数的政党，获得席位的政党在下议院的总席位不得超过第（二）项的议员总数；

（六）根据第（五）项的分配，政党提名制下的下议院议员人数未达到一百五十人时，则应根据计算结果中小数部分从高到低排列，数值最高的政党在政党提名制选举中将额外获得一个议员席位，直至议员人数达到一百五十人。在出现小数部分相同，无法分配席位已达到一百五十人时，应将政党应选议员人均得票数进行比较，人均得票数高的政党额外获得一个议员席位。如果人均得票数依然相同，则应抽签决定；

（七）根据第（五）项计算，政党提名制下的应选下议院议员总数超过一百五十人时，则应根据政党应选下议院议员的比例进行调整，确认不超过一百五十人的下议院议员。政党提名制下各政党的应选下议院议员人数乘以一百五十，再除以政党提名制下的应选下议院议员总数。第（四）项的规定也应参照计算；

（八）在确定政党提名制下的各政党应选人数后，各政党提名的参选人应按照该政党提交的参选人名单顺序，依次当选为下议院议员。

选区选举制下的参选人在报名参选截止日期后、选举投票截止前去世的，该参选人所得选票数应包含在第（一）项及第（二）项的计算中。

第（一）项至第（八）项的具体操作，应符合委员会的规定。

第一百二十九条 如果公告的选举结果尚未覆盖所有选区，但已覆盖95%的选区，则各政党在政党提名制下产生的下议院议员人数按照以下方式计算：

（一）待公告的选区选举制下产生的下议院议员总数除以选区选举制下应产生的下议院议员总数三百五十；

（二）第（一）项的结果乘以下议院议员总数五百，得到的结果即为应公告的下议院议员总数；

（三）从第（二）项的结果中减去选区选举制下产生的下议院议员人数，得到的结果即为政党提名制下应产生的下议院议员人数。

在得到第（一）项规定的结果后，应按照第一百二十八条规定的程序进行计算，以便将政党提名制下应产生的议员席位分配给每个政党，第一百二十八条第（七）项规定的情形除外，在此情形下，一百五十人的名额应替换为第一款规定的政党提名制下应产生的下议院议员人数。

追加公布选举结果时，应按照第一款和第二款规定的程序重新进行计算，并且在每次追加公布选举结果时，根据计算结果将政党提名制下应产生的议员席位正确地分配给每个政党，除非公告的时间自大选之日起已经超过一年。

如果根据本条进行的重新计算导致任何政党在政党提名制下产生的下议院议员人数减少时，则该政党的政党提名名单中的议员应从名单末尾开始，按照顺序离职。

政党提名名单中的议员，如根据第四款规定离职，其作为参选人在政党提名名单中的序号仍视为有效。

第一百三十条　在大选中，如果在公告选举结果之前，某些选区或某些选举单元必须重新举行选举，或选举仍未完成，则在发生上述情况的选区中，选区选举制下的选票不应用于计算政党应选下议院议员总数和政党通过政党提名制产生的下议院议员总数。

第一款的规定也应参照适用于参选人根据第一百三十二条规定被暂时中止被选举权的情况。

第一百三十一条　在换届选举日期后一年内，如果有关选区因选举未能诚实、公正地进行而必须重新选举时，则应重新计算政党的应选下议院议员总数，导致重新进行选举的前次选举中所得的票数不得计算在内，第一百二十九条和第一百三十条规定的计算规则应参照适用。

在大选日期后一年内，任何参选人的行为构成选举舞弊，且当事人未能当选的，如果该参选人获得的选票已经用于计算其所属政党在政党提名制下产生的下议院议员总数，则应重新计算各政党通过政党提名制产生的下议院议员总数，其中该参选人获得的选票不应用于上述计算，第一百二十九条第四款和第五款的规定应参照适用。

自大选之日起一年后，无论出于任何原因，下议院议员的任何补选均不得影响根据第一百二十八条规定计算得出的各政党应选下议院议员总数。

第三款的规定应参照适用于以第一款规定之外的其他理由，在大选之日起一年内举行补选的情况。

第七章　选举未诚实、公正进行时所应采取的措施

第一百三十二条　在公告选举结果之前，委员会经调查或审讯后，发现有可信证据表明参选人曾实施任何行为导致选举未能诚实、公正地进行，或唆使、协助、教唆或纵容他人妨碍选举的诚实、公正，或在明知上述行为的情况下没有进行阻止的，委员会应责令暂时中止该参选人的被选举权，为期不超过1年，自委员会下达命令之日起计算。如参选人所获选票数达到应当选的排名顺序时，委员会应下令作废此次选举，并重新进行新的选举。

委员会依照第一款规定作出的命令为最终命令。

就第一款所述人员的行为而言，如果有可信证据表明政党领袖或政党管理委员会曾纵容或忽视这些行为，或在明知该行为的情况下未能阻止或纠正，以维护选举的诚实、公正，则委员会应提请宪法法院解散该政党。在宪法法院判决解散该政党的情况下，宪法法院还应判决剥夺该政党管理委员会成员的参选资格。

委员会认为发生了违反第一款规定的行为时，无论该行为是由谁实施的，如果委员会认为参选人或政党从该行为中获利，委员会有权责令参选人或政党在规定的时间内阻止该行为，或采取任何措施纠正有关的不诚实、不公正行为。如参选人或政党在没有任何正当理由的情况下，未执行委员会的命令采取相应措施，则应推定参

选人曾协助、教唆该行为或政党曾纵容该行为，参选人或政党可以证明不存在纵容该行为的情形除外。

在宪法法院判决剥夺政党管理委员会成员的参选资格后，委员会还应考虑对参选人或政党管理委员会成员提起刑事诉讼。依据《刑事诉讼法典》的规定，委员会应被认定为受害人。

在投票日期后、公布选举结果日期前，依据本条规定，参选人被责令暂时中止被选举权，但其在选区选举制下根据得票数顺序应当选时，委员会应下令重新进行选举，以产生达到该选区应选人数的下议院议员。

选举监察员或选举官员，如发现第一款所述的行为，有义务立即向委员会或委员报告。

第一百三十三条 如在公告选举结果后，有可信的证据表明任何选区的选举未能以诚实、公正的方式进行，而有关行为不能明显判断是否是当选人的行为时，委员会应提请最高法院进行审议。如果最高法院判决选举未能以诚实、公正的方式进行，法院应同时判决在该选区重新进行选举，该选区当选的下议院议员资格自法院作出判决之日起终止。委员会应采取相关措施立即重新举行选举，第一百三十八条第二款、第三款和第四款的规定应参照适用。

第一百三十四条 为了保证调查、审讯工作的高效性、公正性，委员会可任命适当数量的检察官、公务员、其他国家公务人员或此前担任过上述职位的人员组成一个或多个机构，以协助委员会审查调查、审讯笔录，代表委员会听取理由、证据事实。

依据第一款产生的委员会的任命、职责权限、履行职责权限的期限以及薪酬应符合委员会的规定。

第一百三十五条 如委员会发现任何人为了参选人或政党的利

益而实施任何妨碍选举诚实、公正的行为,委员会有权责令该人停止该行为,或责令其在规定的条件下、规定的期限内纠正该行为。

如果任何人向警察报告了第一款所述的行为,或者警察发现了该行为,并且该行为构成了本法规定的犯罪情节,警察应立即逮捕该人并采取法律程序,同时应向委员会报告,以便委员会考虑采取下一步行动。

第一百三十六条 如有可信证据表明任何人已给予、提出给予、承诺给予或准备给予金钱、财产或任何其他利益,以诱使选民为某一参选人投票,或不为某一参选人投票,或不投票给任何人,委员会有权责令查封、扣押该人的金钱或财产,直至法院作出判决或命令为止。

委员会应在第一款规定的查封、扣押之日起三天内,向府法院或具有管辖权的民事法院提起诉讼。法院在收到起诉书后,应在收到之日起五天内进行并完成单方面调查。如法院认为诉讼所涉及的金钱或财产涉嫌非法用于或将被非法用于选举,则法院应下令扣押金钱或财产,直至选举结果公告为止。

本条规定并不排除《选举委员会法》规定的高级行政官员或高级警察依照《刑事诉讼法典》进行查封或扣押的权力。

第一百三十七条 选举日期前或当日,委员会进行调查或审讯后,发现并有合理理由怀疑选举未能以诚实、公正的方式进行,或委员会委员发现有任何作为或不作为可能妨碍选举以诚实、公正的方式进行或导致选举以非法方式进行时,委员会或该委员有权命令中止、暂停、更改或取消选举,并命令部分选举单元或所有选举单元重新进行选举或计票,但委员的行为应符合委员会制定的规则、程序及条件。

第一百三十八条 在依据第一百三十二条采取行动时或在公告选举结果后，如有可信证据表明参选人或个人在选举中实施了舞弊行为或纵容其他任何人实施此类行为的，委员会应提请最高法院判决剥夺该人的被选举权或选举权。

最高法院的审理应以委员会的调查或审讯笔录为依据，并且为了保证公平，法院有权命令对事实和证据进行任何额外的调查。

在最高法院下令受理起诉后，如果被告为下议院议员，则当事人应停止履行职责，直至最高法院判决当事人无罪为止。

如果最高法院判决第一款所述的当事人存在被指控的罪行，最高法院应剥夺当事人的被选举权或选举权，如果当事人是下议院议员，则当事人的议员资格应自其停止履行职责时终止，委员会应当安排补选。

第一百三十九条 最高法院下令剥夺参选人的被选举权或剥夺参选人或下议院议员的选举权而导致重新进行选举时，无论是否提起诉讼请求，最高法院应命令当事人承担导致最高法院下达上述命令的该次选举所产生的费用。最高法院应根据委员会向法院提交的费用证据来确定费用金额。

依据第一款所得款项应汇入基金。

第一百四十条 选民、参选人或选派参选人参加选举的政党，有权向委员会提出异议，质疑当事人有选举权的选区，或当事人参选选区，或政党选派参选人参选的选区没有以诚实、公正的方式进行选举，或以非法的方式进行选举。

有权依据第一款规定对选举提出异议的当事人可自委员会公告确定选举日期之日起至公告选举结果之日起三十天内提出异议，但下列情况除外：

（一）根据第六十三条或第六十七条提出的异议应自选举之日起至选举结果公告之日起一百八十天内提交；

（二）对计票有异议的，应在计票未完成之前提出，或对票数汇总有异议的，应在选举单元公布计票结果之前提出。

委员会在收到对选举提出的异议后，应立即进行调查或审讯，以查明事实，并依据本章的规定采取相应措施。对选举提出的异议和相关审议应按照委员会规定的程序进行。

第八章　处　　罚

第一百四十一条　依据第一百五十八条或第一百六十六条受到处罚的人，应被视为在选举中存在舞弊行为。

第一百四十二条　行政上级或雇主妨碍、阻挠其下级或雇员行使选举权或未能提供适度的便利的，应处两年以下有期徒刑或处四万泰铢以下罚金，或两者并罚。

第一百四十三条　当事人以虚假行为使他人误解参选人违反或不遵守本法的，应处两年以下有期徒刑或处四万泰铢以下的罚金，法院还应下令剥夺当事人五年的选举权。

如果当事人实施第一款所述行为的目的是恶意导致参选人被剥夺选举权或被选举权，或恶意阻止公告选举结果，应处五年以上十年以下有期徒刑，并处十万泰铢以上二十万泰铢以下罚金，法院还应下令剥夺当事人的选举权二十年。

当事人实施的第一款所述行为发生于向委员会作出告知或陈述的过程中的，应处以七年以上十年以下有期徒刑，并处十四万泰铢以上二十万泰铢以下罚金，法院还应下令剥夺当事人的选举权二十年。

第二款或第三款所述的行为是政党领袖或政党管理委员会直接实施、唆使他人或纵容他人实施的,则依据《政党法》的规定,应认定该政党的行为危害了国家安全。

第一百四十四条 任何人故意通过任何方式造成选票瑕疵、损坏或成为无效选票,或通过任何方式使无效选票成为有效选票的,应处以五年以下有期徒刑,并处十万泰铢以下罚金,法院还应下令剥夺当事人选举权十年。

选举官员违反第一款规定的,应处以一年以上十年以下有期徒刑,并处两万泰铢以上二十万泰铢以下罚金,法院还应下令剥夺当事人选举权二十年。

第一百四十五条 任何非选举官员且无职权保存选票的人,却不合法地持有或拥有选票时,无论这些选票是否由办事处提供,应处一年以上五年以下有期徒刑或处两万泰铢以上十万泰铢以下罚款,或两者并罚,法院还应下令剥夺当事人选举权十年。

第一款所述行为实施者为国家公务员的,应增加一半的刑罚,法院应下令剥夺当事人的被选举权。

第一百四十六条 投票开始至投票结束的时间内,如果选举单元委员会委员向第三人透露任一选民已出席投票或尚未出席投票,以对参选人或政党造成有利或不利影响的,应处一年以下有期徒刑或处两万泰铢以下罚金,或两者并罚。

第一百四十七条 任何人在选举日前一天的十八时至选举日当天十八时期间出售、销售、分发或供应任何类型的酒精的,应处六个月以下有期徒刑或处一万泰铢以下罚金,或两者并罚。

第一款的规定也应适用于第一百零六条和第一百零七条规定的

投票日期。

　　第一百四十八条　任何人参与或组织任何关于选举结果的赌博的，应处一年以上五年以下有期徒刑或处两万泰铢以上十万泰铢以下罚金，或两者并罚，法院还应下令剥夺赌博参与者的选举权十年，剥夺赌博组织者的被选举权。

　　参选人或政党实施第一款所述行为的，应处一年以上十年以下有期徒刑或处两万泰铢以上十万泰铢以下罚金，或两者并罚，法院还应根据具体情况下令剥夺参选人或政党领袖的被选举权。

　　第一百四十九条　任何人违反第二十三条第一款或第七十八条第一款的规定的，应处一年以上十年以下有期徒刑，并处两万泰铢以上二十万泰铢以下罚金，法院还应下令剥夺当事人选举权二十年。

　　第一百五十条　任何人违反第四十条的规定的，应处两年以下有期徒刑或处四万泰铢以下罚金，或两者并罚，法院还应下令剥夺当事人选举权五年。

　　第一百五十一条　如任何人已明知自身条件不符合参选资格或存在禁止参选的情形，仍报名参选或书面同意政党提名参选下议院议员选举的，应处一年以上十年以下有期徒刑，并处两万泰铢以上二十万泰铢以下罚金，法院还应下令剥夺当事人选举权二十年。

　　下议院当选议员违反第一款所述规定的，法院应责令当事人将其担任下议院议员期间获得的报酬以及其他所有福利退还给下议院秘书处。

　　第一百五十二条　参选人违反第四十三条规定的，应处一年以上十年以下有期徒刑，并处两万泰铢以上二十万泰铢以下罚金，法院还应下令剥夺当事人选举权二十年。

第一百五十三条 参选人依据第四十五条或第五十七条规定作出了虚假的缴纳个人所得税的书面确认的,应处两年以下有期徒刑或处四万泰铢以下罚款,或两者并罚,法院还应下令剥夺当事人选举权五年。

第一百五十四条 任何参选人违反第六十三条规定的,应处一年以上五年以下有期徒刑,或处两万泰铢以上十万泰铢以下或超过委员会规定费用限额的三倍的罚金,以较高者为准,或两者并罚,法院还应下令剥夺当事人选举权十年。

政党违反第一款所述规定的,应处二十万泰铢以上两百万泰铢以下或超过委员会规定费用限额的三倍的罚金,以较高者为准。

政党违反第二款所述规定时,政党领袖、秘书长、财务长纵容该行为的,应依照第一款的规定进行处罚并剥夺其选举权。

第一百五十五条 参选人或政党领袖未能在规定的时间内向委员会提交账户收支明细的,或故意以不正确或不完整的方式提交第六十七条规定的文件或证明的,应处两年以下有期徒刑,或处四万泰铢以下罚金,或两者并罚,法院还应下令剥夺当事人选举权五年。

参选人或政党依照第六十七条规定提交的账户收支明细为虚假的,应对参选人或政党领袖处一年以上五年以下有期徒刑,并处两万泰铢以上十万泰铢以下罚金,法院还应下令剥夺当事人选举权十年。

第一百五十六条 任何人员存在以下情形的,应处六个月以下有期徒刑或处一万泰铢以下罚金,或两者并罚:

(一)违反第六十九条、第七十条、第七十九条规定的;

(二)以电子方式进行竞选活动,不符合委员会依照第七十条规定所制定的规则、程序或条件的。

第一百五十七条 任何人违反第七十二条规定，或在选举日前七天至投票结束前披露或传播关于投票的民意调查结果的，应处三个月以下有期徒刑，或处六千泰铢以下罚金，或两者并罚。

第一百五十八条 任何人违反第七十三条第（一）项或第（二）项、第七十五条、第七十六条、第九十四条规定的，应处一年以上十年以下有期徒刑，或处两万泰铢以上二十万泰铢以下罚金，或两者并罚，法院还应下令剥夺当事人选举权二十年。

法院依据第七十三条第（一）项或第（二）项作出最终判决且判决当事人有罪的，应下令对帮助逮捕提供线索的人给予奖励，奖励金额不超过罚金金额的一半。

政党违反第七十五条规定时，该政党领袖或管理委员会成员纵容该行为的，应处第一款所规定的刑罚，法院还应下令剥夺政党领袖或管理委员会成员的选举权。依照《政党法》的规定，上述行为构成解散该政党的法定事由。

第一百五十九条 任何人违反第七十三条第（三）项、第（四）项、第（五）项规定的，应处一年以上十年以下有期徒刑，或处两万泰铢以上二十万泰铢以下罚金，或两者并罚，法院还应下令剥夺当事人选举权二十年，第一百五十八条第二款的规定也应参照适用。

第一百六十条 任何人违反第七十四条规定的，或以任何方式开展竞选活动，以使公众错误地相信或误解依照第七十四条规定的政党政策的，应处一年以上十年以下有期徒刑，或处两万泰铢以上二十万泰铢以下罚金，或两者并罚，法院还应下令剥夺当事人选举权二十年。

第一百六十一条 任何非泰籍人士违反第七十七条规定的，应处一年以上十年以下有期徒刑，并处两万泰铢以上二十万泰铢以下罚金。

第一百六十二条　任何参选人、政党或个人以不符合委员会根据第八十三条规定的方式展示与选举有关海报或布告板的，应处六个月以下有期徒刑，或处一万泰铢以下罚金，或两者并罚。

第一百六十三条　任何人违反第九十五条第一款或第一百零四条规定的，应处一年以上十年以下有期徒刑，并处两万泰铢以上二十万泰铢以下罚金，法院还应下令剥夺当事人选举权二十年。

第一百六十四条　任何人违反第九十五条第（二）项、第九十六条、第九十八条、第一百条、第一百零一条规定的，应处一年以上五年以下有期徒刑，或处两万泰铢以上十万泰铢以下罚金，或两者并罚，法院还应下令剥夺当事人选举权十年。

第一款所述违法行为中，接受或同意接受金钱、财产或任何其他利益的任何人，如其在被捕前已将该行为告知委员会或委员会委托之人，则免受刑罚，且免予被剥夺选举权。

第二款的规定应参照适用于违反第一款规定但委员会认为适合作为证人的当事人。

第一百六十五条　任何人违反第九十七条、第九十九条规定的，应处一年以下有期徒刑，或处两万泰铢以下罚金，或两者并罚。

第一百六十六条　选举单元委员会委员违反第一百一十九条规定的，应处一年以上十年以下有期徒刑，或处两万泰铢以上二十万泰铢以下罚金，或两者并罚，法院还应下令剥夺当事人选举权二十年。

第一百六十七条　在调查或审讯中，如果与本法规定的违法行为有关或参与该行为的任何特定人员提供的陈述、线索、信息有助于证实主犯违法行为，并能够作为定罪证据的，委员会可将该人认定为证人，并且不对其提起诉讼。

当委员会对任何特定人员作出不起诉决定时，对当事人采取的刑事诉讼程序应当终结。但在此之后，被认定为证人的特定人员作出虚假陈述，未出庭作证，作出与之前陈述或告知的线索、信息不相对应的证词的，该特定人员的证人身份应予以撤销，委员会可以对该人采取法律行动。

第一款规定的证人认定以及第二款规定的撤销证人认定应符合委员会规定的规则、程序和条件。

第一百六十八条　本法规定法院下令剥夺特定人员某一段时间内的选举权，或剥夺特定人员的被选举权时，该权利的剥夺应立即生效，且该期限应自法院命令或判决之日开始计算，除非上诉法院或最高法院另有命令或判决。

第一百六十九条　如果本法规定的违法行为发生在任一选区，依据《刑事诉讼法典》的规定，该选区的参选人或选派参选人参选的政党应被视为受害人。

第一百七十条　任何人在境外违反本法的，应在境内受到刑罚。共犯、从犯、教唆犯的违法行为，即使在境外实施，也应被视为发生在境内。

过渡性条文

第一百七十一条　在过渡期初始阶段，应颁布一项法令，要求在本法和《上议院议员遴选法》生效之日起九十天内进行大选，选举委员会应确定选举日期，该日期不得迟于本法和上述宪法性法律生效之日起一百五十天。

第一百七十二条 在过渡期初始阶段，为了便于参选人报名时间的认定，对于共同申请注册政党并支付了初始基金或政党党员费的参选人，登记官员在注册申请日期之后对注册政党进行登记的，共同提出注册申请的人员应视为自提交政党注册申请之日起成为该政党党员。

第一百七十三条 在本法生效之日后的第一次大选中，依据第六十四条和第六十八条规定，计算下议院议员选举经费和制定竞选活动方式的时间期限应为自下议院议员选举的诏令生效之日起至选举之日止。

第一百七十四条 依据《下议院议员选举法（2007年）》、《上议院议员遴选法（2007年）》以及《政党法（2007年）》被剥夺选举权的任何人在本法中应被视为被剥夺选举权。

第一百七十五条 任何选民因未能依照《下议院议员选举法（2007年）》、《上议院议员遴选法（2007年）》的规定行使选举权而在本法生效之日前丧失选举权的，其丧失的权利应自本法生效之日起重新有效。

第一百七十六条 本法生效后，选举委员会应召开会议，与政党领袖进行讨论，以规定本法生效后第一次大选中政党和参选人的选举经费。

第一百七十七条 本法不影响依据《下议院议员选举法（2007年）》、《上议院议员遴选法（2007年）》对任何人提起的民事诉讼。在此情形下，《下议院议员选举法（2007年）》、《上议院议员遴选法（2007年）》仍被视为有效。

任何违反《下议院议员选举法（2007年）》和《上议院议员

遴选法（2007年）》的行为若也违反本法规定的，调查官员、检察官、选举委员会和法院则应继续依据《下议院议员选举法（2007年）》和《上议院议员遴选法（2007年）》执行相关程序。在此情形下，《下议院议员选举法（2007年）》、《上议院议员遴选法（2007年）》仍被视为有效。

第一百七十八条 在本法生效后，委员会依据《下议院议员选举法（2007年）》和《上议院议员遴选法（2007年）》在本法生效前颁布的所有规章、规则、公告、命令和决议中与《宪法》、本法不抵触的部分仍然有效，直至依据本法颁布了新的规章、规则、公告、命令和决议。

下议院议员选举法修正案①
（2023 年）

玛哈·哇集拉隆功·博丁达德巴亚瓦兰恭国王陛下
于在位第 8 年，即 2023 年 1 月 28 日宣布

玛哈·哇集拉隆功·博丁达德巴亚瓦兰恭国王陛下欣然宣布：修订关于下议院议员选举的法律是合理必要的。

本法包含某些限制公民权利、自由的条款，依照《泰王国宪法》第二十六条、第二十七条、第三十四条以及第三十七条规定，在符合法律规定的情形下可实施上述限制行为。

根据本法规定限制公民权利、自由的正当理由和必要性在于以诚实、公正的方式举行下议院选举，本法的颁布符合《泰王国宪法》第二十六条规定的条件。

因此，在国会的建议和同意下，国王陛下御准颁布本法，条款

---

① 颁布本法的原因是《泰王国宪法（2017 年）》规定下议院由五百名下议员组成，包括选区选举制产生的四百名议员及政党提名制产生的一百名议员，每种选举方式各使用一张选票。政党提名制下每一政党应选下议员名额的计算应与该政党在全国所获选票数目直接相关，政党提名制下的报名参选、投票、点票、计票、公布选举结果以及其他事项所遵循的规则、程序、条件应符合《下议院议员选举法》规定，同时为了提升选举效率，并高效审查选举是否以诚实、公正的方式进行，有合理必要性对相关条款进行修订，因此有必要制定本法。

如下：

第一条 本法名为《下议院议员选举法修正案（2023年）》。

第二条 本法自在政府公报上公布后生效。

第三条 废除《下议院议员选举法（2018年）》中第十一条规定，并替换为下列规定：

"第十一条 选举诏令生效时，委员会应按下列程序开展工作：

（一）按照选区选举方式，对每位参选人个人进行投票，每个选区产生一名下议员，共产生四百名下议院议员。

（二）按照政党提名方式，对各政党提名的参选人名单进行投票，每位选民仅能投票选择一个政党的名单，共产生一百名下议院议员。"

第四条 废除《下议院议员选举法（2018年）》中第十二条第（四）项规定，并替换为下列规定：

"（四）确定按政党提名方式进行选举的政党提交名单的日期和地点。"

第五条 废除《下议院议员选举法（2018年）》中第十九条第（一）项规定，并替换为下列规定：

"（一）九人组成选举单元委员会，负责选举地点的投票工作以及每个选举单元的计票工作，在必要情形下，选举单元可按照委员会制定的规则任命额外的选举单元委员会委员，但不得不超过委员会规定的人数；"

第六条 废除《下议院议员选举法（2018年）》中第二十六条规定，并替换为下列规定：

"第二十六条 应根据以下程序确定各府应选下议院议员人数、划分选区：

（一）每名议员代表的人口数（以下简称代表数），由全国人口数除以四百名应选议员数确定，全国人口数以选举前一年度最后一次公布的人口普查统计数为准；

（二）人口数低于本条第（一）项规定的代表数的府，应选举产生一名议员，该府整体应被视为一个选区；

（三）人口数超过代表数的府，每超过一个代表数则增加一名议员；

（四）根据本条第（二）项、第（三）项规定，确定各府应选议员人数后，如议员人数仍少于四百名，则根据本条第（三）项所述的计算方式，按照人口数除以代表数，余数最多的府可增加一名议员名额，以此类推，再分配给余数次多的府，直至剩余名额分配完毕；

（五）若某府应选议员人数超过一人，则将该府划分为若干个选区，选区数目应与该府应选议员人数相等；划分选区时，各选区的边界应相邻，且各选区的人口数必须相近。"

第七条 废除《下议院议员选举法（2018年）》中第五十三条规定，并替换为下列规定：

"**第五十三条** 在宣布选举结果前，选区选举主任审查后，认为参选人因丧失资格或受禁止而不具有被选举权，但参选人所获投票排名足以使其当选时，选区选举主任应将相关事宜提请委员会作出裁决。如委员会裁决参选人存在上述情形，应命令取消该选区选举，并举行新的选举。

在第一款所列的情形下，如参选人明知其不具备被选举权，则委员会应下令暂时中止其行使被选举权，并应依据第一百三十八条的规定采取行动。"

第八条 废除《下议院议员选举法（2018年）》中第五十四条第二款规定，并替换为下列规定：

"在第一款规定的情形下，参选人明知其不具备被选举权，仍隐瞒或未披露事实，则其所在选区的选举应被视为未以诚实、公正的方式进行，宪法法院应下令剥夺该参选人的被选举权。"

第九条 废除《下议院议员选举法（2018年）》中第五十六条第一款规定，并替换为下列规定：

"第五十六条 推选参选人参与选区选举制选举的政党，有权参与政党提名制选举，每个政党有权根据下列规则提交一份不超过一百人的名单：

（一）政党提名人员应当按照《政党法》规定的程序遴选产生；

（二）政党应在当事人书面同意的情况下，提名当事人参选，作为该党党员的当事人只能以一个政党的提名人员的身份参与选举；

（三）政党提名的参选名单应按照委员会规定的格式编制，参选人姓名应按数字顺序排列；

（四）政党提名制下，任一政党的参选人名单不得与其他政党重复；政党提名制下的所有参选人名单不得与选区选举制下的参选人名单重复。"

第十条 将下列规定增补为《下议院议员选举法（2018年）》中第五十七条第五款：

"第四十八条的规定应参照适用于给政党提名制的参选人分配个人编号。"

第十一条 废除《下议院议员选举法（2018年）》中第六十二条规定，并替换为下列规定：

"第六十二条　委员会应公布选举经费限额：

（一）选区选举制参选人的选举经费限额；

（二）政党的选举经费限额，在政党提名制下，政党的任一参选人因选举而支出的费用，都应计入政党的经费总额。

本条第（二）项规定的选举经费限额不得以政党推选的参选人人数作为经费计算基础，委员会应与政党领袖讨论选举经费限额，并应至少每四年对经费限额进行一次审查，以确保恰当、符合经济情况。"

第十二条　废除《下议院议员选举法（2018年）》中第七十三条第一款规定，并替换为下列规定：

"第七十三条　参选人或任何人不得通过以下方式，诱使选民为自己、其他参选人或任何政党的提名名单投票，或诱使其不为参选人或任何政党的提名名单投票，或唆使其不选举任何人担任下议院议员：

（一）提供、给予、提议给予、承诺给予或准备给予任何人财产或其他货币等价的利益；

（二）直接或间接向社区、协会、基金会、寺庙、教育机构、援助机构或其他机构提供、提议提供或承诺提供金钱、财产或其他利益；

（三）通过组织演出或娱乐活动进行竞选活动；

（四）招待或同意招待任何人；

（五）欺骗、强迫、威胁、利用权势威慑、诽谤、故意曲解参选人或政党。"

第十三条　废除《下议院议员选举法（2018年）》中第八十四条规定，并替换为下列规定：

"第八十四条　下议员选举应通过选票进行投票，选区选举制和政党提名制各一张，且两种选票应具有不同的特征以便于明确区分。

选区选举制的选票上应设置投票的标记框，且方框编号不少于该选区参选人总数。

政党提名制的选票上应设置投票的标记框，并且应包含所有参与政党提名制选举的政党的提名名单、政党名称以及政党标志。

本条第二款、第三款规定的选票视情况应设置不投票给任何参选人或任何政党提名名单的标记框。

投票应符合委员会规定的程序。"

第十四条　废除《下议院议员选举法（2018年）》中第九十一条规定，并替换为下列规定：

"第九十一条　选民在投票时，应在选票上参选人个人编号方框内或政党提名名单方框内画十字。如果选民决定不投票给任何参选人或任何政党提名名单，则应在标有'不投票给任何参选人'或'不投票给任何政党提名名单'的方框内画十字。"

第十五条　废除《下议院议员选举法（2018年）》中第九十三条规定，并替换为下列规定：

"第九十三条　依照第九十二条的规定，如选民已在选票上加画十字，选民应将选票折叠，防止其他人知晓该选票上的投票情况，选票应在选举单元委员会委员在场的情况下由选民亲自插入投票箱内。"

第十六条　废除《下议院议员选举法（2018年）》中第九十九条规定，并替换为下列规定：

"第九十九条　禁止选民向其他人出示其投票后的选票，使其他人知晓该选票的投票情况。"

第十七条 废除《下议院议员选举法（2018 年）》中第一百一十三条第二款规定，并替换为下列规定：

"在境外进行投票时，经外交部批准后，出于方便、快捷点票的考量，委员会可规定在境外进行点票，且应根据委员会规定的规则和程序进行，产生的费用应少于根据本条第一款规定进行点票所产生的费用。在必要情形下及适当限度内，上述规则可以与第十九条第一款第（一）项、第（二）项存在差异。"

第十八条 废除《下议院议员选举法（2018 年）》中第一百一十七条第二款规定，并替换为下列规定：

"计票应符合委员会规定的规则和程序。在'不投票给任何参选人'或'不投票给任何政党提名名单'框中加画标记的选票也应清点在内。"

第十九条 废除《下议院议员选举法（2018 年）》中第一百一十八条第二款第（四）项、第（五）项及第（六）项规定，并替换为下列规定：

"（四）给多于一名参选人或一个政党提名名单进行投票的选票；

（五）无法确认所投参选人或政党提名名单的选票，标记'不投票给任何参选人'或'不投票给任何政党提名名单'选项的除外；

（六）给参选人或政党提名名单进行投票，并在'不投票给任何参选人'或'不投票给任何政党提名名单'选项也进行标记的选票；"

第二十条 废除《下议院议员选举法（2018 年）》中第一百

二十二条规定，并替换为下列规定：

"第一百二十二条 如计票结果显示，出席行使选举权的人数与投票后的选票数目不符，选举单元委员会应审查其准确性。如仍存在不符，选举单元委员会应将上述不符情况连同原因汇报至委员会，同时应告知该选区选举委员会，并将投票箱以及选举配套设施一并移交给该选区选举委员会或该选区选举委员会委托的人员。

委员会根据本条第一款规定收到报告后，应下令在有关选举单元重新计票或重新投票，若委员会认为上述不符情况不是由腐败造成的且不会导致该选区的选举结果产生变化，则可下令终止审理。"

第二十一条 废除《下议院议员选举法（2018年）》中第一百二十三条规定，并替换为下列规定：

"第一百二十三条 在统计选区内所有选举单元的选票，包括该选区内在选举日期前进行投票所获得的以及在境外进行投票所获得的选票后，选区选举委员会应执行下列规定：

（一）宣布选区选举制下各参选人的得票数以及不投给任何参选人的票数；

（二）宣布政党提名制下各政党的得票数以及不投给任何政党提名名单的票数。"

第二十二条 废除《下议院议员选举法（2018年）》中第一百二十六条第一款规定，并替换为下列规定：

"第一百二十六条 在所有参选人得票均低于不投票给任何参选人的票数的选区，委员会应重新组织选举。在此情形下，委员会应重新开放参选人报名，此前的所有参选人均无资格报名参加此轮选举。"

第二十三条 废除《下议院议员选举法（2018年）》中第一百二十八条规定，并替换为下列规定：

"第一百二十八条 委员会收到府选举主任报告的政党提名制选票结果后，应按照下列规定计算比例，以确定政党提名制下的各个政党应选下议员的名额：

（一）汇总政党提名制选举中所有政党在全国获得的选票总数；

（二）以第（一）项的选票总数除以一百，所得结果即为政党提名制下每名下议员的平均选票数；

（三）在计算政党提名制下各政党应选下议员人数时，以每一政党在政党提名制选举中获得的选票总数除以第（二）项所述的平均选票数，所得的整数即为政党提名制下该政党应选下议员名额；

（四）根据第（三）项的计算，若政党提名制下各政党所获得的下议员名额汇总后未达到一百人时，则应根据计算结果中的小数部分从高到低排列，数值最高的政党在政党提名制选举中将额外获得一个议员席位，直至议员人数达到一百人；

（五）根据第（四）项的分配，若出现小数部分数值相同，导致政党提名制下的议员人数超过一百人时，由数值相同的政党派出代表，在委员会规定的日期和时间进行抽签决定，以使议员人数达到一百人。

根据本条第一款确定政党提名制下各政党应选议员人数后，各政党提名的参选人应按照该政党提交的参选人名单顺序，依次当选为下议院议员，直至达到该人数，但不能超过该政党提交的参选人名单中的人数，若出现席位空缺则依照《泰王国宪法》第八十三条第四款采取措施。"

第二十四条 废除《下议院议员选举法（2018年）》中第一百二十九条规定，并替换为下列规定：

"第一百二十九条 委员会按照第一百二十八条规定完成政党提名制下各政党议员名额分配后，如委员会有合理理由认为该次选举是以诚实、公正的方式进行，则应从速宣布选举结果，公布政党提名制下当选下议员名单，且不得晚于选举之日起六十天。"

第二十五条 废除《下议院议员选举法（2018年）》中第一百三十条规定，并替换为下列规定：

"第一百三十条 委员会宣布选举结果后，应将选举结果在政府公报上公布，在确定国会主席后，应迅速将所有政党提名的参选人名单提交给国会主席。"

第二十六条 废除《下议院议员选举法（2018年）》中第一百三十一条规定。

第二十七条 废除《下议院议员选举法（2018年）》中第一百三十二条第一款规定，并替换为下列规定：

"第一百三十二条 在公告选举结果之前，若有可信证据表明参选人曾实施任何行为导致选举未能诚实、公正地进行，或唆使、协助、教唆或纵容他人妨碍选举的诚实、公正，或在明知上述行为的情况下没有进行阻止的，或违反本法规定、委员会的规章制度或公告，从而导致选举未能诚实、公正地进行，则委员会应发布下列命令：

（一）若上述行为与选区选举制选举相关，委员会应下令此次选举作废，并重新进行选举，同时下令暂时中止具有上述行为的每位参选人的被选举权，为期不超过1年，自委员会下达命令之日起计算。

（二）若上述行为与政党提名制选举相关，则在该选举单元投给该政党提名名单的选票视作无效，委员会应下令上述无效选票不得计入用于计算该政党应选议员名额的选票数量，第一百一十八条的规定不得适用于上述无效选票，尤其在委员会的命令发布于计票之后的情形下。"

第二十八条 废除《下议院议员选举法（2018年）》中第一百三十六条第一款规定，并替换为下列规定：

"**第一百三十六条** 如有可信证据表明任何人已给予、提出给予、承诺给予或准备给予金钱、财产或任何其他利益，以诱使选民为任何参选人或任何政党提名名单投票，或不为任何参选人或任何政党提名名单投票，或不投票给任何参选人或任何政党提名名单，委员会有权责令查封、扣押该人的金钱或财产，直至法院作出判决或命令为止。"

第二十九条 废除《下议院议员选举法（2018年）》中第一百三十七条规定，并替换为下列规定：

"**第一百三十七条** 选举日期前或当日，委员会有职责开展审查、调查、审讯或寻找真相、证据，以核查选举是否以诚实、公正的方式进行。委员会进行调查或审讯后，有合理理由怀疑选举未能以诚实、公正的方式进行，或委员会委员发现有任何作为或不作为可能妨碍选举以诚实、公正的方式进行或导致选举以非法方式进行时，委员会或该委员有权命令中止、暂停、更改或取消选举，对于有合理理由怀疑选区选举制或政党提名制选举未能以诚实、公正的方式进行的部分选举单元或全部选举单元，应下令重新进行选举或重新计票，但委员的行为应符合委员会制定的规则、程序及条件。"

第三十条 本法生效前的《下议院议员选举法（2018年）》所规定的选区划分应继续适用于下一次普选之前可能出现的补缺选举。

第三十一条 依据经本法修订后的《下议院议员选举法（2018年）》应适用于为本法生效之后的普选所实施的任何行为。

第三十二条 选举委员会主席负责本法的执行。

诏令副署人

巴育·占奥差

泰王国总理

上议院议员遴选法
（2018 年）

玛哈·哇集拉隆功·博丁达德巴亚瓦兰恭国王陛下
于在位第 3 年，即 2018 年 9 月 12 日宣布

玛哈·哇集拉隆功·博丁达德巴亚瓦兰恭国王陛下欣然宣布：制定关于上议院议员遴选的法律是合理的。

本法包含某些限制公民权利、自由的条款，依照《泰王国宪法》第二十六条、第三十四条及第三十七条规定，在符合法律规定的情形下可实施上述限制行为。

根据本法规定限制公民权利、自由的正当理由和必要性在于以诚实、公正、有序的方式举行上议员遴选，从而促进公众利益，本法的颁布符合《泰王国宪法》第二十六条规定的条件。

因此，在代行国会职权的国民立法大会的建议和同意下，国王陛下御准颁布本法，条款如下：

第一条 本法称为《上议院议员遴选法（2018 年）》。

第二条 本法自在政府公报上公布之日起生效。

---

① 颁布本法的原因是泰王国宪法规定应制定上议院议员遴选法，以使上议院议员遴选依照泰王国宪法的规定以诚实、公正的方式进行，因此有必要制定本法。

第三条 应废除下列规定：

（一）《下议院议员选举和上议院议员遴选法（2007年）》中仅涉及上议院议员遴选的部分。

（二）国家和平与秩序委员会于2014年6月7日签发的第57/2014号公告《批准某些法律继续生效》中仅涉及上议院议员遴选的部分。

第四条 在本法中：

"委员会"是指依照《选举委员会法》成立的选举委员会。

"委员"是指《选举委员会法》规定的选举委员会成员，还应包括选举委员会主席。

"办公室"是指依照《选举委员会法》成立的选举委员会办公室。

"秘书长"是指《选举委员会法》规定的选举委员会秘书长。

"主管官员"是指办公室的官员、雇员，还应包括政府官员、国家机构的职员、雇员，或由选举委员会、选举委员会委员、遴选主任任命或指派履行本法规定的职责或委员会委派的任务的人员。

"参选人"是指申请参加上议院议员遴选的人员。

"遴选日期"是指委员会公告中确定的举行县级、府级或国家级上议员遴选的日期。

"遴选主任"是指县级、府级或国家级遴选主任。

"遴选地点"是指遴选主任确定的举行县级、府级或国家级上议员遴选的地点。

"府"也包括曼谷。

"县"也包括区。

"市政厅"也包括曼谷市政厅。

"县办事处"也包括区办事处。

"老年人"是指六十岁以上的人。

第五条 在本法未另行规定的情形下，任何需要通知、提交或发送给任何特定人员的信件、文件，如果已通知、提交或发送至该人根据民事登记法登记在册的户籍地址或住址，则应视为已依照本法规定进行了通知、提交或发送的行为。若本法规定须向公众发布、传播公共信息，则通过信息技术系统或公众可以便捷访问的其他任何系统、任何方法进行发布、传播，应视为符合本法规定的行为。

若本法规定委员会有权就任何事宜作出裁决或命令，如未规定具体方法，则由委员会视具体情况以规章、公告或命令的方式进行。若上述规章、公告或命令适用于一般人士，应依照本条第一款规定在政府公报上公布。若任何规章、公告或命令中规定了实施步骤，委员会须明确规定每一步骤的实施期限。

第六条 为了有利于本法的实施，在不违反、违背本法规定的情形下，或未在本法中明确规定的情形下，委员会有权制定负责遴选的人员履行职责的规则，并规定任何其他必要的规则、程序。

第七条 委员会依照本法规定履行职责时，自上议员遴选的诏令生效之日起至遴选结果公布之日期间，如有紧急需求必须召开委员会会议，委员会有权通过电子媒体召开会议，每位委员可在不同地点出席，秘书长应按照委员会规定的规则、程序进行录音、录像，留存为证。

第八条 最高法院根据本法规定进行的任何审议和裁决应符合政府公报上公布的最高法院全体大会规则，该规则须明确规定审议应迅速、公正地进行。在此方面，可以规定由具有管辖权的初审法院代为受理请求,并提交最高法院进行裁决,也可由该初审法院代表最高法院进行证据调查或其他必要程序。

最高法院根据本法规定履行与遴选有关的职责时,出席最高法院全体大会的法官、陪审团以及受陪审团委派履行职责的人员,根据法院行政委员会依照法院行政法制定的规章制度,有权获得会议津贴或报酬。

第九条 选举委员会主席应负责确保本法的实施。

第一章 参选人及申请参选

第十条 根据第十五条第二款规定,第十一条所述的组别划分旨在使所有符合第十三条规定的资质条件且没有第十四条规定的禁止情形的人员有权申请在某一组别中参加上议员遴选。

第十一条 上议院由两百名议员组成,这些成员须从具有共同的知识、专长、经验、专业、特质、利益或在社会各个领域工作的人群中遴选出来,组别划分如下:

(一)国家行政和安全组别,即曾经是政府官员、公职人员或其他类似人员。

(二)司法组别,即当前或曾经是法官、检察官、警察、法律从业者或其他类似人员。

(三)教育组别,即当前或曾经是教师、教授、研究人员、教育机构管理人员、教育人员或其他类似人员。

(四)公共卫生组别,即当前或曾经是各科医生、医疗技术人员、公共卫生人员、护士、药剂师或其他类似人员。

(五)从事水稻种植、草本植物种植或其他类似行业的组别。

（六）从事园艺、林业、畜牧业、渔业或其他类似行业的组别。

（七）非政府机构或国家机关的职员或雇员、劳工或其他类似人员的组别。

（八）从事环境、城乡规划、不动产和公用事业、自然资源、能源或其他类似行业的组别。

（九）相关法律规定的中小型企业经营者或其他类似人员的组别。

（十）从事第（九）项所述的业务以外的其他经营者组别。

（十一）旅游行业经营者、从业者组别，即旅游业经营者、导游、酒店经营者、酒店工作人员或其他类似人员。

（十二）工业经营者或其他类似人员的组别。

（十三）从事科学、技术、通信、创新发展或其他类似行业的组别。

（十四）妇女组别。

（十五）老年人、残疾人、体弱者、少数民族、其他身份人士或其他类似人员的组别。

（十六）从事艺术、文化、音乐、表演和娱乐、运动员或其他类似行业的组别。

（十七）民间社会组织、非政府组织或其他类似组织的组别。

（十八）从事大众传媒、文学创作或其他类似行业的组别。

（十九）专业人员、自由职业者或其他类似人员的组别。

（二十）其他组别。

具有本条第一款所述的其他类似特征的应符合委员会公告的规定。

符合第十三条规定的资质条件且没有第十四条规定的禁止情形

的人员必然有权申请从属于第（二十）项规定的其他组别。

第十二条 上议院议员遴选由国王发布诏令实施。

自要求开展上议员遴选的诏令生效之日起五天内，委员会应在政府公报上公布上议员遴选相关信息，内容如下：

（一）确定县级、府级、国家级遴选日期；

（二）确定申请日期，申请开始日期不得晚于诏令发布之日起十五天，申请期限不得少于五天，但不得超过七天。

县级遴选日期不得晚于申请期限结束之日起二十天，府级遴选日期不得晚于县级遴选之日起七天，国家级遴选日期不得晚于府级遴选之日起十天。在确定每个级别的遴选日期时，应确定全国在同一日内举行。

第十三条 参选人应符合下列资质条件：

（一）因出生取得泰王国国籍；

（二）在申请参选之日年满四十周岁；

（三）具有知识、专长和经验，或在其所申请的领域工作满十年；

（四）参选人还须具备下列特征之一：

（a）在其申请参选的县出生；

（b）截至申请参选之日，拥有其所参选的县的户籍，户籍登记时间需连续且满两年；

（c）截至申请参选之日，在其参选的县连续工作满两年；

（d）曾在其参选的县连续工作或拥有户籍登记满两年；

（e）曾在其参选的县连续接受教育满两年。

本条第（三）项规定不适用于第十一条第（十四）项、第（十五）项所述的妇女、老年人、残疾人、体弱者、少数民族和其他身份人士组别。

第十四条　参选人不得有以下任何禁止情形：

（一）吸食毒品的人；

（二）破产或曾经恶意破产的人；

（三）任何报纸或媒体业务的所有者或股东；

（四）比丘、沙弥、苦行僧或修行僧；

（五）被剥夺选举权的人，无论该案件的司法程序是否已经终结；

（六）精神失常或心智不健全的人；

（七）被暂时中止被选举权或被剥夺被选举权的人；

（八）被判处徒刑或因法院决定而被拘留的人；

（九）截至县级遴选日，刑满释放时间不满十年的人，但因过失犯罪或罪行轻微的除外；

（十）曾因渎职或腐败而被政府机构、国家机关或国有企业撤职的人；

（十一）因财产来源不明，被法院判决或命令充公者，或因犯有反腐败法规定的罪行而被判处徒刑者；

（十二）因以下罪行被最终判决定罪：犯有公职渎职或司法渎职罪、犯有国家组织或机关官员犯罪法规定的罪行、刑法规定的贪污腐败罪行、借贷法规定的公共欺诈罪、麻醉品法规定的生产、进口、出口或销售麻醉品的罪行、赌博法规定的作为赌博庄家或赌场所有者的罪行、反人口贩卖法规定的罪行、反洗钱法规定的洗钱罪行；

（十三）因在选举中有舞弊行为而被判决的人；

（十四）当前被禁止从事政务的人；

（十五）在政企机关或国有企业任职的人；

（十六）宪法法院法官或在独立机关任职者；

（十七）有提交议案、修正议案或其他任何行为，导致上议员、下议员或委员会直接或间接参与预算支出的使用，经宪法法院裁决后而被撤职的人；

（十八）因被最高法院或最高法院政务人员刑事审判法庭判决财产来源不明、渎职、履行职责或行使职权时蓄意违反宪法或法律规定、严重违反或不遵守道德准则而被撤职的人；

（十九）政府官员；

（二十）当前或曾经担任下议员，但截至申请参选之日已卸任满五年者除外；

（二十一）政党成员；

（二十二）当前或曾经担任任何政党职务的人士，但截至申请参选之日已卸任满五年者除外；

（二十三）当前或曾经担任内阁大臣，但截至申请参选之日已卸任满五年者除外；

（二十四）当前或曾经担任地方议会议员或地方行政官员，但截至申请参选之日已卸任满五年者除外；

（二十五）下议员、上议员、政务官员、地方议会议员或地方行政官员、同届上议员参选人、在宪法法院任职者或在独立机关任职者的父母、配偶或子女；

（二十六）曾依照宪法规定担任上议员。

第十五条 有意申请参加上议员遴选的人员须亲自提交申请表，附上证明文件，并支付两千五百泰铢的申请费用。

每位参选人有权申请在第十一条规定的某一组别中参选，仅能申请一个组别和一个县，申请提交后不能撤回。

参选人有权申请在第十一条第（二十）项规定的组别中参选，即使该参选人具有属于其他组别的共同知识、专长、经验、专业、特质、利益或在其他领域工作。

申请表、提名通知函、申请方法、申请期限、申请地点、参选人排序及申请费用支付方式应符合委员会制定的规则。

申请表应至少包含参选人保证其符合第十三条规定的资质条件且没有第十四条规定的任何禁止情形的声明。

申请地点应确定在将举行遴选的县辖区内。

第十六条 申请参选的证明文件包括：

（一）根据委员会的规定，证明其具有第十一条规定的共同知识、专长、经验、专业、特质、利益或在任何领域工作的证明文件。

（二）参选人的个人介绍，篇幅不超过委员会规定的长度。

（三）委员会规定的其他证明文件。

参选人应在本条第一款规定的证明文件的每一份副本、每一页上签字，以证明其准确性和真实性，在无法签字的情形下，应按照委员会规定的方法证明其准确性和真实性。

第（一）项规定的证明文件应至少有一名见证人签字证明该参选人确实拥有上述资质，并且应附上签字见证人的身份证复印件。

第（二）项的规定应考虑到传播的便利性，以便于参选人知悉，第（三）项的规定应不给参选人造成不合理的负担。

第十七条 若特定区域出现必要原因，如骚乱、洪水、火灾、不可抗力或任何其他必要原因，导致无法在规定期限或日期内完成申请受理工作，委员会有权宣布通过其他方法受理申请或延长申请期限。

第十八条 在申请期限结束之前，委员会或主管官员不得透露每个组别的参选人名单和参选人人数。

本条第一款的规定不适用于委员会或主管官员对参选人信息进行审查的情况，无论是办公室内部审查还是委派其他政府机构进行审查。但无论何种情况，禁止透露或以任何方式让没有上述审查职责的其他人获知每个组别的参选人名单或人数，直至申请期限结束。

第十九条 即使第十一条规定的每个组别并非都有参选人，仍可开展县级遴选。

第二十条 若县级遴选主任发现，无论出于何种原因，任何参选人不符合资质条件、有禁止情形、申请了多个组别或多个县、在申请表或证明文件中提供虚假信息，县级遴选主任应下令不受理该人的申请，在已受理申请的情形下，该人的申请无效，发现上述情况的遴选主任应下令将该人从参选人名单中除名，并向委员会报告。

依照本条第一款规定从参选人名单中除名的人没有选举权和被选举权，但不影响已经进行的申请受理或遴选。

在遴选结果公布前的任何级别遴选过程中若出现本条第一款所述的情况，视为该参选人的行为导致遴选未能以诚实、公正的方式进行，委员会应下令暂时中止该人的被选举权，为期不超过一年。与遴选有关的程序应按照委员会的规定以其认为适当的方式进行，委员会的命令和规定为最终决定。

委员会根据本条第三款规定作出命令时，应向最高法院提出申请，请求下令剥夺该人的被选举权。

第二十一条 自申请期限结束之日起五日内，县级遴选主任应公布县辖区各个组别符合资质且没有禁止情形的参选人名单，其中至少应注明参选人的职业和年龄，供公众知悉，并在府选举委员会办公室、市政厅和县办事处进行公示。

根据本条第一款规定公布参选人名单，应依照委员会规定的规则、程序进行。

第二十二条 若县级遴选主任下令不受理任何人的申请或将任何参选人除名，该人有权在参选人名单公布之日起或遴选主任下令除名之日起三天内向最高法院提出异议。

最高法院对本条第一款所述的异议进行审议和裁决时，应至少在遴选日期前一天完成。截至遴选之日，若最高法院尚未作出裁决，遴选应继续举行，在县级遴选主任公布的参选人名单中出现的人员应视为所有的参选人，在此情形下，最高法院的裁决对已经举行的遴选没有影响。

第二十三条 若参选人在府级或国家级遴选之前被从参选人名单中除名，该人有权在遴选主任下令除名之日起三天内向最高法院提出异议，第二十二条第二款的规定应参照适用。

第二章 负责遴选的人员

第二十四条 在上议员遴选过程中，应设立以下委员会，以协助执行工作、提出建议、提供便利，并向选举委员会报告与上议员遴选有关的问题或障碍：

（一）国家级委员会，负责履行国家级委员会职责。

（二）府级委员会，对于外府，由府尹担任主席，对于曼谷，由曼谷市政府常务秘书担任主席，由三名府级政府机构负责人或国有高等教育机构人员，以及两名该府内符合资质的非政府官员、非政党成员或官员、非该府参选人或其父母、子女、配偶、亲属非该府参选人的人员担任委员，由该府遴选主任担任委员及秘书。

（三）县级委员会，由县长担任主席，由三名县级政府机构负责人，以及两名该县内符合资质的非政府官员、非政党成员或官员、非该府参选人或其父母、子女、配偶、亲属非该府参选人的人员担任委员，由府级遴选主任任命的办公室官员或县政府官员担任委员及秘书。

本条第（二）项、第（三）项规定的有权力任命者、任命程序以及委员遴选方法，应符合委员会规定的规则。对于曼谷，委员会规定可任命曼谷市政府任何职位的官员来代替第（二）项规定的府级政府机构负责人和第（三）项规定的县级政府机构负责人。

本条第（二）项、第（三）项规定的当然委员、政府机构负责人或国有高等教育机构人员，其父母、子女、配偶或亲属不得是该府或该县的参选人。

若委员会发现，本条第（二）项、第（三）项规定的任何委员存在本条第三款所述的情况或有合理理由怀疑其会妨碍遴选以诚实、公正的方式进行，委员会有权在其认为适当的情形下任命担任其他职务的人员或其他人士担任委员。

本条第一款规定的委员会和主管官员应符合《刑法》规定。

第二十五条 在进行上议员遴选时，秘书长应担任国家级遴选主任，第二十四条第（二）项规定的委员及秘书应担任府级遴选主任，第二十四条第（三）项规定的委员及秘书应担任县级遴选主任。

第二十六条　上议员遴选的诏令生效后，遴选主任应依照本法及委员会的规定开展上议员遴选，并依照委员会规定的规则和程序进行。

第二十七条　为履行府级遴选主任或县级遴选主任的职责，委员会有权任命户籍地在举行遴选的府或县的人员担任主管官员，以协助府级遴选主任或县级遴选主任执行工作，在此情形下，委员会可按照其规定的规则、程序及条件，委派第二十四条第（二）项和第（三）项所述的委员会代替其进行任命。

在各级遴选中，委员会有权根据民事登记法任命或委派中央登记处处长执行或协助遴选工作。

在国家级遴选中，委员会有权任命主管官员以协助国家级遴选主任执行工作。

本条第一款、第二款和第三款规定的主管官员应按照委员会的规定履行职责。

第二十八条　在举行县级上议员遴选时，县级遴选主任应行使以下职权：

（一）在县辖区内设置申请地点和遴选地点；

（二）安排申请受理；

（三）审查参选人的资质条件和禁止情形；

（四）依照第二十一条规定编制参选人名单；

（五）准备所有参选人的介绍文件或资料，供参选人检查并在遴选时使用；

（六）监督遴选、计票和计票结果汇报以诚实、公正的方式进行；

（七）公布县级当选人员名单，并将当选人员名单连同第

（五）项规定的文件或资料提交给府级遴选主任；

（八）对遴选过程进行录音、录像，留存为证；

（九）履行委员会规定的或委派的与上议员遴选有关的其他职责。

遴选地点必须是可以便捷到达的地方，并应设置标牌或任何其他标志以标明遴选地点的边界。

根据本条第一款规定执行工作时，应符合委员会规定的规则、程序或条件。

第二十九条 在举行府级上议员遴选时，府级遴选主任应行使以下职权：

（一）在府辖区内设置遴选地点；

（二）按照组别编制县级当选人员名单，至少应注明参选人的职业和年龄，从县级遴选主任处收到名单之日起三天内向公众公布；

（三）准备县级当选人员的介绍文件或资料，供参选人检查并在遴选时使用，在此情形下，应使用从县级遴选主任处收到的文件或资料；

（四）监督遴选、计票和计票结果汇报以诚实、公正的方式进行；

（五）公布府级当选人员名单，并将当选人员名单连同第（三）项规定的文件或资料提交给国家级遴选主任；

（六）对遴选过程进行录音、录像，留存为证；

（七）履行委员会规定的或委派的与上议员遴选有关的其他职责。

第二十八条第二款、第三款的规定应参照适用。

第三十条 在举行国家级上议员遴选时，国家级遴选主任应行使以下职权：

（一）设置国家级遴选地点；

（二）按照组别编制府级当选人员名单，至少应注明参选人的职业和年龄，从府级遴选主任处收到名单之日起三天内向公众公布；

（三）准备府级当选人员的介绍文件或资料，供参选人检查并在遴选时使用，在此情形下，应使用从府级遴选主任处收到的文件或资料；

（四）监督遴选、计票和计票结果汇报以诚实、公正的方式进行；

（五）向委员会提交每个组别所有人员的名单及票数，以公布遴选结果；

（六）对遴选过程进行录音、录像，留存为证；

（七）履行委员会规定的或委派的与上议员遴选有关的其他职责。

第二十八条第二款、第三款的规定应参照适用。

第三十一条 府级委员会主席和委员、县级委员会主席和委员、遴选主任以及主管官员有权依照委员会规定的规则、程序、条件和标准获得津贴、报酬和其他费用。

第三十二条 委员、秘书长、选举监察员、府级委员会主席和委员、县级委员会主席和委员、遴选主任以及主管官员，在根据本法履行职责时，不得失职、渎职或进行任何行为妨碍委员会、府级委员会、县级委员会、遴选主任对法律、法规、公告、命令或法院根据本法作出的遴选相关命令的实施。

委员、秘书长、选举监察员、府级委员会主席和委员、县级委员会主席和委员、遴选主任以及主管官员，在根据本法或委员会规定的法律、法规、公告、命令或法院作出的遴选相关命令履行职责时，若诚实地履行职责，则应免除民事、刑事或行政责任。

第三章　遴　　选

第三十三条　上议员遴选应依照本法规定的程序以无记名投票方式进行。

第三十四条　若特定区域出现必要原因，如骚乱、洪水、火灾、不可抗力或任何其他必要原因，导致无法在规定期限或日期内举行遴选，委员会可根据需要为县级遴选、府级遴选或国家级遴选安排新的遴选日期。

第三十五条　若出现非第三十四条规定的不可避免的必要原因，导致无法在委员会根据第十二条第（一）项规定公布的日期内在全国范围内同时举行县级、府级或国家级遴选，并且委员会以不少于现有委员总数三分之二的票数通过决议，认为按照原定日期继续举行遴选将造成不公平或混乱的情形，则委员会可公布新的遴选日期。

若在投票期间发生本条第一款所述的情况，委员会可下令取消遴选并公布新的遴选日期。

第三十六条　参选人可依照委员会规定的程序、条件进行自我介绍。

其他非参选人的人员应依照本条第一款所述的程序、条件协助参选人进行个人介绍。

第三十七条　根据第四十条、第四十一条或第四十二条规定进行遴选的过程中，非参选人不得进入遴选地点，履行遴选相关职责的人员或获得委员、国家级遴选主任、府级遴选主任、县级遴选主任许可的人员除外。

计票结果公布后，无选举权或被选举权的参选人或初选当选人员应离开遴选地点。

第三十八条 根据第四十条、第四十一条或第四十二条规定进行遴选的过程中，在遴选地点以及国家级遴选主任、府级遴选主任、县级遴选主任规定的遴选地点周边区域内，任何参选人不得携带或使用任何可用于通讯、录像、录音的工具或设备，或委员会规定的任何其他设备。

对于必须使用本条第一款所述的工具、设备以获取关于遴选或投票的信息，并且已获得委员、国家级遴选主任、府级遴选主任或县级遴选主任许可的残疾人或体弱者参选人，本条第一款的规定不适用。在此情形下，应依照第五十七条的规定考虑提供便利。

第三十九条 任何人不得做出任何妨碍或阻止有选举权的人员进入遴选地点或在遴选规定时间内到达遴选地点的行为。

第四十条 县级遴选应按照以下规定进行：

（一）参选人应在委员会规定的时间内到达遴选地点并报到，任何未到场或未在规定时间内到场的参选人将丧失选举权和被选举权。

（二）当参选人已到齐或已超出本条第（一）项规定的时间后，县级遴选主任应安排各组参选人在县级遴选主任规定的地点集合为一组。

（三）每组参选人最多可给同一组内两位参选人投票，也可给自己投票，但给任何一人投票都不能超过一票。

（四）任何组别投票完成后，由县级遴选主任公开进行该组的计票。

（五）票数最高的前五名参选人即为每组的初选当选人员。若任何名次出现票数相同的参选人，导致票数最高的超过五人，则上述票数相同的参选人应通过抽签方式决定谁成为该组的当选人员。在获得票数的参选人少于五人的情形下，获得票数的参选人即为当选人员。

（六）根据本条第（五）项规定产生的当选人员在下一阶段遴选过程中不在遴选地点的，将丧失选举权和被选举权，并应认为本条第（五）项所述的当选人员仅为在场的人员。

（七）若任何组别的参选人不超过五人，或按照本条第（一）项规定来报到的人数不超过五人，则该组的参选人无需进行组内遴选，应认为该组所有来报到的参选人即为该组的初选当选人员。

（八）任何没有参选人的组别应取消该组的遴选流程，并且对其他组别的遴选没有影响。

（九）各组的初选当选人员产生后，由各组的初选当选人员一致决定由谁担任本条第（十）项规定的抽签人，无法达成一致的则采用抽签方式决定。

（十）安排队伍划分，一共不得超过四个队伍，每个队伍由相同数量的组别组成，若无法平均划分组别，应使每个队伍的组别数量尽可能接近，并且每个队伍的组别数量不得超过五组但不得少于三组，由本条第（九）项规定的各组抽签人进行抽签以决定该组将划分为哪一队伍。

（十一）每组的初选当选人员应当对同一队伍中其他组别的初选当选人员进行选择，每人有权在同一队伍其他各组中各选择一位初选当选人员，在此阶段中，初选当选人员不得选择本组的其他初选当选人员，也不能选择自己。

（十二）完成第（十一）项规定的遴选后，由县级遴选主任公开进行计票，每组票数最高的前三名即为该组的县级当选人员，以参加下一步的府级遴选。若任何名次出现票数相同的人员，导致票数最高的超过三人，则上述票数相同的人员应通过抽签方式决定谁成为该组的当选人员。在获得票数的人员少于三人的情形下，获得票数的人员即为当选人员。

（十三）在县级遴选日期的次日内，县级遴选主任应向府级遴选主任提交根据第（十二）项规定产生的当选人员名单以及第二十八条第（五）项规定的文件或资料，以进行下一步程序。

根据本条第一款规定执行工作应符合委员会规定的规则和程序。若任何县的参选人不超过五组，当完成本条第（三）项规定的遴选程序后，无需再按照本条第（十）项规定进行队伍划分，每组应在其他各组中各选出一名参选人，参选人不得选择本组的其他参选人，也不能选择自己。

第四十一条 府级遴选应按照以下规定进行：

（一）县级当选人员应在委员会规定的时间内到达遴选地点并报到，任何未到场或未在规定时间内到场的人员将丧失选举权和被选举权。

（二）当县级当选人员已到齐或已超出本条第（一）项规定的时间后，府级遴选主任应安排各组县级当选人员在府级遴选主任规定的地点集合为一组。

（三）每组县级当选人员最多可给同一组内两位人员投票，也可给自己投票，但给任何一人投票都不能超过一票。

（四）任何组别投票完成后，由府级遴选主任公开进行该组的计票。

（五）票数最高的前五名即为每组的初选当选人员。若任何名次出现票数相同的人员，导致票数最高的超过五人，则上述票数相同的人员应通过抽签方式决定谁成为该组的当选人员。在获得票数的人员少于五人的情形下，获得票数的人员即为当选人员。

（六）根据本条第（五）项规定产生的当选人员在下一阶段遴选过程中不在遴选地点的，将丧失选举权和被选举权，并应认为本条第（五）项所述的当选人员仅为在场的人员。

（七）若任何组别的县级当选人员一共不超过五人，或按照本条第（一）项规定来报到的人数不超过五人，则该组的县级当选人员无需进行组内遴选，应认为该组所有来报到的县级当选人员即为该组的初选当选人员。

（八）任何没有县级当选人员的组别应取消该组的遴选流程，并且对其他组别的遴选没有影响。

（九）各组的初选当选人员产生后，由各组的初选当选人员一致决定由谁担任本条第（十）项规定的抽签人，无法达成一致的则采用抽签方式决定。

（十）安排队伍划分，一共不得超过四个队伍，每个队伍由相同数量的组别组成，若无法平均划分组别，应使每个队伍的组别数量尽可能接近，并且每个队伍的组别数量不得超过五组但不得少于三组，由本条第（九）项规定的各组抽签人进行抽签以决定该组将划分为哪一队伍。

（十一）每组的初选当选人员应当对同一队伍中其他组别的参选人进行选择，每人有权在同一队伍其他各组中各选择一位参选人，在此阶段中，初选当选人员不得选择本组的其他参选人，也不能选择自己。

（十二）完成第（十一）项规定的遴选后，由府级遴选主任公开进行计票，每组票数最高的前两名即为该组的府级当选人员，以参加下一步的国家级遴选。若任何名次出现票数相同的人员，导致票数最高的超过两人，则上述票数相同的人员应通过抽签方式决定谁成为该组的当选人员。在获得票数的人员少于两人的情形下，获得票数的人员即为当选人员。

（十三）在府级遴选日期的次日内，府级遴选主任应向国家级遴选主任提交根据第（十二）项规定产生的当选人员名单以及第二十九条第（三）项规定的文件或资料，以进行下一步程序。

根据本条第一款规定执行工作应符合委员会规定的规则和程序。若在任何府从所有县上报的县级当选人员不超过五组，当完成本条第（三）项规定的遴选程序后，无需再按照本条第（十）项规定进行队伍划分，每组应在其他组别中各选出一名参选人，参选人不得选择本组的其他参选人，也不能选择自己。

第四十二条 国家级遴选应按照以下规定进行：

（一）府级当选人员应在委员会规定的时间内到达遴选地点并报到，任何未到场或未在规定时间内到场的人员将丧失选举权和被选举权。

（二）当府级当选人员已到齐或已超出本条第（一）项规定的时间后，国家级遴选主任应安排各组府级当选人员在国家级遴选主任规定的地点集合为一组。

（三）每组府级当选人员最多可给同一组内十位参选人投票，也可给自己投票，但给任何一人投票都不能超过一票。

（四）任何组别投票完成后，由府级遴选主任公开进行该组的计票。

（五）票数最高的前四十名即为各组的初选当选人员。若任何名次出现票数相同的人员，导致票数最高的超过四十人，则上述票数相同的人员应通过抽签方式决定谁成为该组的当选人员。在获得票数的人员少于四十人但不少于二十人的情形下，获得票数的人员即为该组初选当选人员。在获得票数的人员少于二十人的情形下，国家级遴选主任应组织仍在遴选地点的落选者再次投票遴选，以使当选人员达到二十人。

（六）根据本条第（五）项规定产生的当选人员在下一阶段遴选过程中不在遴选地点的，将丧失选举权和被选举权，并应认为本条第（五）项所述的当选人员仅为在场的人员。

（七）各组的初选当选人员产生后，由各组的初选当选人员一致决定由谁担任本条第（八）项规定的抽签人，无法达成一致的则采用抽签方式决定。

（八）安排队伍划分，一共不得超过四个队伍，每个队伍由相同数量的组别组成，若无法平均划分组别，应使每个队伍的组别数量尽可能接近，并且每个队伍的组别数量不得超过五组但不得少于三组，由本条第（七）项规定的各组抽签人进行抽签以决定该组将划分为哪一队伍。

（九）每组的初选当选人员应当对同一队伍中其他组别的参选人进行选择，每人有权在同一队伍其他组别中各选择不超过五位参选人，初选当选人员不得选择本组的其他参选人，也不能选择自己。

（十）完成第（九）项规定的遴选后，由国家级遴选主任公开进行计票，并将计票结果报告给委员会。

委员会收到本条第（十）项所述的报告后，应等待至少五天的时间，该期限届满后，若委员会认为遴选是以正确、诚实、公正的方式进行的，应将本条第（十）项所述的遴选结果在政府公报上公布，每组中获得票数最高的第一名至第十名人员即为该组的当选上议员，每组中票数排名第十一名至第十五名的人员将被录入该组的候补名单，并报告给上议院秘书处。

根据本条第二款规定进行排序时，对于位于同一名次的票数相同的人员，应通过抽签的方式进一步排序。

根据本条第一款规定执行工作应符合委员会规定的规则和程序。

第四十三条 在委员会规定以机器或电子设备进行计票的情形下，若是公开进行的，应视为已公开进行计票。

第四十四条 县级参选人或在府级、国家级遴选中有选举权的人员，如果认为委员会、遴选主任或主管官员开展的与遴选相关的活动不符合法律规定，该人有权在命令发布之日起三天内向最高法院提出异议，第二十二条第二款的规定应参照适用。

第四十五条 若因席位空缺，或因上议院任期届满以外的任何其他原因，导致任何组别的上议员人数不足，应由上议院议长在政府公报中公布按照顺序提名该组候补名单中的人员补缺，该人的任期仅为本届上议院剩余任期。在上述人员尚未就任期间，上议院由现任上议员组成。

如果需要根据本条第一款规定提名任何组别候补名单中的人员补缺，但该组候补名单中因故没有剩余人员，则由上议院议长抽签决定选择其他任何仍有剩余候补人员的组别，并根据本条第一款规定提名该组候补名单中的人员补缺，上述抽签仅对该次提名有效。

如果所有组别的候补名单中都未剩下可根据本条第二款规定提名补缺的人员，则上议院由现任上议员组成。若上议员剩余人数不足上议员总数的一半，并且本届上议院剩余任期超过一年，则应在上议院剩余议员人数不足一半之日起六十天内进行上议员补缺遴选，在此情形下，上述当选上议员的任期仅为本届上议院剩余任期。

第四十六条 在下列情形下，委员会应下令将候补人员从候补名单中除名：

（一）死亡；

（二）辞职；

（三）不符合第十三条规定的资质条件或有第十四条规定的禁止情形；

（四）有证据表明任何组别候补名单中的人员实施任何行为或纵容他人实施任何行为，导致遴选未能以诚实、公正的方式进行；

（五）最高法院根据第六十二条第三款规定作出判决。

本条第一款规定的命令应在政府公报上公布并应认为候补名单仅由剩余的候补人员组成。

第四十七条 在第四十六条第（四）项规定的情形下，以及在有证据表明任何候补人员故意辞职以使排序仅次于其后的人员被提名为上议员的情形下，或有证据表明排序仅次于其后的人员或其他任何人将财产或任何其他利益已经给予或承诺给予上议员或候补名单中的人员以换取其辞职，委员会应向最高法院提出申请，请求下令剥夺该人的被选举权。

第四十八条 投票箱和选票应符合委员会规定的特征。关于投票箱的规定应规定允许使用以前的投票箱。

第四十九条　投票方式应按照委员会的规定确定。

第五十条　任何有选举权的人不得使用第四十八条规定的选票以外的选票进行投票。

第五十一条　任何有选举权的人不得将选票带离遴选地点。

第五十二条　任何人不得以任何方式在选票上故意作标记以引起注意。

第五十三条　任何人不得在没有合法权力的情形下将选票投入投票箱，或对有选举权的人员名单实施任何行为以虚假地表明有人在场投票，或实施任何行为导致选票数量超出真实数量。

第五十四条　任何有选举权的人不得使用任何工具、设备对其已投票的选票进行拍照。

第五十五条　有选举权的人不得将已投票的选票出示给其他人，以使其知晓自己给谁投票。

第五十六条　以下选票视为无效选票，不计入选票数：

（一）虚假选票；

（二）为引起注意而作出标记的选票，或除了投票标记之外写有任何信息的选票，与遴选有关的执行人员实施的合法行为除外；

（三）没有作出投票标记的选票；

（四）无法确定投票给哪位参选人的选票；

（五）给无被选举权的人投票的选票；

（六）给超过规定人数的人员投票的选票；

（七）给任一人员投票超过一票的选票；

（八）具有委员会规定的无效选票特征的选票。

第五十七条　为了在遴选中给身为残疾人、体弱者、老年人或行使选举权有困难的参选人或有选举权的人提供便利,遴选主任应安排为上述人员提供便利设施,在获得上述人员同意的情形下可由其他人或遴选主任委派的人代为执行工作,并按照上述人员的意愿开展工作。

第四章 监督遴选以诚实、公正的方式进行

第五十八条 国家官员不得非法利用其职权实施任何对参选人造成有利或不利影响的行为。

本条第一款规定的非法利用职权不包括以该国家官员的身份正常履行职责,或在与履行职责无关的情形下,为参选人遴选提供建议、协助,即使该行为会对任何参选人造成有利或不利的影响。

若有证据表明发生了违反本条第一款规定的行为,委员会或发现该情况的委员有权命令该国家官员暂停或制止任何被认为可能对任何参选人造成有利或不利影响的行为。

在本条第三款所述的情形下,委员会应通知该国家官员的上级或对其有监督职责和权力的人,命令存在可能对任何参选人造成有利或不利影响的行为的国家官员暂时解除职务,或下令将其调往府辖区或县辖区以外的部委、局、司、市政厅或县办事处,或禁止其进入任何府辖区或县辖区。

第五十九条 遴选结果公布前,若有合理理由怀疑遴选未能以诚实、公正的方式进行,委员会有权责令暂停、制止、纠正、变更或取消遴选,并命令重新举行遴选或重新进行计票。

在行使本条第一款规定的权力时,在任何府、县发现犯罪行为的每位委员都有权按照委员会规定的规则、程序和条件对该府或县

的遴选行使上述权力。

任何发现本条第一款所述行为的选举监察员和遴选主任都有义务立即向委员会或委员报告该事件。

第六十条 遴选结果公布前,若有证据表明任何参选人实施任何行为或纵容他人实施任何行为,导致遴选未能以诚实、公正的方式进行,委员会应下令暂时中止该人的被选举权,为期不超过一年。委员会的命令为最终命令。

当委员会根据本条第一款规定作出命令时,应向最高法院提出申请,请求下令剥夺该人的被选举权。

第六十一条 若有证据表明任何人已经给予、提议给予、承诺给予或准备给予金钱、财产或任何其他利益以诱使参选人或有选举权的人给任何人投票或不投票,委员会有权暂时没收或扣押上述金钱、财产或任何其他利益,直至法院作出判决或命令。

第六十二条 委员会依照第四十二条第二款的规定公布遴选结果后,若有证据表明参选人或任何人在遴选中实施了或纵容他人实施了不诚实行为,导致遴选未能以诚实、公正的方式进行,委员会应向最高法院提出申请,请求下令剥夺该人的被选举权或选举权。

最高法院下令受理申请进行审议时,若被告是上议员,则该人应停职,直至最高法院判决其没有罪行。经最高法院判决有罪的,该人的上议员资格自停职之日起终止。

本条第一款的规定也应适用于候补名单中的人员是被告的情形,经最高法院判决有罪的,委员会应下令将该人从候补名单中除名,第四十六条第二款的规定应参照适用。

第六十三条 委员会依照第四十二条第二款的规定公布遴选结果后,若委员会发现任何上议员不符合第十三条规定的资质条件或有第十四条规定的禁止情形，委员会应立即将该事项提交宪法法院裁决。

第五章　异　　议

第六十四条　县级参选人或在府级、国家级遴选中有选举权的人员，如果认为其申请参选或有选举权的县级、府级或国家级遴选未能以诚实、公正、合法的方式进行，其有权在该级别的遴选日期之日起三天内向委员会提出异议，委员会应迅速作出裁决，如果认为没有合理理由怀疑遴选以不诚实、不公正、非法的方式进行，委员会应下令驳回该异议，遴选继续举行。如果委员会认为有确凿证据表明遴选是以不诚实、不公正、非法的方式进行，委员会应依照第五十九条第一款的规定采取行动。委员会的裁决为最终裁决。

第六章　处罚条款

第六十五条　在调查或询问中，如果任何参与或涉嫌实施本法规定的犯罪行为的人所提供的信息、线索、证词，有利于证明主犯的罪行，并可作为裁决该罪犯罪行的证据，则委员会可羁押该人作为证人而不对其提起法律诉讼。

当委员会通过决议放弃对任何人提起法律诉讼后，提起刑事诉讼的权利将被中止，除非此后发现被羁押的证人作了虚假供述、未出庭作证或出庭作证时与所提供的证词、供述不符，则该人作为证人的羁押将终止，委员会可继续对该人采取法律行动。

根据本条第一款规定羁押某人作为证人以及根据本条第二款规

定撤销羁押某人作为证人的措施应符合委员会规定的规则、程序和条件。

第六十六条 在本法要求法院下令剥夺某人在一定期限内的选举权或下令剥夺某人被选举权的情形下，上述剥夺权利的命令应立即生效，期限从法院作出命令或判决之日起算，上诉法院或最高法院作出其他命令或判决的除外。

第六十七条 任何人不遵守第十五条第二款的规定，申请多个组别或多个县的，处一年以下有期徒刑或两万泰铢以下罚款，或两罚兼施，法院应下令剥夺该人的选举权，为期五年。

第六十八条 任何违反第十八条规定的委员或主管官员，处三年以下有期徒刑或六万泰铢以下罚款，或两罚兼施。

第六十九条 任何人违反第三十二条第一款规定或第五十八条第一款规定的，处一年以上十年以下有期徒刑，并处两万泰铢以上二十万泰铢以下罚款，法院应下令剥夺该人的选举权，为期二十年。

第七十条 任何不遵守第三十六条所述的委员会规定的程序或条件的参选人，处一年以下有期徒刑或两万泰铢以下罚款，或两罚兼施，法院应下令剥夺该人的选举权，为期五年。

任何非参选人的人员在不遵守第三十六条规定的程序或条件的情形下协助参选人进行个人介绍的，将承担与本条第一款规定相同的处罚。

第七十一条 任何人违反第三十七条规定或第三十八条第一款规定的，处六个月以下有期徒刑或一万泰铢以下罚款，或两罚兼施。

若本条第一款所述的行为导致遴选地点发生骚乱的，应处以两倍刑罚，法院应下令剥夺该人的选举权，为期五年。

第七十二条　任何人违反第三十九条、第五十条、第五十一条、第五十二条或第五十三条规定的,处一年以上五年以下有期徒刑或两万泰铢以上十万泰铢以下罚款,或两罚兼施,法院应下令剥夺该人的选举权,为期十年。

第七十三条　任何有选举权的人违反第五十四条或第五十五条规定的,处一年以下有期徒刑或两万泰铢以下罚款,或两罚兼施。

第七十四条　任何人明知自己因任何原因没有被选举权,却申请参选的,处一年以上十年以下有期徒刑,并处两万泰铢以上二十万泰铢以下罚款,法院应下令剥夺该人的选举权,为期二十年。

若本条第一款所述的犯罪人员已当选上议员,法院还应命令该人将因担任该职务而获得的职位薪酬及任何其他利益退还至上议院秘书处。

第七十五条　任何人在申请参选的虚假证明文件上签字以进行证明或作为见证人的,处一年以下有期徒刑或两万泰铢以下罚款,或两罚兼施,法院应下令剥夺该人的选举权,为期五年。

第七十六条　任何政党执行委员、在政党中担任任何其他职务的人员、下议员、地方议会议员、地方行政官员或政务官员,以任何方式协助任何参选人当选上议员或阻止任何参选人当选,处一年以上十年以下有期徒刑,并处两万泰铢以上二十万泰铢以下罚款,法院应下令剥夺该人的被选举权。

任何参选人同意让任何政党执行委员、在政党中担任任何其他职务的人员、下议员、地方议会议员、地方行政官员或政务官员协助自己当选上议员,处一年以上十年以下有期徒刑,并处两万泰铢以上二十万泰铢以下罚款,法院应下令剥夺该人的被选举权。

第七十七条　任何人实施下列任何一项行为以诱使他人申请参

加上议员遴选或撤回申请，或实施任何非法行为致使该人丧失选举权或被选举权，或诱使参选人或有选举权的人给任何人投票或不投票的，处一年以上十年以下有期徒刑或两万泰铢以上二十万泰铢以下罚款，或两罚兼施，法院应下令剥夺该人的选举权，为期二十年：

（一）将财产或任何其他能够计算成货币价值的利益提供、给予、提议给予、承诺给予或准备给予任何人；

（二）通过组织表演或娱乐活动进行个人介绍；

（三）招待或应允招待任何人；

（四）欺骗、强迫、威胁、利用权势威慑、捏造事实诽谤或诱导他人对任何参选人的资质、知识、能力或声誉产生误解。

本条第（一）项规定的犯罪行为应被视为反洗钱法规定的上游犯罪，委员会有权将该事项提交反洗钱办公室根据其职责和权力采取行动。

第七十八条 任何人虚假地实施任何行为以使他人误认为任何参选人的行为违反或不遵守本法规定的，处两年以下有期徒刑或四万泰铢以下罚款，法院应下令剥夺该人的选举权，为期五年。

若本条第一款所述的行为是为了恶意使该参选人被剥夺选举权或被选举权，或为了阻止公布遴选结果的，处五年以上十年以下有期徒刑，并处十万泰铢以上二十万泰铢以下罚款，法院应下令剥夺该人的选举权，为期二十年。

若本条第一款所述的行为是向委员会或主管官员发出通知或作出陈述的，处七年以上十年以下有期徒刑，并处十四万泰铢以上二十万泰铢以下罚款，法院应下令剥夺该人的选举权，为期二十年。

第七十九条 任何人为了任何参选人的利益而申请参选或不申

请参选，从而索取、收受财产或任何其他利益的，处一年以上十年以下有期徒刑或两万泰铢以上二十万泰铢以下罚款，或两罚兼施，法院应下令剥夺该人的选举权，为期二十年。

第八十条 任何人故意以任何方式导致选票缺损、损坏或成为无效选票，或以任何方式对无效选票采取任何行为以将其变为有效选票的，处五年以下有期徒刑，并处十万泰铢以下罚款，法院应下令剥夺该人的选举权，为期十年。

若本条第一款所述的犯罪人员是负责遴选的人员，处一年以上十年以下有期徒刑，并处两万泰铢以上二十万泰铢以下罚款，法院应下令剥夺该人的选举权，为期二十年。

第八十一条 任何有选举权的人为自己或他人索取、收受或同意收受金钱、财产或任何其他利益，以给任何人投票或不投票的，处一年以上五年以下有期徒刑或两万泰铢以上十万泰铢以下罚款，或两罚兼施，法院应下令剥夺该人的选举权，为期十年。

第八十二条 在打开、关闭为进行遴选而放置的投票箱时或在遴选完成时关闭投票箱进行保存后，任何人在没有合法权力的情形下，打开、破坏、损坏负责遴选的人员所准备的投票箱、选票或遴选相关的证明文件，或改变其状态、导致其报废或将其带走的，处一年以上十年以下有期徒刑，并处两万泰铢以上二十万泰铢以下罚款，法院应下令剥夺该人的选举权，为期二十年。

第八十三条 任何人如果不是有职责和权力保存上议员遴选选票的主管官员，却不正当地拥有或持有选票，无论上述选票是否由办公室提供，都将被处以一年以上五年以下有期徒刑或两万泰铢以上十万泰铢以下罚款，或两罚兼施，法院应下令剥夺该人的选举权，为期十年。

若本条第一款所述的犯罪人员是国家官员，应额外增加一半刑罚，法院应下令剥夺该人的被选举权。

第八十四条 任何主管官员故意错误地计算选票、统计票数或汇总票数，或在没有合法权力的情形下以任何方式导致选票缺损、损坏或成为无效选票，或以任何方式对无效选票采取任何行为以将其变为有效选票、唱票错误或编制不符合事实的遴选报告的，处一年以上十年以下有期徒刑或两万泰铢以上二十万泰铢以下罚款，或两罚兼施，法院应下令剥夺该人的选举权，为期二十年。

第八十五条 任何人参与或组织任何与遴选结果相关的赌博的，处一年以上五年以下有期徒刑或两万泰铢以上十万泰铢以下罚款，或两罚兼施，法院应下令剥夺参与者的选举权，为期十年，并剥夺组织者的被选举权。

若本条第一款所述的行为是参选人的行为，则应处一年以上十年以下有期徒刑或两万泰铢以上二十万泰铢以下罚款，或两罚兼施，法院应下令剥夺该人的被选举权。

第八十六条 在最高法院下令剥夺任何参选人或上议员的被选举权或选举权，导致需要重新举行遴选的情形下，无论是否有请求，最高法院都应命令该人承担导致最高法院作出上述命令的该场遴选的费用，上述费用金额由最高法院基于委员会向法院提交的支出证据进行考量。

根据本条第一款规定所得款项，应依照政党法的规定汇入政党发展基金。

第八十七条 在遴选日期前七天至遴选结束期间，任何人披露或传播参选人或投票人关于投票的民意调查结果的，处三个月以下有期徒刑或六千泰铢以下罚款，或两罚兼施。

第八十八条 若在遴选地点所在区域发生本法规定的犯罪行为，该参选人应视为刑事诉讼法规定的受害人。

第八十九条 任何人在泰王国境外实施本法规定的犯罪行为的，应在泰王国境内接受处罚，该罪行的主犯、从犯或教唆者的行为即使是在泰王国境外实施的，也应视为是由该主犯、助手或教唆者在泰王国境内实施。

临 时 条 款

第九十条 过渡期间，上议院由国王根据国家和平与秩序委员会的提议任命的二百五十名议员组成，上议员的遴选、任命应按照以下规则和程序进行：

（一）由国家和平与秩序委员会从具有各方面知识和经验、政治中立的合格人士中任命不少于九名但不超过十二名委员组成上议员遴选委员会，负责按照以下规则和程序遴选合适的人选担任上议员：

1. 委员会应按照第九十一条、第九十二条、第九十三条、第九十四条、第九十五条及第九十六条规定的程序举行遴选以选出两百名人员，上述遴选应至少在依照下议员选举法举行第一次下议员选举之日前十五天完成，并按照组别和申请方式分别制作当选人名单，提交给国家和平与秩序委员会。

2. 上议员遴选委员会应按照其规定的程序，遴选出不超过四百名具有适当的、有利于履行上议院职责和开展国家改革的知识和能力的人员，并将名单提交给国家和平与秩序委员会，上述工作应在本条第1目规定的期限内完成。

3. 国家和平与秩序委员会应依照第九十八条规定从委员会根据本条第 1 目规定提交的名单中选出五十名人选，同时从中选出五十名候补人选，从本条第 2 目规定的名单中选出一百九十四名人选，再加上国防部常务秘书、最高总司令、泰王国皇家陆军总司令、泰王国皇家海军总司令、泰王国皇家空军总司令和泰王国国家警察总署署长，共计二百五十名人选，此外还应从本条第 2 目规定的名单中再选出五十名候补人选。上述工作应在根据下议员选举法举行的第一次下议员选举结果公布之日起三天内完成。

（二）第十四条第（二十三）项关于曾经担任内阁大臣的规定不适用于根据本条第（一）项第 2 目规定当选为上议员的人，第十四条第（十九）项的规定不适用于被任命为当然上议员的人。

（三）国家和平与秩序委员会应将根据本条第（一）项第 3 目规定遴选出的二百五十名人选名单呈交国王进行任命，国家和平与秩序委员会主席应副署诏令。

（四）本条规定的上议院任期为五年，自任命诏令发布之日起算，上议员的议员资格自任命诏令发布之日起生效。若出现席位空缺，由上议院议长按照顺序提名本条第（一）项第 3 目规定的候补名单中的人员进行补缺，并副署诏令。对于当然上议员，在辞去被任命为上议员时所担任的职务时也应同时辞去上议员的职务，并应采取相关程序任命新的担任该职务的人员为当然上议员，以填补空缺。被任命补缺的上议员，其任期为本届上议院剩余任期。

（五）在根据本条第（四）项规定从候补名单中任命上议员补缺的诏令尚未发布，或候补名单中没有剩余人员，或因故无人担任当然上议员的情形下，上议院由现任上议员组成。

（六）本条第（四）项规定的上议院任期届满时，应依照本法规定举行上议员遴选。

第九十一条 在过渡期间，为了按照第九十条第（一）项第1目规定执行工作，第十一条第一款规定的组别应整合为下列十个组别：

（一）国家行政和安全组别，即曾经是政府官员、公职人员或其他类似人员；

（二）司法组别，即当前或曾经是法官、检察官、警察、法律从业者或其他类似人员；

（三）教育和公共卫生组别，即当前或曾经是教师、教授、研究人员、教育机构管理人员、教育人员、各科医生、医疗技术人员、公共卫生人员、护士、药剂师或其他类似人员；

（四）从事农业、草本植物种植、农作物种植、园艺、林业、畜牧业、渔业或其他类似行业的组别；

（五）非政府机构或国家机关的职员或雇员、劳工、专业人员、自由职业者或其他类似人员的组别；

（六）从事环境、城乡规划、不动产和公用事业、自然资源、能源、科学、技术、通信、创新发展或其他类似行业的组别；

（七）相关法律规定的中小型企业经营者，其他业务经营者、旅游行业经营者或从业者，即旅游业经营者、导游、酒店经营者、酒店工作人员，工业经营者或其他类似人员的组别；

（八）妇女、老年人、残疾人、体弱者、少数民族、其他身份人士、民间社会组织、非政府组织或其他类似人员、组织的组别；

（九）从事艺术、文化、音乐、表演和娱乐、运动员、大众媒体、文学创作或其他类似行业的组别；

（十）其他组别。

具有本条第一款所述的其他类似特征的应符合委员会公告的规定。

符合第十三条规定的资质条件且没有第十四条规定的禁止情形的人员必然有权申请从属于第（十）项规定的其他组别。

第九十二条 在过渡期间，第九十一条规定的各个组别的参选人可以通过以下方式递交申请：

（一）亲自递交申请；

（二）亲自递交申请，并附上第九十三条规定的机构出具的推荐信。

每位参选人仅有权申请在第九十一条规定的一个组别中参选，仅通过本条第一款规定的一种方式进行申请，并且仅有权申请在一个县参选，申请提交后不能撤回。

任何人未遵守本条第二款规定，申请了多个组别或多个县，或通过多种方式申请的，应处以与第六十七条规定相同的处罚。

第九十三条 根据泰王国法律已成为法人不少于三年、不以营利为目的、不从事政治活动且持续按照其宗旨开展活动的机构和依法设立的机构，有权在委员会规定的期限内推荐当前或曾经是该机构成员，或当前或曾经在该机构履行职责且符合宪法和本法关于资质条件和禁止情形规定的人员，申请参加上议员遴选，每个机构可在各府推荐一人，并应注明县名，参选人一经推荐，不得撤回或更改参选人姓名。

本条第一款规定的机构应按照委员会规定的规则和程序进行注册，并且只能选择第九十一条规定的一个组别。

根据本条第一款规定推荐参选人，应由上述机构具有管理职权的董事会通过决议进行，若该机构没有董事会，应由该机构具有管理职权的人代为推荐。推荐应以书面形式提出,至少应注明被推荐人的性别、知识、专长、经验和职业领域,并附上被推荐人的同意书,上述程序应按照委员会的规定进行。

本条第一款规定的机构如果作出了虚假的推荐,或为用于申请的虚假证明文件作证明,则上述推荐或对证明文件所作的证明无效,委员会应将该事项向公众公布。

第九十四条 县级遴选应按照以下规定进行:

(一)参选人应在委员会规定的时间内到达遴选地点并报到,任何未到场或未在规定时间内到场的参选人将丧失选举权和被选举权。

(二)当参选人已到齐或已超出本条第(一)项规定的时间后,县级遴选主任应安排每个组别的参选人和每种申请方式的参选人在县级遴选主任规定的地点按照同一组别和同种申请方式集合。

(三)已按照本条第(二)项规定组织好的每组参选人和每种申请方式参选人最多可给同组和同种申请方式的两位参选人投票,也可给自己投票,但给任何一人投票都不能超过一票。

(四)任何组别和任何申请方式的投票完成后,由县级遴选主任公开进行该组和该申请方式的计票,每组和每种申请方式票数最高的前三名参选人即为该组和该申请方式的县级当选人员,以参加下一步的府级遴选。若任何名次出现票数相同的参选人,导致票数最高的超过三人,则上述票数相同的参选人应通过抽签方式决定谁成为该组和该申请方式的当选人员。在获得票数的参选人少于三人的情形下,获得票数的参选人即为当选人员。

(五)若任何组别和任何申请方式的参选人不超过三人,或按照本条第(一)项规定来报到的人数不超过三人,则无需进行遴选流程，应认为该组和该申请方式的所有来报到的参选人即为该组和该申请方式的当选人员。

（六）若任何组别和任何申请方式没有参选人，则应取消该组和该申请方式的遴选流程，并且对其他组别和其他申请方式的遴选没有影响。

（七）在任何组别和任何申请方式中，若未获得任何选票的人数不低于该组和该申请方式来报到的参选人总数的百分之十，且该人数不少于三人，则推定在遴选过程中发生串谋，应视为遴选未以诚实、公正的方式进行，县级遴选主任应安排该组和该申请方式的参选人重新进行遴选，上述未获得任何选票的人将丧失选举权和被选举权，并应离开遴选地点。

（八）在县级遴选日期的次日内，县级遴选主任应向府级遴选主任提交根据本条第（四）项和第（五）项规定产生的当选人员名单以及第二十八条第（五）项规定的文件或资料，以进行下一步程序。

根据本条第一款规定执行工作应符合委员会规定的规则和程序。

第九十五条 府级遴选应按照以下规定进行：

（一）县级当选人员应在委员会规定的时间内到达遴选地点并报到，任何未到场或未在规定时间内到场的人员将丧失选举权和被选举权。

（二）当县级当选人员已到齐或已超出本条第（一）项规定的时间后，府级遴选主任应安排同一组别和同种申请方式的县级当选人员在府级遴选主任规定的地点集合。

（三）本条第（二）项所述的县级当选人员最多可给同组和同

种申请方式的两位人员投票,也可给自己投票,但给任何一人投票都不能超过一票。

(四)任何组别和任何申请方式的投票完成后,由府级遴选主任公开进行该组和该申请方式的计票,每组和每种申请方式票数最高的前四名人员即为该组和该申请方式的府级当选人员,以参加下一步的国家级遴选。若任何名次出现票数相同的人员,导致票数最高的超过四人,则上述票数相同的人员应通过抽签方式决定谁成为该组和该申请方式的当选人员。在获得票数的人员少于四人的情形下,获得票数的人员即为当选人员。

(五)若任何组别和任何申请方式的县级当选人员总共不超过四人,或按照本条第(一)项规定来报到的人数不超过四人,则无需进行遴选流程,应认为该组和该申请方式的所有来报到的县级当选人员即为该组和该申请方式的府级当选人员。

(六)若任何组别和任何申请方式没有县级当选人员,则应取消该组和该申请方式的遴选流程,并且对其他组别和其他申请方式的遴选没有影响。

(七)在任何组别和任何申请方式中,若未获得任何选票的人数不低于该组和该申请方式来报到的县级当选人员总数的百分之十,且该人数不少于三人,则推定在遴选过程中发生串谋,应视为遴选未以诚实、公正的方式进行,府级遴选主任应安排该组和该申请方式的县级当选人员重新进行遴选,上述未获得任何选票的人将丧失选举权和被选举权,并应离开遴选地点。

(八)在府级遴选日期的次日内,府级遴选主任应向国家级遴选主任提交根据本条第(四)项和第(五)项规定产生的当选人员名单以及第二十九条第(三)项规定的文件或资料,以进行下一步程序。

根据本条第一款规定执行工作应符合委员会规定的规则和程序。

第九十六条 国家级遴选应按照以下规定进行：

（一）府级当选人员应在委员会规定的时间内到达遴选地点并报到，任何未到场或未在规定时间内到场的人员将丧失选举权和被选举权。

（二）当府级当选人员已到齐或已超出本条第（一）项规定的时间后，国家级遴选主任应安排同一组别和同种申请方式的府级当选人员在国家级遴选主任规定的地点集合。

（三）本条第（二）项所述的府级当选人员最多可给同组和同种申请方式的两位人员投票，也可给自己投票，但给任何一人投票都不能超过一票。

（四）在任何组别和任何申请方式中，若未获得任何选票的人数不低于该组和该申请方式来报到的府级当选人员总数的百分之十，则推定在遴选过程中发生串谋，应视为遴选未以诚实、公正的方式进行，国家级遴选主任应安排该组和该申请方式的府级当选人员重新进行遴选，上述未获得任何选票的人将丧失选举权和被选举权，并应离开遴选地点。

（五）任何组别和任何申请方式的投票完成后，由国家级遴选主任公开进行该组和该申请方式的计票，并将计票结果报告给委员会。

委员会收到本条第（五）项所述的报告后，应等待至少五日，该期限届满后，若委员会认为遴选是以正确、诚实、公正的方式进行的，则应对本条第（五）项所述的遴选结果进行排名，应列出每个组别和每种申请方式中获得票数最高的第一名至第十名人员名单，以进行第九十八条规定的程序。

根据本条第二款规定进行排序时，对于位于同一名次的票数相同的人员，应通过抽签的方式进一步排序。

根据本条第一款规定执行工作应符合委员会规定的规则和程序。

第九十七条 任何拒绝按照第九十四条第（七）项规定、第九十五条第（七）项规定或第九十六条第（四）项规定离开遴选地点的人，应处以第七十一条规定的处罚。

第九十八条 在完成第九十条第（一）项第1目规定的须提交给国家和平与秩序委员会的人员的遴选后，委员会应将每个组别和每种申请方式中获得票数最高的第一名至第十名人员名单提交给国家和平与秩序委员会，以进一步考虑选出人选担任上议员。

国家和平与秩序委员会应从本条第一款所述的人员名单中选出五十名人选呈交国王以任命为上议员，再从中选出五十名人选作为候补名单，并在政府公报上公布上议员和候补人员名单。

第九十九条 按照第九十条第（四）项规定和第九十八条规定从候补名单中选择人员补缺时，第四十五条第二款的规定应参照适用。

诏令副署人

巴育·占奥差

泰王国总理

附录：

泰王国宪法
（2007 年）

第一章　总　　则

第一条　泰王国是统一不可分割的国家。

第二条　泰王国实行以国王为国家元首的民主政府体制。

第三条　泰王国的国家主权属于所有泰王国公民。国王作为国家元首，应依照宪法的规定，通过国会、内阁和法院行使此项权力。

国会、内阁、法院、宪法机关以及政府机构应遵守法律原则。

第四条　公民的尊严、权利、自由以及平等应当受到保护。

第五条　泰王国公民无论其出身、性别或宗教信仰如何，均受宪法平等保护。

第六条　宪法具有国家最高的法律效力。一切与宪法抵触或不一致的法律、法规、规章均无法律效力。

第七条　若出现不适用宪法的情形，应在以国王为国家元首的民主政府体制框架下，依据泰王国宪制惯例作出裁决。

第二章 国　　王

第八条　国王地位受到尊崇且不得侵犯。

任何人不得对国王进行指控、起诉。

第九条　国王信奉佛教且为所有宗教的拥护者。

第十条　国王掌管泰王国军权。

第十一条　国王有权册封爵衔和授予勋章。

第十二条　国王选拔并任命合格人选担任枢密院主席。枢密院委员不超过十八名。

枢密院在国王职责事务范围内负责向国王提出建议，并行使本宪法赋予的其他职权。

第十三条　枢密院委员的选拔、任免由国王决定。

国会主席应副署任免枢密院主席的敕令。

枢密院主席应副署任免枢密院委员的敕令。

第十四条　枢密院委员不能兼任国会上、下两院议员、选举委员会委员、监察员、国家人权委员会委员、宪法法院法官、行政法院法官、国家反腐败委员会委员、国家审计委员会委员、专职或者领薪公务员、国有企业官员、其他政府机关单位官员、政党成员或官员，禁止表示效忠任何政党。

第十五条　就职前，枢密院委员应当向国王宣誓，誓词如下：

"本人（宣誓人姓名）郑重宣誓：本人将忠于国王陛下，为了国家和民众的利益恪尽职守，在各个方面维护和遵守泰王国宪法。"

第十六条　枢密院委员资格因死亡、辞职或被国王免职而终止。

第十七条　王室侍从以及侍从武官长的任免由国王决定（遵循国王意志）。

第十八条　国王不在国内期间或因故不能履行职责时，将任命一人为摄政王，此敕令应提请国会主席副署。

第十九条　国王未依照本法第十八条规定任命摄政王，或存在国王仍未具备完全行为能力或其他原因的情形时，枢密院将向国会推举一名合适的人选担任摄政王。国会同意此人选时，由国会主席以国王名义宣布任命前述人选为摄政王。

下议院届满休会或解散期间，由上议院依照本条第一款所述规定履行国会审批的职责。

第二十条　依照本法第十八条、第十九条规定，未提名摄政王时，由枢密院主席暂时担任摄政王之职。

依照本法第十八条、第十九条规定，当任命产生的摄政王无法履行其职责时，由枢密院主席代行摄政王之责。

枢密院主席依照本条第一款规定暂代摄政王之职期间、依照本条第二款规定代行摄政王之责期间，其将不再行使其枢密院主席的职权。在此情形下，枢密院应委任一名枢密院委员代行枢密院主席之责。

第二十一条　就职前，依照本法第十八条、第十九条规定任命产生的摄政王应当向国会宣誓，誓词如下：

"本人（宣誓人姓名）郑重宣誓：本人将忠于国王（国王姓名），为了国家和民众的利益恪尽职守，在各方各面维护和遵守泰王国宪法。"

下议院休会或解散期间，由上议院依照本条规定履行国会职责。

第二十二条　依照本法第二十三条规定，王位继承应参照《王位继承法（1924年）》中关于王位继承的相关精神执行。

《王位继承法（1924年）》的修改权专属于国王。国王发起修改后，由枢密院起草修正案，并提交国王决定。国王签字批准并签署修正案后，枢密院应通知国会主席，再由国会主席通告国会并副署敕令。修正案在政府公报上公布后生效。

下议院届满休会或解散期间，由上议院依照本条第二款所述规定履行通告国会的职责。

第二十三条 当王位空缺时，国王已依照《王位继承法（1924年）》确立王储的，内阁应通知国会主席，再由国会主席召集、通告国会，恭请王储继位，诏告国民。

当王位空缺时，国王并未确立王储的，枢密院应依照本法第二十二条规定向内阁提交王储名单，再由内阁提交国会予以确认。基于前述规定，公主可被提名为王储人选。国会确认后，由国会主席恭请王储继位，诏告国民。

下议院届满休会或解散期间，由上议院依照本条第一款所述规定履行通告国会的职责或依照本条第二款所述规定履行国会确认的职责。

第二十四条 依本法第二十三条规定诏告王储继位前，由枢密院主席暂时担任摄政王之职。当王位空缺时，依照本法第十八条、第十九条已经任命产生的摄政王，或依照本法第二十条第一款规定，暂时担任摄政王之职的枢密院主席应继续履行摄政王职责直至诏告王储人选或王储继位。

已经任命产生的摄政王依照本条第一款所述规定应继续履行职责而无法履行的，由枢密院主席暂行摄政王之责。

枢密院主席依照本条第一款所述规定担任摄政王、依照本条第二款所述规定暂行摄政王之责的,适用本法第二十条第三款所述规定。

第二十五条 在枢密院依照本法第十九条、第二十三条第二款所述规定履行相关职责期间,或枢密院主席依照本法第二十条第一款、第二款、第二十条第二款所述规定履行相关职责期间,出现枢密院主席一职空缺或枢密院主席无法履行职责的情形时,应在枢密院委员中选举一人根据具体情况代行枢密院主席之责或履行本法第二十条第一款、第二款、第二十四条第三款所述职责。

第三章 泰王国公民与自由

第一节 总 则

第二十六条 国家机关行使权力时应尊重宪法所规定的公民的尊严、权利和自由。

第二十七条 宪法明确规定的、由宪法法院认可、判决所确认的权利和自由受到保护,且对国会、内阁、法院、宪法机关和政府机构在制定、施行和说明法律时具有直接约束力。

第二十八条 公民享有人的尊严,能够行使公民的权利和自由,但不得侵犯他人权利和自由,不得违反宪法、违背公序良俗。

当宪法所确认的权利和自由受到侵犯时,公民可以在法院直接援引宪法的相关条款,行使自身权利,维护自身权益。

公民有权在法院直接要求国家遵守本章规定。宪法确认的其他法律对权利与自由的行使有详细规定的,依照(其他法律的)详细规定行使相关权利和赋予公民的自由。

公民在行使本章规定的权利和自由时，有权获得国家的鼓励、支持和帮助。

第二十九条　宪法确认的权利和自由不受限制，但在必要且不损害权利和自由实质内容的情况下，通过法律手段予以适当限制以实现宪法确立的目标的除外。

本条第一款规定的法律应普遍适用，不得仅针对适用于特定情形和特定人物。如出现宪法授权实施相关法律的情形，应注明宪法授权内容。

依法制定的法规、规章原则上参照适用本条第一款、第二款所述规定。

第二节　平　等　权

第三十条　法律面前人人平等，且公民皆享有受法律平等保护的权利。

不论男女皆应享有平等权利。

任何人不因其在出身、种族、语言、性别、年龄、残疾、身体或健康状况、个人地位、经济或社会地位、宗教信仰、受教育程度、不与宪法相悖前提下的政见的差别而受到不公的差别待遇。

国家为消除相关障碍、促进公民与他人行使同样的权利和自由时所制定的措施不应被视为本条第三款规定下的不公差别待遇。

第三十一条　军人、警察、政府官员、其他国家公职人员、政府组织官员（员工）或雇员，享有与他人同样的宪法权利和自由。依照法律或者依据法律颁布的法规在政治、效率、纪律或道德方面（对上述权利和自由）加以限制的除外。

第三节　公民权利与自由

第三十二条　人人有权享有人身的权利和自由。

禁止残忍或非人道的酷刑、残酷行径以及惩罚；但根据法院判决或依法实施的处罚不得视为本款规定的残忍或非人道的惩处。

除依照法院命令、许可或其他法定事由外，不得逮捕和拘留任何公民。

除法律规定的情形外，不得进行搜身或任何侵犯本条第一款所规定的权利和自由的行为。

本条第一款所述的权利和自由受侵犯时，受害人、检察机关（检察官）以及为了受害人权益的其他任何人，均可向法院提出请求，要求停止（终止）或撤销上述行为并要求弥补由此发生的损失，包括采取适当措施或提供救济手段。

第三十三条　人人享有居住的自由。

和平居住以及占有住所的权利受到保护。

除依照法院命令、许可或其他法定事由外，未经住所所有人或占有人同意，不得进入住所，不得搜查住所或私人场所。

第三十四条　人人享有旅行的自由以及在泰王国境内居住、迁徙的自由。

除法律在国家安全、公共秩序、公共福利、城市规划和青年人福利方面的特别规定以外，不得限制本条第一款所规定的自由。

任何泰王国公民不得被驱逐出境或禁止入境。

第三十五条　公民的家庭权利、尊严、名誉以及隐私权受到保护。

禁止以向公众宣传和传播信息、图像等任何方式侵犯或影响个人的家庭权利、尊严、名誉以及隐私权,有利于公共利益的除外。

与个人相关的信息受法律保护,禁止不当利用个人信息。

第三十六条 人人享有以合法方式进行通信联系的自由。

禁止审查、扣押、泄露个人通信或以其他方式泄露通信内容,法律在为维护国家安全、公序良俗方面有特别规定的除外。

第三十七条 在不违反公民义务、公序良俗的情形下,公民享有充分信仰某个宗教、教派或教义,遵守其宗教法则、戒律,举行某种宗教信仰活动的自由。

为实现本条第一款所提到的自由,禁止国家以任何形式因公民信仰的宗教、教派或教义,遵守的宗教法则、戒律,进行的某种宗教信仰活动而限制公民权利、损害公民正当利益。

第三十八条 除法律在为避免即将发生的公共灾难方面作出特别规定的,或处于法律规定的国家战争、武装冲突状态,或宣布紧急状态、军事管制状态的情形以外,禁止发生任何强迫劳动的行为。

第四节 司法诉讼权

第三十九条 除犯有现行法律规定的犯罪行为且法律对其犯罪有量刑标准外,任何人不得被处以刑罚。在给犯罪者定刑时,其所受刑罚程度不得重于当时法律规定的应受刑罚。

在一宗刑事案件中,犯罪嫌疑人或被告均应被推定为无罪。

在终审判决为有罪前,不得将犯罪嫌疑人或被告作为罪犯对待。

第四十条 公民在司法程序中享有以下权利:

(一)简单、便捷、迅速以及多渠道进行诉讼的权利。

(二)司法程序中的基本权利,包括公开接受审判,充分知悉案件情况和查阅案卷,陈述事实、进行辩护和提供证据,反对法官的控诉,接受由适当的法定人数组成的合议庭的审判,聆听裁定、审判和命令。

(三)有权接受以适当、迅速和公正方式进行的审判。

(四)受害人、犯罪嫌疑人、原告、被告、当事人、利益集团、利害关系人或证人,在司法程序中均有权得到正当对待,包括接受适当、迅速和公正调查的权利,以及保留自诉其状的权利。

(五)刑事案件中,受害人、犯罪嫌疑人、被告和证人有权接受国家必要的、适当的保护和帮助,由此产生的必要报酬、补偿和费用依照相关法律执行。

(六)儿童、青年、妇女、老年人或残疾人,在司法程序中有权获得保护,在性侵犯案件中有权获得适当的治疗。

(七)刑事案件中,犯罪嫌疑人或被告有权接受适当、迅速和公正的调查或审判,获得充分自辩的机会,查验或知悉必要的证据,获得律师的法律帮助,获得假释。

(八)民事案件中,公民有权接受国家提供的适当的法律援助。

第五节 财 产 权

第四十一条 私有财产权受法律保护。财产权的范围和限度由法律规定。

继承权受保护。公民的继承权根据法律规定实施。

第四十二条 不动产不得被征收,除非法律特别规定用于公共事务,包括公用设施、必要的国防建设、国家资源开采、城乡规划、环境改善和保护、农业或工业发展、土地改革、古迹或历史遗迹或其他公共资源的保护。财产所有者和其他因征收不动产而遭受损失的所有人有权依法获得即时的、公正的赔偿。

本条第一款所规定的赔偿金数额应依据下列因素予以公正裁决，包括正常的市场价格、不动产来源、不动产的属性和位置、被征收人的财产或权利因征收产生的损失、政府以及被征收人因利用被征收不动产所产生的收益。

不动产征收的法律应明确规定征收目的和使用期限。如不动产在此期间未用于该目的，应将不动产返还给原所有人或其继受人。

本条第三款所规定的返还不动产并支付赔偿金的情形应依照相关法律程序执行。

第六节 职业权利和自由

第四十三条 公民享有工作、从业以及进行公平竞争的自由。

除出现法律特别规定的为维护国家安全以及国民经济安全、保护公用设施、维护公共秩序和良善道德、规范行业行为、保护消费者、城乡规划、保护自然资源与环境、公共福祉、防止垄断或消除不正当竞争的情形外，不得限制本条第一款规定的自由。

第四十四条 根据法律相关规定，公民工作时享有获得安全保障与福利的权利，包括工作期间与离职后的保障。

第七节 个人与媒体表达自由

第四十五条 公民享有言论、演讲、著作、出版、宣传以及以其他方式表达的自由。

除法律特别规定的为维护国家安全，保护其他公民之权利、自由、尊严、名誉、家庭或隐私权，维护公序良俗，或防止损害公众精神健康情形外，不得限制本条第一款所规定的自由。

禁止关闭报社或其他媒体机构以剥夺其享有的本条规定的自由。

除出现本条第二款所述的情形外，禁止全部或部分剥夺或以任何方式干预报纸和其他媒体报道新闻、表达意见的自由。

除国家处于战争状态，或出现本条第二款规定的情形外，禁止事先审查报纸或其他媒体发表的新闻或文章。

报社或其他媒体的持有人应具有泰王国国籍。

国家不得为私人报纸或其他媒体提供资金或其他物质形式支持。

第四十六条 私人报纸、广播、电视或其他大众媒体的官员或雇员享有在宪法规制下报道新闻、表达意见的自由，若不违反职业道德，该自由不须任何国家机关、政府机构、国有企业或此类企业所有者的授权；有权成立团体机构以保护其权利、自由和公正，并建立行业自律机制。

从事广播、电视或其他大众媒体业务的国家机关、政府机构或国有企业的官员、职员或雇员，同样享有本条第一款规定中私人媒体享有的自由。

任何政务官员、政府官员或企业所有者，无论直接还是间接妨碍或干涉本条第一款或第二款规定的新闻报道或就公共议题表达意见的自由，都属故意不当行使权力的行为，该行为一律无效，但依法或遵循职业道德的行为除外。

第四十七条 无线电广播、电视和通信传输是基于公共利益的国家通信资源。

应由独立的管理机关负责依法配置本条第一款规定的频道，并对无线电广播、电视公司和通信公司的经营进行监管。

本条第二款规定的监管行为，也应尊重公民在国家和地方层面上的教育、文化、国家安全、其他公共利益以及自由和公平竞争的最佳利益,鼓励公众参与大众媒体的经营。

实施第二款所规定的监管行为时,应采取措施禁止任何大众媒体公司或个人的并购、多重持有或市场垄断行为,此类行为可能妨碍公众获得资讯的自由或获取多元化资讯的自由。

第四十八条 政务官员不得作为报纸、广播、电视、通信公司的所有者或持有其股份,不论其本人控制或通过代理人控制,或通过其他直接或间接方式控制该公司经营而达到拥有或持有公司股份的结果。

第八节 教育权利和自由

第四十九条 人人享有平等受教育的权利,国家应提供不少于十二年完整的、高质量的免费教育。

穷人、残疾人或其他困难群体享有本条第一款所规定的平等权利,并有权获得政府的帮助,以确保他们享有与其他人平等的受教育权。

专业机构或私人组织提供的教育和培训、公共替代教育、自学和终身学习受国家保护和提倡。

第五十条 公民享有学术自由。

除违反公民责任或公序良俗的情形外,教育、培训、学习、教学、研究以及学术传播的行为应受保护。

第九节 从国家获得公共卫生服务、福利的权利

第五十一条 人人享有平等的获得适当而高质量的公共卫生服务的权利。穷苦大众享有政府公共卫生机构或机关提供的免费医疗

的权利。

公民有权享受国家提供的完整、高效的公共卫生服务。

公民有权享受国家免费提供的及时的疾病防护措施以及感染性疾病的治疗。

第五十二条　儿童和青年享有生存权,以及在适当环境下与其潜能相符的身体、精神、智力发展的权利。

儿童、青年、妇女和家庭成员享有国家保护的免受暴力和不公平对待的权利,以及在该情形下接受救济的权利。

除根据法律特别规定,为维护和保持家庭关系或家庭成员最大利益的情形外,禁止干预、限制儿童、青年和家庭成员的权利。

无监护人的儿童和青少年,享有接受国家提供的适当看护措施和接受教育的权利。

第五十三条　年满六十周岁的老人和收入不足以维持生活的公民有权获得由国家提供的与其生活状况相一致的福利、公共设施和适当援助。

第五十四条　残疾人有权获得和使用由国家提供的福利服务、公共设施和适当援助。

精神病人有权获得国家提供的适当援助。

第五十五条　收入不足以维持生活的无家可归者有权获得国家提供的适当援助。

第十节　知情和申诉的权利

第五十六条　除披露该讯息将危害国家安全、公共安全、他人利益或法律规定的属于公民的隐私信息以外,公民享有知悉、取得国家机关、政府机构、国有企业或地方政府组织掌握的公共资讯的权利。

第五十七条 在审批或开展可能影响环境、健康、卫生条件、生活品质或其他有关个人或集体利益的项目之前,公民有权从国家机关、政府机构、国有企业或地方政府组织获取有关资讯、说明和解释,有权向有关部门发表对此事的意见。

在实施社会、经济、政治和文化发展规划,或征收不动产、确定城乡规划、确定土地用途或颁布可能影响公众实际利益的规章之前,政府应制定完善的听证程序。

第五十八条 在政府履行影响或可能影响公民权利与自由的行政职能时,公民有权参与决策程序。

第五十九条 公民有权提出请愿,并在合理的处理时限内被告知处理的结果。

第六十条 公民有权对国家机关、政府机构、国有企业、地方政府组织或其他政府法人机构付诸法律行为(提起诉讼),要求对其官员、职员、雇员的失职行为承担责任。

第六十一条 消费者接收真实信息的权利应受到保护;消费者有权通过投诉获得赔偿或联合他人共同维护消费者权益。

设立的消费者保护组织,应独立于政府机关,由消费者代表组成;消费者保护组织有义务在政府制定和执行法律或规章时提出意见,在决定保护消费者的措施时提出意见,监督和报告保护消费者的活动与失职情况。为此,政府对该独立组织的运行应给予财政预算支援。

第六十二条 公民有权监督和请求审查政务官员、政府机关和政府官员的履职情况。

基于善意,公民向负责审查国家权力的机关或任何国家机关,提供有关政务官员、政府机关和政府官员的履职信息的行为应受保护。

第十一节　集会和结社自由

第六十三条　公民享有和平与非武装集会的自由。

除法律特别规定为公共集会的目的及保障公众使用公共场所的便利，或国家处于战争状态时为维护公共秩序，或宣布紧急状态或戒严令之外，不得限制本条第一款所规定的自由。

第六十四条　公民享有联合成立协会、工会、联盟、合作社、农会、私人组织、非政府组织或任何其他组织的自由。

政务官员和政府官员依法享有同等的结社自由权，但不得影响公共行政效率和公共服务的连续性。

除出现法律特别规定，包括为维护公共利益、公序良俗，防止经济垄断的情形外，不得限制本条第一款、第二款规定的自由。

第六十五条　公民享有以实现民众政治意志，以及为实现该意志而在本宪法规定的君主立宪政体下开展政治活动为目的，联合和成立政党的自由。

政党的内部组织、管理和章程应符合君主立宪政体的基本原则。

下议院议员中的党员、政党执行委员会委员，若认为其所属政党的决议或章程与本宪法规定的下议院议员职责相违背，或违反或不符合君主立宪政体时，在符合《政党法》规定人数的条件下，有权提交宪法法院进行裁决。

若宪法法院裁定争议的决议或章程违反或不符合君主立宪政体，该决议或章程无效。

第十二节 社区权利

第六十六条 社区、地方社区或传统社区的公民有权保存和恢复其社区和民族的传统、地方智慧、艺术和优良文化，有权以平衡和可持续发展的态度参与管理、维护、保存和开发自然资源、环境、生态的多样性。

第六十七条 公民和国家、社区一起参与保护和开发自然资源和生态多样性的活动，以及保护、提升与维护环境质量以使其在不危害人类健康和卫生状况、福利或生活质量的环境中正常、持续生存的权利，应受适当保护。

不得进行任何可能严重影响社区环境质量、自然资源、生物多样性的项目与活动，除非在该项目与活动实施前，已对对环境质量与公众健康的影响进行过研究与评估，已征求了公众和利益相关方的看法，且已听取独立机构包括环境和健康领域私立机构代表和环境、自然资源或健康领域高等研究机构代表的意见。

社区有权采取法律行动要求国家机关、政府机构、国有企业、地方政府组织或其他具有法人地位的政府机构或机关履行本条规定的职责。

第十三节 维护宪法权利

第六十八条 任何人在行使本宪法规定的权利和自由时不得推翻本宪法规定的君主立宪制度，不得采取任何不符合本宪法规定的方式以取得统治国家的权力。

公民或政党如有本条第一款所规定的行为，知情者有权请求首席检察官就实际情况进行调查并向宪法法院提请下令终止该行为，对其提起公正的刑事诉讼。

依据本条第二款所述规定，宪法法院如裁决责令某一政党终止活动，宪法法院可以命令解散该政党。

依据本条第三款所述规定，宪法法院解散某一政党时，自解散令发布之日起五年内，该政党领袖以及该政党执行委员会的选举权暂停行使。

第六十九条 公民有权和平抵抗任何以违宪形式谋取国家权力的行为。

第四章 泰王国公民的义务

第七十条 公民有依照本宪法的规定保卫国家、保护宗教、拥护国王和维护君主立宪政体的义务。

第七十一条 公民有保卫国家、维护国家利益和遵守法律的义务。

第七十二条 公民有行使选举权的义务。

参加选举的公民享有法律规定的选举权，不能参加选举且没有说明合理理由的公民丧失法律规定的选举权。

不能参加选举的理由和提供参加选举的便利应符合法律规定。

第七十三条 公民有义务依法服兵役，协助阻止和消除公共危害，纳税，协助公共事务，接受教育和培训，维护、保护和传承民族艺术、文化、地方智慧，保护自然资源和环境。

第七十四条 国家机关、政府机构、国有企业、地方政府组织的官员、职员或雇员，或其他政府工作人员，有义务遵守法律以维护公共利益，根据良善管理原则向公众提供便利和服务。

在履行义务和从事公务活动中，本条第一款所述人员应保持政治中立。

本条第一款所述人员渎职或不能履行本条第一款、第二款所规定的义务时，利害关系人有权要求他们或他们的监督者给予解释和说明，并按照本条第一款、第二款所述规定行使职权。

第五章　国家基本政策的指导原则

第一节　总　　则

第七十五条　本章规定国家实施法律、管理国家事务的政策的纲领。（本章条款为国家立法和执政的纲领。）

负责管理国家事务的内阁向国会报告执政政策，报告中应明确其为实现国家基本政策指导原则的活动及时间安排，并每年至少向国会提交一次政策执行情况，包括执行当中遇到的问题和障碍。

第七十六条　内阁每年应当准备一份符合国家基本政策指导原则的管理国家事务（执政）的计划。该计划中需提出引导官员履行职务的措施及其具体细节。

在国家事务管理中，内阁应准备一份为推动立法而需要完善的政策以及国家事务管理（执政）计划。

第二节　国家安全政策的指导原则

第七十七条　国家应保卫和维护君主立宪制度，国家独立、主权和领土完整。为保卫和维护国家独立、国家主权、国家安全、君主制度、国家利益、君主立宪政体以及国家发展，国家应组织必要装备充足的、现代化的武装力量、军事武器和技术。

第三节　管理国家事务政策的指导原则

第七十八条　管理国家事务的政策应符合以下指导原则：

（一）在着眼于社会、经济和国家安全的可持续发展，倡导充分考虑国家整体利益的经济理念下，贯彻落实国家事务。

（二）应组织制定明确界限、权利、职责且有利于国家发展的中央、府、地方事务的管理体系。支持地方政府制定惠及本地区民众的发展规划和财政预算案。

（三）实施地方政府享有自立与自主的分权原则，推动地方政府执行国家基本政策指导原则，发展地方经济、公用事业和公众援助。同时，应建立全面的、全国统一的信息基础设施，推动旨在尊重民众意愿的地方发展大型政府组织。

（四）通过注重培养政府官员品质、道德及伦理，优化工作模式来发展国家部门体系建设，以实现有效的国家行政管理职能并促进政府机关推行良好的公共治理原则作为履行官方职能的指导方针。

（五）应为管理官僚事务和其他政府事务的机构建立办公系统，以便在充分尊重公众参与的前提下迅速、高效、透明、负责任地提供公共服务。

（六）保障负有监督政府运行和审查政府立法职责的法律机关独立行使职权，以保障国家事务的管理遵循法治原则。

（七）制定政治改革计划，并成立独立的政治改革委员会，以监督改革计划的严格执行情况。

（八）保障国家官员与政府组织官员享有适当权益。

第四节 宗教、社会事务、公共卫生、教育和文化事务的政策指导原则

第七十九条 国家资助与保护多数泰王国公民长期信奉的佛教和其他宗教，并促进不同宗教信徒间形成相互理解与和谐的氛围，鼓励以孕育良知与改善生活为目的的宗教信条的推广。

第八十条 社会事务、公共卫生、教育和文化事务政策应符合以下指导原则：

（一）保护和促进儿童、青少年发展，促进儿童营养和教育，促进男女平等，加强和发挥家庭凝聚力和社区力量，向老年人、穷人、身心障碍者、病患和其他困难群体提供帮助和福利以提高他们的生活质量、培养他们自立的能力。

（二）促进、支持和发展侧重于实现可持续发展的公共卫生制度的公共卫生系统，包括提供公民能够接受到的全面高效的标准公共卫生服务以及鼓励私营单位和团体参与以共同提升卫生体系水平和提供公共医疗卫生服务，并且应对义务提供公共卫生服务的人，在其行为满足职业道德和社会伦理前提下，提供法律保护。

（三）推动与经济和社会变化相适应的多层次和多形式的教育的发展，制定国民教育和教育发展法律，不断提高教师和教职人员品质，以适应当今世界潮流变化，向受教育者灌输泰王国价值观、遵纪守法、关注公共利益和遵循君主立宪政体的理念。

（四）提倡和支持地方政府机关、社区、宗教团体和私人团体充分地在提供和参与教育管理方面进行分权管理，以便于发展和制定与国家基本政策指导原则一致的教育质量标准。

（五）提倡和支持文理各学科研究，传播由国家资助的各类学

术研究成果。

（六）鼓励和灌注有关民族团结和热爱学习的意识，创造宣扬民族艺术、传统、文化、美好价值和地方智慧的理念。

第五节　立法和司法行政政策的指导原则

第八十一条　立法和司法行政政策应符合以下指导原则：

（一）确保在守法的前提下，正确、迅速、公正、全面地实施法律，提倡法律援助和法律知识宣传的行为，在司法行政领域设置机构、机关与开展事务应符合高效原则，公众和行业组织可以适度参与司法行政事务，向公众提供法律援助。

（二）司法行政在公平、公正的基础上，保障公民的权利和自由免受政府官员和其他人侵犯。

（三）履行如下职责：建立独立的法律改革机制，负责改革与发展国家法律，包括为遵循宪法而修改现行的法律，此时，有必要听取利害关系人的意见。

（四）履行如下职责：建立独立的司法行政改革与发展机构或机关，负责改革与发展司法行政机构或机关的运行。

（五）支持私人团体向公众，特别是受家庭暴力影响者，提供法律援助。

第六节　外交事务政策的指导原则

第八十二条　国家应友好地发展与其他国家的关系与合作，坚持平等互待原则，遵守泰王国签订的人权条约，履行与其他国家、国际组织订立的国际义务。

国家应提倡与他国进行贸易、投资、旅游活动，保卫国外的泰籍公民的利益。

第七节　经济政策的指导原则

第八十三条　国家应鼓励、支持和贯彻自给自足的经济哲学理念。

第八十四条　经济政策应符合以下原则：

（一）推动在符合市场机制基础上的自由和公平经济的发展，废止不能适应市场需求的商业监管法律法规以推动经济的可持续发展；政府不参与和经营旨在与私营企业相竞争的企业，除为维护国家安全、公共利益或提供公用事业之需。

（二）鼓励企业以公正、道德和良善的治理方式经营。

（三）维护货币和金融秩序以促进经济社会稳定和国家安全，改革税收制度以确保公平且适应不断变化的经济社会环境。

（四）为公众和政府官员提供全面的养老储蓄系统。

（五）规范商业活动以保障市场自由与公平竞争，防止直接或间接垄断，保护消费者权益。

（六）保障收入公平分配，保护、增加和扩大公众的就业机会以促进经济发展，促进与鼓励将地方智慧和泰王国智慧成果应用于商品制造、供应和职业技能中。

（七）推动适龄人群就业，保护儿童和妇女的劳动权益，建立三方劳动关系制度，赋予工人选举工人代表的权利，建立社会保障制度，保障同工同酬、享受同等津贴和福利。

（八）保护和维护农民在生产和销售活动当中的利益，促进农业生产产量最大化，包括推动农民通过建立委员会形式进行农业规划和保护农民共同利益。

（九）为实现自治，推动、支持和保护合作社体系，包括职业或专业团体、承担经济事务的社会团体。

（十）为维护国家经济安全，提供公众生活必需的基本公共服务，采取措施防止公众生活必需的公共服务被私人垄断而危害国家安全。

（十一）禁止向私营单位转让股权或是发生转让后会造成国有持股低于百分之五十一的行为，如这些行为可能会引起有关基础设施或者对公众生活、国家安全提供公共服务网络的主权转移而危害国家安全。

（十二）促进和支持海运贸易，国内、国际铁路物流运输管理业务的发展。

（十三）促进和支持经济领域的国家和地方私人团体发展壮大。

（十四）促进农产品加工工业，提高其经济附加价值。

第八节 土地、自然资源和环境政策的指导原则

第八十五条 土地、自然资源和环境政策应符合以下指导原则：

（一）制定适用于全国的土地利用规则，并与自然环境相协调，不论陆地、水流、当地居民生活方式还是保护自然资源的有效措施。制定可持续的土地利用标准，听取当地受该政策影响的公众的意见。

（二）对土地进行公平分配，并通过土地改革或其他方式保障农民对耕地享有所有权或其他权利；保障农业用水资源供给，使农民能够以适当方式充分利用水资源。

（三）编制并有效且高效地实施城乡规划制度，以使自然资源能够得到可持续保护。

（四）为维护公共利益，针对水和其他自然资源，编制系统化的管理规划。规划应保障公众能够正当地参与保护、维护和开发自然资源，保障趋于平衡的生态多样性。

（五）根据可持续发展原则促进、维护和保护环境质量，鼓励公众代表、地方居民和地方政府组织以正当方式参与控制和消除有害健康、卫生、安全和公众生活品质因素的有关决策过程。

第九节　科学、知识产权和能源政策的指导原则

第八十六条　科学、知识产权和能源政策应符合以下指导原则：

（一）实施特别法以促进科学、技术和革新各领域的发展，对科研活动提供财政支援，贯彻科学研究与开发制度，推动科学研究与开发成果运用，推动技术高效转化与科学研究人员适当发展，其中包括宣传现代科技知识并鼓励公众将科学运用于生活。

（二）促进新知识成果的发明和发现，保护与发展地方与泰王国智力成果，保护知识产权。

（三）促进与支持对有益于环境保护的自然能源进行持续系统的研究、开发和使用。

第十节　公众参与政策的指导原则

第八十七条　公众参与政策应符合以下指导原则：

（一）推动公众参与国家与地方经济与社会发展的决策和规划。

（二）推动和支持公众参与政治决策，包括经济与社会发展规

划以及公共服务方面。

（三）鼓励和支持公众以各种职业组织、专业团体或其他形式监督政府履职。

（四）加强公众的政治力量发展，制定法律、设立民间政治发展基金以支持民间团体活动运作和结社运动，使其能够表达意见并对所在地的社团组织提出要求。

（五）支持和教育公众在以国王为首的民主政体下发展政治和公共行政，鼓励公众在选举中诚实并公正投票。

本条规定的公众参与应建立在男女相近比例的基础上。

第六章 国 会

第一节 总 则

第八十八条 国会由下议院和上议院组成。

国会联席会议或上议院、下议院会议根据本宪法有关条款召开。

任何人不得同时兼任上、下议员的职位。

第八十九条 国会主席由下议院议长担任，副主席由上议院议长担任。

下议院议长空缺、缺席或不能履行职责时，上议院议长代理国会主席。

国会主席行使宪法规定的职权，在国会召开联席会议时根据程序规则主持国会联席会议。

国会主席或代理主席应公正行使职权。

国会副主席行使宪法规定的职权与国会主席委托的职权。

第九十条 宪法性法案或一般法案只有经国会提议,并经国会通过才能成为法律;国王签署或视同签署后,应在政府公报公布才能生效。

第九十一条 不少于现有本院全部议员十分之一人数的下议院或上议院议员,有权向本院议长提议要求根据宪法第一百零六条第（三）项至第（八）项、第（十）项、第（十一）项或第一百一十九条第（三）项至第（五）项、第（七）项、第（八）项终止某位议员的资格,议长应将该提议提交宪法法院裁定是否终止某位议员的资格。

宪法法院作出裁决后,应将裁决结果通知当事议院的议长执行。

选举委员会认为应依据本条第一款规定终止某位议员资格时,应将争议提交该院议长,该议长应依据本条第一款、第二款规定提交宪法法院裁决。

第九十二条 下议员或上议员在其议员资格被终止或被宪法法院裁决终止后,不得影响该议员被终止资格前或接到宪法法院通知前的薪酬和其他福利,因违反《下议院议员选举法》与《上议院议员遴选法》而获得下议员或上议员资格的情况除外,在此情况下,因任职而获得的薪酬或报酬应返还。

第二节 下 议 院

第九十三条 下议院由四百八十名议员组成,其中四百名议员由选区选举产生,八十名议员按比例制选举产生。

下议员选举应采取直选和不记名投票方式,一张选票只能用于一类议员选举。

下议员选举规则与程序应依照《下议院议员选举法》以及《上议院议员遴选法》执行。

下议院席位因故空缺且尚未举行下议员补缺选举时，下议院由现任议员组成。

根据第一百零九条第（二）项规定，在下议院会议期间，因故（任何原因）导致由比例制选举产生的议员少于八十名时，现任议员由已产生的议员组成。

在普选中，因故（任何原因）导致下议员少于四百八十名，但不少于下议院总人数的百分之九十五时，已选举产生的议员应被视为组成下议院的成员。普选之后的一百八十天内应选出缺额议员，补选下议员的任期为本届下议院所剩任期。

第九十四条 按选区选举下议员时，合格的选民应在本人所在选区选举不超过法定议员数的议员。

各选区选举名额的分配和选区的划定如下：

（一）每名议员代表的人口数（简称代表数），由全国人口数除以四百名应选议员数确定，人口数以下议院选举前一年公布的人口普查统计数为准。

（二）人口数少于本条第（一）项规定的代表数的府，应选举产生一名议员；人口数超过代表数的府，每超过一个代表数则增加一名议员。

（三）根据本条第（二）项，确定各府应选议员人数后，若议员数量仍少于四百名，则根据本条第（二）项所述的计算方式，以人口数除以代表数，余数最多的府可增加一名议员名额；依此类推，再分配给余数次多的府，直至剩余名额分配完毕。

（四）选区的划定方式如下：若某府应选议员不超过三名，则该府即是一个选区。若某府应选议员人数多于三名时，则将该府划分为若干选区，每个选区选出三名议员。

（五）如不能按每个选区三个名额的标准划分选区，则先按每个选区三个名额的标准划分，但剩余选区所拥有的议员名额不得少于两个。若某府的应选议员为四名，则可划分为两个选区，每个选区选出两名议员。

（六）拥有两个以上选区的府在划分选区时应保证每个选区内行政区域的连续性（即同一选区不能由两个不相连的行政区域组成），且每个选区的选民数应大致相等。

计票应在投票站进行，投票站的计票结果应一并提交本选区以统计全部投票。其后，计票结果由选举委员会在选区的指定地点公开宣布。除特定区域有必要外，根据《下议院议员选举法》以及《上议院议员遴选法》，选举委员会可以规定计票方式、加总计票结果以及宣布计票结果。

第九十五条 按比例制选举下议员时，应通过政党提供的参选人名单来进行下议院选举。选区中的选民每人有一张选票，只能将这一票投给该选区中提交了参选人名单的某一个政党。

比例制选举中，各政党既可推举全部选区的参选人，也可推举部分选区的参选人。

若比例制选举中，政党在选举日之前或当天提交了参选人名单，由于任何原因（因故）导致政党提交的参选人名单中参选人人数少于该政党已提交的参选人人数，则按照政党现有参选人数量参加选举，在此情形下，下议院视为由现有人数组成。

第九十六条 比例制下的下议院选举，按照以下办法产生：

（一）全国所有府划分为八个大选区，每个大选区产生十名下议员。

（二）划分大选区时，应将地域相连的府划分在一起，不得将同一个府分割后划入两个大选区，每个大选区的选民数应大致相等，选民人数应参考选举之日上一年的人口普查数据。

第九十七条 比例制选举中政党提交的下议员参选人名单应符合以下规则：

（一）各选区参选人名单的人数应与该选区应选下议员人数一致并对参选人进行排序。参选人名单应在选区选举制选举开始接受参选报名之日前提交选举委员会。

（二）本条第（一）项中的参选人不得同时作为选区选举制参选人和比例制参选人，选举中男女的机会、比例应合适且平等。

第九十八条 选区中各政党名单中参选人比例的计算，应对本选区中各政党已获选票进行统计，各政党推举参选人的数量应与总选票数、各政党获得的选票以及比例制下该选区应选下议员的数量成正比。政党名单中的参选人应根据所得票数以及他们在政党名单中的次序当选为下议员。选举须符合《下议院议员选举法》以及《上议院议员遴选法》的规则与程序。

第九十四条第三款规定应参照适用于比例制选举中的计票。为此，在选举委员会指导下，某一府可先行初步汇总计票结果。

第九十九条 符合下列条件者拥有选举权：

（一）拥有泰王国国籍或加入泰王国国籍不少于五年；

（二）在选举当年一月一日年满十八周岁；

（三）截至选举日，已拥有本选区户籍不少于九十天。

居住在户籍地以外地区、拥有本选区户籍少于九十天或居住在国外的本国公民有权在选举中根据《下议院议员选举法》以及《上议院议员遴选法》的规则、程序和条件进行投票。

第一百条 在选举日有下列情况之一者，剥夺其选举权：

（一）比丘、沙弥、苦行僧或修行僧；

（二）被剥夺选举权者；

（三）根据法院决定或合法命令被拘留的人；

（四）精神失常或心智不健全者。

第一百零一条 符合下列条件者，在下议员选举中享有被选举权：

（一）因出生而取得泰王国国籍。

（二）在选举日年满二十五周岁。

（三）为单一党派人士，截至申请参选之日，入党时间需连续且满九十日，或因下议院解散举行普选时，为单一党派人士，截至申请参选之日，入党时间连续且满三十日。

（四）选区制选举中的参选人应满足以下任一资质：

（1）截至报名参选之日，参选人需拥有所参选府地的户籍，且户籍登记时间需连续且满五年；

（2）在其参加选举的府出生；

（3）在其参加选举的府接受教育且接受教育时间需连续且满五学年；

（4）在其参加选举的府担任公务员或在其参加选举的府拥有户籍连续满五年。

（五）比例制选举中的参选人也应符合本条第（四）项规定的任一条件，该条件中所指的府应理解为比例制选举中的大选区。

（六）《下议院议员选举法》以及《上议院议员遴选法》规定

的其他条件。

第一百零二条 有以下情形的人员,不得在下议员选举中享有被选举权:

(一)吸食毒品者;

(二)破产者或曾经恶意破产者;

(三)第一百条第(一)项、第(二)项、第(四)项中所述的被剥夺选举权者;

(四)被处徒刑或因法院决定而被拘留者;

(五)截至选举日,刑满释放不满五年者,但因过失犯罪或罪行轻微除外;

(六)曾因渎职而被国家机关或国有企业撤职或开除;

(七)因财产来源不明或非正常获利,被法院判决或命令充公者;

(八)公务员,但政务官员除外;

(九)地方议会议员或地方行政官员;

(十)上议员或上议员资格终止未满两年者;

(十一)在政企机关或国有企业任职者;

(十二)宪法法院法官、选举委员会委员、监察委员、国家反腐败委员会委员、国家审计委员会委员或国家人权委员会委员;

(十三)根据第二百六十三条被禁止担任政治职务者;

(十四)根据第二百七十四条被上议院决议解除职务者。

第一百零三条 政党推举的各选区参选人的数量应与该选区应选下议员人数一致,不得超过应选议员数量。

政党根据本条第一款规定的数量推举参选人后,若该党参加选举的参选人减少,不论其原因为何,均被视为该党已按规定的人数参加竞选。

政党一旦推举参选人参加选举，则该政党及其参加选举的参选人均不得中途退出选举或更换参选人。

第一百零四条 下议院任期每届四年，自选举日起计算。

下议院任期之内，占有席位的政党不得进行任何形式的合并。

第一百零五条 下议员资格自选举日开始计算。

第一百零六条 下议员资格自下列情形起终止：

（一）下议院任期届满或解散。

（二）死亡。

（三）辞职。

（四）不符合第一百零一条规定的条件。

（五）符合第一百零二条所禁止的情形。

（六）其行为违反第二百六十五条或第二百六十六条规定。

（七）退出其所属政党或政党决定终止其党员资格。政党若决定终止其党员资格，须经本党执行委员会与本党下议员的联席会议的四分之三投票通过。在此情形下，议员资格自退党或政党决定之日起终止，除非该议员自政党作出决定之日起三十日内向宪法法院提出异议，认为该决定性质上属于第六十五条第三款规定的决定。若宪法法院裁决认为该决定不属于第六十五条第三款规定的决定，该议员的议员资格自宪法法院作出裁决之日起终止。若宪法法院裁决认为该决定属于第六十五条第三款规定的决定，该议员资格自宪法法院作出裁决之日起三十日内转移至其他政党。

（八）因宪法法院命令解散政党而丧失党员资格，且自宪法法院发布解散令起六十日内未能加入其他政党。在此情形下，其议员资格自法院发布解散令六十日后终止。

（九）上议院根据第二百七十四条解除其职位、宪法法院根据第九十一条裁决终止其议员资格，或最高法院根据第二百三十九条第二款所述规定发布命令。在此情形下，其议员资格自上议院通过决定、法院作出裁决或命令之日起终止。

（十）未经下议院议长批准，在不少于一百二十天的会期中，缺席时间达四分之一以上。

（十一）被终审判决徒刑（无论是否裁定缓刑），因过失犯罪、罪行轻微或诽谤罪而被裁定缓刑的除外。

第一百零七条 下议院任期届满后，国王颁布诏令重新举行普选，选举产生新的下议员。新的普选在下议院任期届满后四十五日内进行，全国须在同一日内进行普选。

第一百零八条 国王享有解散下议院以选举新的下议员的特权。

解散下议院须由国王发布诏令实施，新的普选在下议院解散之日起四十五日至六十日内进行，全国须在同一日进行普选。

同一情况只能解散下议院一次。

第一百零九条 当下议院因任期届满或解散以外的原因而出现席位空缺时，应采取以下措施：

（一）根据选区制选举产生的议员席位发生空缺时，自空缺之日起四十五日内进行补缺选举产生新的议员，下议院剩余任期少于一百八十日的除外。

（二）根据比例制选举产生的议员席位发生空缺时，自空缺之日起七日内，由下议院议长提名政党名单中排序仅次于缺席议员的人补缺并在政府公报上公布，如无法选出补选议员，比例制选举产生的议员席位由现任议员组成。

根据本条第（一）项规定产生的补选议员的议员资格自补选之

日起计算。根据本条第（二）项规定产生的补选议员的议员资格从公布之日起计算，补选议员的任期为本届下议院剩余任期。

第一百一十条　内阁组阁执政后，国王任命一名政党领袖为反对派领袖，其政党成员应未入阁且在未入阁政党中下议员人数最多，但在任命时该党在下议院中的议员人数不得少于下议员总人数的五分之一。

若下议院中没有政党符合本条第一款规定的人数条件，未入阁政党中获投票最多的议员，将成为反对派领袖；得票相等的，抽签决定。

下议院议长副署国王任命反对派领袖的诏令。

反对派领袖不符合本条第一款或第二款规定条件时将空缺，此时，原则上可以适用第一百二十四条第四款规定，在此情形下国王任命新的反对派领袖以补缺。

第三节　上　议　院

第一百一十一条　上议院由一百五十名议员组成，其中各府选举产生一名议员，剩余议员由遴选产生。

议员任期之内，如府的数量增加或减少，上议院由现有议员组成。

上议员席位无论因何种原因空缺，如补缺的选举或遴选尚未举行，上议院由剩余议员组成。

无论何种情况致使上议员数量少于本条第一款所规定数量，但不少于上议员总数的百分之九十五，上议院视为由现任议员组成。自该情况出现之日起一百八十日内应进行补选或遴选以达到本条第一款规定的上议员总数，新当选议员任期为本届上议院剩余任期。

第一百一十二条 在上议员选举中,一个府作为一个选区并选举产生一名议员,选民按照直选和不记名投票原则进行投票。

参选人在选举中发起的竞选活动,活动内容仅限于与上议院履行职责有关的事项。

选举规则、程序和条件以及上议员竞选活动须符合《下议院议员选举法》以及《上议院议员遴选法》。

第一百一十三条 上议员遴选委员会由宪法法院院长、选举委员会主席、监察委员署主席、国家反腐败委员会主席、国家审计委员会主席、由最高法院法官会议委任的一名不低于最高法院法官级别的最高法院法官、由最高行政法院法官会议委任的一名最高行政法院法官组成。上议员遴选委员会根据第一百一十四条的规定,自收到选举委员会提交的名单之日起三十日内遴选上议员,并将遴选结果通知选举委员会,公布当选结果。

遴选委员会选举一名委员为委员会主席。

委员会委员缺席,或不能履行职责时,若剩余委员数量不少于总数的一半,则遴选委员会由剩余的委员组成。

第一百一十四条 上议员遴选委员会应从各学术机构、公共组织、私人团体、职业团体及其他有利于履行上议院职能的部门提名的参选人中按照第一百一十一条第一款规定的数量遴选合适的人选担任上议员。

根据本条第一款规定遴选上议员时,应从有利于履行上议院职能的角度出发,广泛考虑参选人的知识、技能和经验,同时也应考虑上议院的组成成员中学科知识和经验多元、性别机会平等、本条第一款规定的不同部门人选比例相近,以及社会弱势群体的机会等因素。

遴选规则、程序和条件须符合《下议院议员选举法》以及《上议院议员遴选法》。

第一百一十五条　符合下列条件或没有下列禁止情形的公民有权利被选举或遴选为上议员：

（一）因出生取得泰王国国籍。

（二）截至选举之日或提名为参选人之日，年满四十周岁。

（三）具有学士学历或同等学力。

（四）选举产生的上议员参选人还应满足下列任一条件：

（1）截至申请参选之日，参选人需拥有所参选府地的户籍，户籍登记时间需连续且满五年；

（2）在其参加选举的府出生；

（3）在其参加选举的府接受教育连续满五学年；

（4）在其参加选举的府担任公务员或拥有户籍且户籍连续满五年。

（五）非下议员或政务官员的父母、配偶或子女。

（六）未曾加入任何政党或担任政党职务，或曾加入某政党或担任政党职务，但截至申请参选之日或被提名为参选人之日退党时间不少于五年。

（七）根据第一百零二条第（一）项至第（九）项、第（十一）项、第（十二）项、第（十三）项或第（十四）项被剥夺选举权。

（八）非内阁大臣或政务官员（地方议员或行政官员除外），或已卸任满五年。

第一百一十六条　上议员不得是内阁大臣、政务官员或在宪法独立机关任职者。

上议员资格终止不满两年，不得担任内阁大臣或其他政治职务。

第一百一十七条 选举产生的上议员的资格自选举之日起开始生效,遴选产生的上议员的资格自选举委员会公布遴选结果之日起开始生效。

上议员自选举之日或选举委员会公布遴选结果之日起任期六年。上议员不得连任两届。

上议员任期届满后须继续履行职责直至产生新一届上议员。

第一百一十八条 上议员任期届满后,国王颁布诏令重新举行普选,选举产生新的上议员。新的普选在选举产生的上议员任期届满之后三十日内进行,全国须在同一天进行普选。

遴选产生的上议员任期届满后,选举委员会公布上议员遴选开始生效之日和遴选周期,遴选应在遴选产生的上议员任期届满之日起六十日内进行。

第一百一十九条 上议员资格自下列情形时终止:

(一) 上议院任期届满。

(二) 死亡。

(三) 辞职。

(四) 不符合第一百一十五条规定的条件,或符合其规定的情形。

(五) 其行为违反第一百一十六条、第二百六十五条、第二百六十六条规定的情形。

(六) 上议院根据第二百七十四条解除其职位、宪法法院根据第九十一条裁决终止其议员资格,或最高法院根据第二百三十九条第二款或第二百四十条第三款发布命令。在此情形下,其议员资格自上议院通过决定、法院作出裁决或命令之日起终止。

(七) 未经上议院议长批准,在不少于一百二十日的会期内,缺席会议时间达四分之一以上。

（八）被终审判决徒刑（无论是否裁定缓刑）。过失犯罪、罪行轻微或诽谤罪而被裁定缓刑的除外。

第一百二十条 根据第一百一十九条规定之情形，上议员席位空缺时，应根据第一百一十二条、第一百一十三条、第一百一十四条和第一百一十八条规定，申请选举或遴选上议员。补选上议员任期为被替换议员的剩余任期，若剩余任期少于一百八十日，可不进行补选或遴选。

第一百二十一条 在根据本宪法任命某人担任某职位时，上议院设立委员会，负责审查提名人选的个人档案、行为和道德表现，并收集必要的事实和证据向上议院提交进一步的报告，以协助对该人选的考察。

根据本条第一款规定，该委员会开展活动应符合上议院议事规则规定的程序。

第四节　两院通用条款

第一百二十二条 下议员和上议员都是泰王国公民的代表，不受任何委托、义务或控制的约束，应为泰王国公民的共同利益忠实履行职责，不得有任何利益冲突。

第一百二十三条 下议员和上议员在就职时应分别在下议院和上议院郑重宣誓，誓词如下：

"本人（宣誓人姓名）郑重宣誓：我将忠诚地为国家和民众利益行使职权，在各个方面维护和遵守泰王国宪法。"

第一百二十四条 下议院和上议院各设议长一名，副议长一至两名，由国王根据各院的决定任命。

下议院议长、副议长任职到本届下议院任期届满或被解散时。

上议院议长、副议长任职到下任议长、副议长选举之日前。

下议院议长、副议长，上议院议长、副议长任期届满前，在下列情况下可提前离职：

（一）丧失本院议员资格；

（二）辞职；

（三）担任内阁总理、部长或其他政治职务；

（四）被法院处徒刑，不论案件是否终审或是否被裁定缓刑，过失犯罪、罪行轻微或诽谤罪除外。

下议院议长、副议长任职期间，不得同时兼任任何政党执行委员会委员或其他任何政党职务。

第一百二十五条 下议院议长和上议院议长有权且有责任依据议会程序规则运行各院事务。副议长受议长委托，当议长缺席或不能履行职责时有权且有责任代表议长履责。

下议院议长、上议院议长以及代行议长职权的人须公正履行职责。

下议院议长、副议长，上议院议长、副议长均缺席时，从本院议员中选举一名议员主持本院会议。

第一百二十六条 不论下议院或上议院，应有本院全部议员人数一半以上的议员出席才能召开本院会议，但在根据第一百五十六条、第一百五十七条的规定安排对内阁进行质询时，可以根据情况另行规定参会人数。

除宪法另有规定之外，任何议案的表决，应以多数票为准。

在投票表决时，每名议员一人一票，如票数相等，由会议主持者增投一票作为决定性投票。

国会主席、下议院议长、上议院议长应将每位议员的投票记录在案，且将投票记录向公众进行公示，不记名投票的事项除外。

除宪法另有规定外，选举或批准某人担任公职时应采取不记名投票，议员应自主投票，不受其政党决议或其他命令的干涉。

第一百二十七条 国会应在下议院选举之日起三十日内召集第一次会议。

国会每年度有全体例会和立法会两个会期。

本条第一款规定的会议召开之日视为年度全体例会的第一天，立法会召开日期由下议院确定。若年度全体例会第一次会议至本年度结束少于一百五十日，本年度立法会可不再举行。

立法会期期间，国会只有在第二章规定的情形，或审议宪法性法案、一般法案，批准紧急状态命令、宣布战争，审查和批准条约，选举或批准某人担任公职、罢免某人职务，质询，修改宪法等情形下召开联席会议，除经两院全体议员过半数表决通过决定审查其他事项外。

年度会议会期为一百二十日，但国王可以延长会期。

只有经国会批准，年度会议在一百二十日会期结束前才可休会。

第一百二十八条 国王召集国会，决定会期开始日与结束日。

根据第一百二十七条第一款规定，国王可出席并主持首次年度会议的开议，或命令其已具备完全法律行为能力的继承人或其他任何人作为其代表主持开议。

有必要商讨涉及国家利益事项之时，国王可以召开国会特别会议。

根据第一百二十九条，应颁布诏令通告国会的召集、延期和闭幕。

第一百二十九条　不少于两院议员总人数三分之一的两院议员或下议员联署，有权请求国王发布命令召开国会特别会议。

本条第一款规定的联署请求应由国会主席提交。

国会主席将联署请求提交国王，并副署诏令。

第一百三十条　下议院会议、上议院会议或国会联席会议期间，议员陈述事实、发表意见、投票享有绝对豁免权。任何人不得以任何方式、任何理由对议员提起司法诉讼。

如议员在会议上的发言具有违法之嫌，经广播、电视向社会传播后对所在院议员及内阁之外的其他人士造成损失，则不受本条第一款所述的特权豁免，受害方可在规定的时间内依法向该议员提起司法诉讼。

本条第二款规定情形下，议员言论攻击对象为非内阁大臣或本院议员时，该院议长应根据本院议事规则，在规定时间内应被攻击对象的要求作出相关解释，且不得妨碍其提起诉讼的权利。

在国会会期内，根据上议院、下议院或国会议事规则进行会议记录的印刷社与出版社，经会议主席许可在该会议上陈述事实、表达意见的人，以及经议长允许通过广播、电视转播该会议的人，均受本条规定的特权豁免。

第一百三十一条　国会会议期间，除在作案时被捕，或经议员所在议院同意，否则不得将上议员和下议员作为刑事犯罪嫌疑人进行传讯、拘留和逮捕。

下议员或上议员在作案时被捕的，警方应立即报告被拘捕者所在议院的议长。议长可命令释放被逮捕议员。

下议员或上议员受刑事诉讼，不论发生在国会开会期间还是闭会期间，法院均不得在会议期间审理有关案件。但在经议员所在议院同意或案件涉及《下议院议员选举法》、《上议院议员遴选法》、《选举委员会法》、《政党法》的情形下，法院可以依法审理，但不得妨碍议员出席会议。

在成为议员前，法院对其进行的审理和判决有效。

若下议员或上议员在国会开会之前在案件审理中被拘留，开会时，若被拘留议员所在议院议长要求释放该议员，审讯官员或法院应立即发出释放令。

释放令自命令发出之日至会期最后一天有效。

第一百三十二条 在下议院任期届满或被解散期间，除下列情形外，上议院不得召开会议：

（一）根据第十九条、第二十一条、第二十二条、第二十三条、第一百八十九条，上议院履行国会职权的会议，投票表决应以上议员数量为基础；

（二）根据宪法规定，上议院决定某人担任公职而召开的会议；

（三）上议院审查和通过罢免某人公职而召开的会议。

第一百三十三条 根据两院议事规则规定，下议院会议、上议院会议及国会联席会议需公开进行。应内阁要求，或不少于本院或两院现有议员总数四分之一议员的要求，会议可不公开进行。

第一百三十四条 下议院和上议院有权制定以下事项的议事规则，包括议长、副议长选举，议长、副议长行使职权范围，常设委员会职权范围内的事项与事务，委员会的职责履行与法定人数，会议的召开，宪法性法案与一般法案的提出与审议，动议的提出，咨询，辩论，决议的通过，决议通过的记录与公开，质询，一般性辩论，规则和秩序的维护及相关事项，制定有关议员和委员会委员伦理准则以及其他有关宪法实施的事项。

第一百三十五条 下议院和上议院有权遴选和任命本院议员组成常设委员会；有权遴选和任命某人，不论其是否是本院议员，组成特别委员会，以执行任何行动、调查和研究本院职权范围内任何事项并向本院汇报调查结果。任命特别委员会的决议须明确说明其活动或事项，且不得重复。

本条第一款规定之委员会有权发布命令，要求任何人提供资料，或就其调查和研究的有关活动或事项召唤任何人予以说明或给出意见。该命令具有法律规定的约束力，但该命令不得适用于履行审判职责的法官、各法院的人事管理，不得适用于监察委员或宪法、组织法规定的宪法独立机关中直接履行公职的成员。

根据本条第二款规定，若被命令者是政府官员，国家机关、政府组织、国有企业或地方政府官员或雇员，委员会主席应通知其所属部门主管关于该人员接受调查的事情，以指导其按照本条第二款规定进行的活动。涉及国家重大安全与利益的事项不受本条第二款的约束。

第一百三十条规定之豁免权应扩展至本条规定中履行职责之人。

下议院组织的专门委员会中，各政党参加委员会人员的比例应按照或接近各政党在下议院中的议员人数比例分配。

若下议院尚未制定第一百三十四条规定的程序规则，下议院议长决定本条第五款中人员的参加比例。

第五节　国会联席会议

第一百三十六条 下列情形下国会应举行联席会议：

（一）根据第十九条批准摄政王的任命；

（二）根据第二十一条，摄政王在国会郑重宣誓；

（三）根据第二十二条认可《皇室继承法》（佛历 2467 年）之修改；

（四）根据第二十三条认可或批准《王位继承法》；

（五）根据第一百二十七条，国会通过审查其他事项的决定；

（六）根据第一百二十七条批准会议延期；

（七）根据第一百二十七条召开国会会议；

（八）根据第一百三十七条制定国会议事程序规则；

（九）根据第一百四十五条同意对宪法性法律提案或一般法案的审查；

（十）根据第一百五十一条重新审查宪法性法律提案或一般法案；

（十一）根据第一百五十三条第二款同意进一步审查宪法修正案；

（十二）根据第一百七十六条宣布政策；

（十三）根据第一百七十九条进行一般性辩论；

（十四）根据第一百八十九条批准宣战；

（十五）根据第一百九十条听证和批准条约；

（十六）根据第二百九十一条修改宪法。

第一百三十七条 国会联席会议适用国会议事程序规则。如国会议事程序规则未发布，可根据原则适用下议院议事程序规则。

两院通用条款应根据原则适用于国会联席会议，但对于委员会的任命，委员会委员中各院议员的组成数量应按照或接近各院议员人数的比例进行分配。

第六节　宪法性法律的制定

第一百三十八条　应制定如下宪法性法律：

（一）下议院议员选举法以及上议院议员遴选法；

（二）选举委员会法；

（三）政党法；

（四）公民投票法；

（五）宪法法院诉讼程序法；

（六）政务官员刑事诉讼法；

（七）监察委员会法；

（八）反腐败法；

（九）国家审计法。

第一百三十九条　宪法性法律提案只能由下列人员或机关提出：

（一）政府内阁；

（二）不少于现有下议员总数十分之一的下议员，或不少于现有两院议员总数十分之一的下议员和上议员；

（三）宪法法院、最高法院或宪法独立机关，并由上述法院院长或宪法独立机关首长负责实施上述宪法性法律。

第一百四十条　下议院和上议院审查宪法性法案应经过如下三读程序：

（一）一读就法案整体原则取向进行投票；二读就法案的内容逐条进行投票。一读、二读的投票应由多数票决定。

（二）三读表决时，各院现任议员总数的过半数议员投票赞成，方能作为宪法性法律公布。

第六章第七节关于法律制定的条款应参照适用于宪法性法律的制定。

第一百四十一条 国会同意后、呈送国王御批前，应将宪法性法律提案提交宪法法院审查其合宪性，宪法法院在其收到法案之日起三十日内作出审查决定。

宪法法院认为宪法性法案的某一条违宪，则该条款无效；如该条款是宪法性法律提案的实质部分或该法案并非基于宪法而提出，该法案无效。

根据本条第二款规定，若宪法性法律提案的条款因违宪而无效，应将该宪法性法律提案退回下议院和上议院并按各自程序审查。下议院或上议院应考虑修改该法案以使其符合宪法，若修改决议经由各院现任议员总数的过半数投票通过，总理而后再根据第九十条、第一百五十条、第一百五十一条进行其他程序。

第七节 法案的制定

第一百四十二条 根据第一百三十九条，法案只能由下列机关或人员提出：

（一）内阁；

（二）不少于二十名的下议员；

（三）宪法法院，高等法院或其他宪法独立机关，并由该法院或该组织的主席和控制组织的人员负责执行；

（四）不少于一万名的有选举权的合法选民根据第一百六十三条提出法案请求。

在上述第（二）项至第（四）项情形下，提出与财政有关的法案，须经总理认可。

如民众根据本条第一款第（四）项规定已提出法案，而有人根据本条第一款第（一）项、第（二）项规定又提出了实质上相同的法案，则第一百六十三条第四款的规定适用于后一情形下提出的法案的审议。

法案应首先提交下议院。

提出法案应附上法案的基本说明。

向国会提交的法案应向公众公开，并为公众了解有关细节提供便利。

第一百四十三条 财政法案系指涉及以下内容的法案：

（一）税收的设立、取消、减少、变更、修改、豁免或管理；

（二）国家资金的分配、收入、保管、支出，或国家预算支出的调整；

（三）借贷、担保、偿还贷款，或约束国家财产的行动；

（四）货币相关事项。

当质疑一项财政法案是否属于需要总理认可的法案时，由下议院议长和各常设委员会主席举行联席会议进行判定。

下议院议长在本条第二款情形发生之日起十五日内主持联席会议进行判定。

本条第二款所规定的联席会议的决议应由多数投票决定，如票数相等，下议院议长可另投决定性一票。

第一百四十四条 若下议员提出的法案本不涉及财政问题，但经下议院审议过程中作了修改，下议院议长认为修改后的法案已涉及财政问题时，下议院议长应停止审议，并在该情形发生之日起十五日内，将法案提交下议院议长和常设委员会主席联席会议决定。

若联席会议认为修改后的法案属于财政法案，下议院议长应将其提交总理认可。若总理不予认可，下议院应修改该法案以使其不属于财政法案。

第一百四十五条 由内阁根据第一百七十六条的规定向国会陈述的政策中被确定为为管理国家事务的必要而提出的法案，当该法案未获得下议院同意，且反对票未达到该院出席议员总数的一半时，内阁需请求国会举行联席会议另行通过该项决议。获得同意后，国会应任命由内阁提议的人数相等的两院议员或非议员组成联席会议审议该法案，准备与其相关的报告并将审议后的法案提交国会。若该法案经国会通过，根据第一百五十条进行后续程序；若未通过，该法案失效。

第一百四十六条 根据第一百六十八条，下议院审议根据第一百四十二条向其提交的法案并同意通过后，应将该法案提交上议院。上议院应在六十日内审议结束，但若是财政法案，应在三十日内审议结束。如有特殊情况，上议院可决定是否延期，延期时间最长不超过三十日。该审议期间系指在会期之内，从上议院收到法案之日起计算。

本条第一款所指审议时间不包括第一百四十九条规定的宪法法院审理期间。

若上议院未在本条第一款规定之期间完成审议，则视为法案已经上议院通过。

下议院向上议院提交财政法案的，下议院议长应告知上议院该法案属于财政法案，下议院议长的通知应被视为最终通知。

若下议院议长未告知上议院提交的法案属于财政法案，该法案视为非财政法案。

第一百四十七条 根据第一百六十八条，上议院完成审议后，作出如下处理：

（一）若其赞成下议院意见，根据第一百五十条进行其后程序。

（二）若其不赞成下议院意见，可将法案搁置并将其退回下议院。

（三）若上议院审议后对法案提出修改意见，则将修改后的法案或修改后的宪法性法律提案退回下议院。若下议院同意修改意见，根据第一百五十条进行其后程序；其他情形下，各院任命由下议院确定数量的议员或非议员组成联合委员会审议该法案，联合委员会向两院提交报告和审议后的法案。若两院同意通过审议后的法案，根据第一百五十条进行其后程序；如两院中任一院未同意通过，则暂缓通过该法案。

联席委员会有权要求任何人提供资料，或召集任何人就法案或宪法性法律提案的审议进行陈述或提出意见，第一百三十条规定的豁免权扩展至按本条规定履职的人员。

联席委员会召开的会议，需两院任命的联席委员会委员过半数出席会议才合法有效，第一百三十七条的规定应参照适用。

如上议院未在第一百四十六条规定时间内将法案退回下议院，则该法案视为已经上议院通过，根据第一百五十条进行其后程序。

第一百四十八条 基于第一百四十七条暂缓通过的法案，只能在下列情形下进行重新审议。若为第一百四十七条第（二）项情况下被暂缓通过的法案，下议院在上议院退回有关法案之日起一百八十天后才能重新启动该法案的审议程序。若为第一百四十七条第（三）项情况下被暂缓通过的法案，从某一院不予认可之日起一百八十天后重新审议。联合委员会审议后的法案经下议院现任议员总人数的过半数通过，该法案视为经国会通过，需继续按第一百五十条进行其后程序。

若暂缓通过的法案为财政法案，下议院可立即重新审议。联合委员会审议后的法案经下议院现任实际人数过半数通过，该法案视为经国会通过，按第一百五十条进行其后程序。

第一百四十九条 当一项法案根据第一百四十七条被暂缓通过，内阁或下议员不得再次提出与其实质性相同或相似的法案。

若下议院或上议院认为提出或提交审议的法案与暂缓通过法案实质性相同或相似，下议院议长或上议院议长应将该法案提交宪法法院决定，若宪法法院认为该法案与暂缓通过法案实质性相同或相似，则该法案失效。

第一百五十条 法案经国会通过后，总理应在收到国会提交的法案二十日之内，呈送国王御批，法案在政府公报公布后生效。

第一百五十一条 国王未予御准并退回国会的法案，或国王在九十日内未予答复的法案，国会须重新审议该法案。若国会以两院现任议员总数的三分之二以上投票通过该法案，总理应将该法案再次上呈国王。若国王在三十日内未予答复，则视为国王已御批，总理应将该法案在政府公报公布。

第一百五十二条 在审议关于儿童、青年、妇女、老年人、身心障碍者或病患的法案时，若下议院未召集关于该事务的专门委员会进行审议，下议院应任命特别委员会。特别委员会由上述各类群体的私人组织代表构成，特别委员会人数不得少于该事务的专门委员会总人数的三分之一，且男女代表比例应相近。

第一百五十三条 下议院任期届满或被解散时，国王未予御准或在九十日内未予答复的宪法修改草案或法案将失效。

下议院任期届满或被解散，国会、下议院或上议院在下议员大选后可重新审议未经国会通过的宪法修改草案或法案，但须由新任命的内阁自大选后国会第一次会议之日起六十日内提出申请，并经国会批准。如内阁在规定期限内没有提出申请，该宪法修改草案或法案失效。

根据本条第二款规定对宪法修改草案或法案重新审议，应符合下议院、上议院或国会议事程序规则。

第八节 立法的合宪性审查

第一百五十四条 任何法案经国会通过后，总理根据第一百五十条呈送国王御批前，或根据第一百五十一条经国会重新通过后，再次呈送国王御批前：

（一）如不少于两院现任议员十分之一人数的下议员、上议员或两院议员认为上述法案的条款违宪，或法案制定违宪，应将其意见提交下议院议长、上议院议长或国会主席，各院议长或主席在收到意见后，应将其迅速提交宪法法院裁定，并通知总理；

（二）如总理认为上述法案的条款违宪，或法案制定违宪，总理应将其意见迅速提交宪法法院裁定，并通知下议院议长与上议院议长。

宪法法院审查期间，总理应暂缓公布法案，直至宪法法院作出裁决。

如宪法法院裁定法案部分条款违宪或法案制定程序违宪，并且违宪条款为该法案实质核心部分的，则该法案无效。

如宪法法院裁定法案部分条款违宪，但并非本条第三款规定的情形，则法案中违宪条款无效。总理应根据第一百五十条、第一百五十一条进行后续程序。

第一百五十五条 第一百五十四条应参照适用于已经下议院、

上议院或国会通过，但尚未在政府公报公布的下议院议事规则草案、上议院议事规则草案或国会议事规则草案。

第九节　国家事务管理的审查

第一百五十六条　下议员或上议员有权对内阁大臣职权范围的各项事务提出质询。如内阁认为有关问题涉及国家安全和重大利益暂不便公开，内阁大臣有权拒绝答询。

第一百五十七条　关于国家事务管理的各种问题，包括公民广泛关注的重大问题、涉及国家和公共利益的问题或亟待解决的问题，下议员可在当日会议开始前书面告知下议院议长，表示将对总理或负责有关事务的部长进行质询，且不必告知将质询的问题。下议院议长应将此议题列入当日议程。

本条第一款规定之质询与答询每周只能进行一次，且根据下议院议事程序规则，下议员就有关国家事务管理的问题进行口头质询，对同一问题的质询不得超过三次。

第一百五十八条　不少于下议院现任议员总数五分之一的议员，有权提出对总理的不信任案并进行一般性辩论的动议，该动议应同时提名一位符合第一百七十一条第二款规定条件的新总理人选。在动议提出后，除非撤回动议或表决时未获得本条第三款所规定的票数，否则不得解散下议院。

在提交基于本条第一款所述的动议进行一般性辩论过程中，如涉及总理行为包括巨额财产来源不明、有渎职迹象或故意违反宪法或法律规定，如没有根据第二百七十一条提出请求，则不得提出进行一般性辩论的动议。提出第二百七十一条规定的请求后，不必等待第二百七十二条规定程序的结果，该动议可继续按程序进行。

如一般性辩论结束仍未就动议形成决定，下议院应投票决定是否通过不信任案。投票不得在辩论结束当天进行。不信任投票须经下议院现任议员总数的过半数通过。

如不信任投票未获下议院现任议员总数的过半数通过，提出该动议的议员在会议期间不得再提出总理的不信任案及进行一般性辩论的动议。

如不信任投票经下议院现任议员总数的过半数通过，下议院议长向国王提交本条第一款规定的新总理人选进行任命，则第二百七十二条不再适用。

第一百五十九条 不少于下议院现任议员总数六分之一的议员，有权提出对内阁大臣的不信任案及进行一般性辩论的动议。第一百五十八条第二款、第三款、第四款所述内容应参照适用。

如果内阁大臣在根据本条第一款提交动议后退出其职务，但仍担任另一部门的主管，则该部长应继续接受一般性辩论，以便根据本条第一款通过不信任投票。

本条第二款规定参照适用于在根据本条第一款所述提交动议之前离职不超过九十天但仍担任另一职务的部长。

第一百六十条 如果内阁已经参与实施管理国家事务的活动超过两年，下议院议员中反对党人数少于根据第一百五十八条或第一百五十九条提交一般性辩论动议所需的下议院议员人数，反对党一半以上的议员可以提出对总理和其他内阁大臣的质询，以通过基于第一百五十八条或第一百五十九条规定的对总理或某个部长的不信任投票。

第一百六十一条 不少于上议院现任议员总数三分之一的上议员有权提出在上议院进行无需通过投票决议的一般性辩论的动议，

以要求内阁陈述事实或解释与管理国家事务有关的重要问题。

本条规定之进行一般性辩论的动议每个会期只能提出一次。

第一百六十二条 下议院或上议院召开会议就任何履行公职的问题对总理或任何内阁大臣提出质询或进行不信任辩论时,总理和有关内阁大臣须亲自出席会议,给予解释或接受质询。若因不可抗力原因无法出席,须提前或在该会议当日告知下议院议长或上议院议长。

下议员应独立于政党决议,独立进行质询、辩论以及不信任投票。

第七章 公民的直接政治参与

第一百六十三条 不少于一万人的有选举权的公民有权向国会主席提交请愿书,请求审查宪法第三章和第五章规定的法案。

请愿书应附有本条第一款所述法案的原文。

请愿书以及请愿者之审查规则和程序应符合法律规定。

在审查本条第一款所述法案时,两院应为请愿代表提供解释其法案主旨的机会。审查法案所特设委员会应包含请愿代表,且不少于委员会总人数的三分之一。

第一百六十四条 不少于两万人的有选举权的公民有权向上议院议长提出投诉,要求上议院通过决议按照第二百七十四条解除第二百七十条规定人员的公职。

投诉内容中,应明确说明上述被投诉人员相关行为的情况。

本条第一款规定的投诉的规则、程序和条件应符合宪法性法律的规定。

第一百六十五条 有选举权的公民有权参与全民公投。

公投应按如下条件进行：

（一）在内阁认为任何可能影响国家和公共利益之情形下，总理经内阁批准，可商请下议院议长和上议院议长在政府公报上号召公民投票；

（二）法律规定需要全部公民投票时。

上述第（一）项和第（二）项规定的条件下，可就寻求某个争议性议题的最终决议进行公民投票，由公民投票中投票人的多数决定争议结论；也可就向内阁提出的建议进行公民投票，但法律另有规定的除外。

公民应就同意或反对的某个议题进行投票，任何违宪的议题、与个人或团体有关的议题不得进行公民投票。

公民投票前，国家应为投票者提供了解议题信息的便利，并为相关议题的支持者和反对者提供相同的表达意见的机会。

公民投票的条件和程序应符合公民投票法，至少应规定公民投票方法、时间安排，以及决议所需投票数等相关细节。

第八章 财政、金融以及预算事务

第一百六十六条 国家财政预算应以法案形式制定。若下一财政年度的年度预算法案没有实时实施，此时前一财政年度预算的相关法律应继续实施。

第一百六十七条 年度预算法案应附上内容详尽的附件，包括收入预算、目标、活动、行动计划以及每项开支的计划，并应标明国家财政金融状况以及与之相联系的经济概况，收益以及由于各种形式的免税造成的收入不足，根据任务设定的全年预算的需求，国家债务负担和新生债务以及国有企业的财务状况等，且该内容既指预算提交批准的年份，也包括之前的年份。

若预算不能直接拨给国家机关、国有企业或其他政府机构或机关，该预算应被列入预留支出项目中，但须详细说明原因和必要性。

应制定有关国家财政事务与金融的法律，设定财政与金融纪律的纲要，包括短期财政计划，收入取得，国家预算支出的科目，财政事务和资产管理、会计制度、公共基金的管理，新生债务或国家财产和政府债券运作的规则，以及在紧急状态、必要情况和其他相关活动时预留支出的相关使用规则，但应根据法律规定的原则和程序办理并按照可持续发展和社会公平原则进行支出监管。

第一百六十八条 下议院应在收到法案之日起一百零五日内完成对年度预算法案、补充预算法案以及预算调整法案的审议。

若下议院没有在本条第一款规定期间内完成审议，该法案应被视为已经下议院同意，并应提交上议院。

上议院须在收到法案之日起二十日内审议该法案，审议过程中不得对该法案进行任何修改，超过规定期限，法案应被视为通过；此情形下，按照第一百五十条进行后续程序。

若上议院否决法案，参照适用第一百四十八条第二款规定。

审查年度预算法案、补充预算法案或预算调整法案时，下议员不得提议增加任何项目或数额，可提议减少或压缩支出，但不包括以下支出：

（一）偿还贷款本金；
（二）贷款利息；

（三）根据法律应支付的款项。

下议院、上议院或委员会审议时，任何可能导致下议员、上议员或委员会委员与拨款使用产生直接或间接关系的提议、动议或行为均属禁止之列。

下议院或上议院不少于各院现任议员总数十分之一的议员，若认为有违反本条第六款之情形发生，应提交宪法法院裁决，宪法法院应在受理后七日内作出裁决。若宪法法院裁决违反本条第六款的情形发生，该提议、动议和行为无效。

国家应提供足够的预算拨款，以保障国会、宪法法院、法院、行政法院和宪法机关独立运行。

在审查本条第八款规定的国会、法院和其他机关的预算拨款时，该机关若认为预算拨款不足，可以直接向委员会提出动议。

第一百六十九条 国家财政支出只能在财政预算开支法、预算程序法、财政开支调整法或国库储备法允许的范围内进行支付，但根据法律规定的规则和程序，紧急和必要情形下可以预支。在该情形下，为平衡国库开支预算，预支须列入预算调整法案、补充预算法案或下一财政年度之年度预算法案，用于平衡国库的补偿开支的收入来源应明确规定。

在战争或武装冲突的情形下，内阁有权迅速调整或重新分配年度预算中划分给政府机关或国有企业的预算以用于其他项目，并应迅速向国会报告。

在调整或重新分配上述预算后，政府应每六个月将信息报告给国会。

第一百七十条 当某国家机关的收入不需要上缴为国家收入时，该机关应该在每个财政年度向内阁提交该机关的收入和支出报告，内阁应进一步准备报告提交参、众两院。

本条第一款所规定的收入与支出应遵循本章的金融和财政纲要规则。

第九章　内　　阁

第一百七十一条　国王任命总理及不超过三十五名大臣组成内阁，以负责行使国家事务管理职权。

总理须为依据第一百七十二条任命的下议院议员。

下议院议长应副署总理任命的诏令。

总理不得连续任职超过八年。

第一百七十二条　下议院应依照第一百二十七条规定，于国会召开第一次会议之日起三十日内完成对总理人选的审查和任命。

对本条第一款规定的合格的总理人选的提名，应获得下议院现任全体议员的五分之一以上的同意。

下议院任命总理，须经下议院全体现任议员半数以上通过。总理任命的决议应通过公开投票进行。

第一百七十三条　在国会召开第一次会议之日起三十日内，下议院于该期限截止时未能依据第一百七十二条第三款的规定完成总理任命的，下议院议长应于该期限截止之日起十五日内，将此情形禀告国王，发布诏令任命得票最多者为总理。

第一百七十四条　内阁大臣应符合的条件或禁止的情形如下：

（一）因出生取得泰王国国籍；

（二）年满三十五周岁；

（三）拥有学士以上学位或同等学力；

（四）不受第一百零二条第（一）项至第（四）项、第（六）项至第（九）项、第（十一）项至第（十四）项的限制；

（五）曾被法院判决入狱，自释放之日起至任命之日不满五年的情形，被判入狱系基于过失或违法行为较轻的情形除外；

（六）未曾担任上议员，或虽曾任上议员但至任命为内阁大臣之日时卸任不满两年的。

第一百七十五条 内阁大臣于就任前须于国王前郑重宣誓，誓词如下：

"我（宣誓人姓名）郑重宣誓，我将忠于国王陛下，为国家和民众利益忠诚履行职责。我将在各个方面维护和遵守泰王国宪法。"

第一百七十六条 即将上任的承担管理国家事务职责的内阁大臣，应于就职之日起十五日内，就执行第七十五条规定的基本国策指导原则向国会阐述其执政策略及解释说明，但在上述期间内通过对其不信任案投票者除外。内阁尚需准备管理国家事务的施政计划，以根据第七十六条作为每年考核官员职责或官员去留事宜的指导。

在依照本条第一款向国会阐明执政策略之前，如发生严重或紧急的情形，延迟处置必会损害国家现实利益的，已就职内阁需即刻采取必要措施进行应对。

第一百七十七条 内阁大臣有权参加下议院会议并陈述事实和提出建议，若下议院或上议院通过决议要求内阁大臣就任何事项出席会议，内阁大臣有义务出席会议，且其根据第一百三十条享有的特权应作必要调整。

内阁大臣出席下议院会议时，如其同时又为下议院议员，此时该大臣无权就涉及其职位去留、行使职权评价以及任何有利益关联的事项进行投票。

第一百七十八条 所有内阁大臣应依据宪法、法律和第一百七十六条规定的法律与政策履行国家管理职责，并应就其履职行为以个人名义对下议院负责，就内阁总体政策对国会负集体责任。

第一百七十九条 若遇有国家重大事务，总理认为需要征询下议院和上议院意见时，总理可告知并提请国会主席召开国会联席会议举行一般性辩论。在此情形下，国会不得就辩论事项通过决议。

第一百八十条 内阁如遇下列情况需集体离职：

（一）总理依据第一百八十二条任职终止的；

（二）下议院任期届满或被解散的；

（三）内阁集体辞职的。

总理职务依据第一百八十二条第（一）项至第（五）项、第（七）项至第（八）项之规定终止的，第一百七十二条和第一百七十三条规定的程序参照适用。

第一百八十一条 即将离职的内阁，应履行职责至新内阁就职，但依据第一百八十条第一款规定离职的内阁及总理，可以按以下条件继续履职：

（一）除非获得选举委员会的批准，不得对正式或固定职位薪酬的政府官员进行任命或调任，不得任命或调任国家机关、国有企业或国家控股企业的官员，或将其免职、开除，或令他人顶替；

（二）除非事先获得选举委员会的批准，否则不得实施旨在批准应对危机情况的预留预算的行为；

（三）不得批准任何计划或项目或实施对下届内阁有拘束力的行为；

（四）不得利用国家资源或人力影响选举结果，并不得实施违反选举委员会规定的禁止性活动。

第一百八十二条 内阁大臣的职务在下列事由出现时即行终止：

（一）死亡；

（二）辞职；

（三）被法院处徒刑，不论案件是否终审或是否被裁定缓刑，但过失犯罪、罪行轻微，或因诽谤罪案件尚未终审或因诽谤罪被裁定缓刑的除外；

（四）下议院依据第一百五十八条或第一百五十九条通过了不信任投票；

（五）依据第一百七十四条不符合条件或存在禁止情形；

（六）依据第一百八十三条遭诏令免除大臣职务；

（七）存在第二百六十七条、第二百六十八条、第二百六十九条规定的行为；

（八）依据第二百七十四条被上议院革除职务。

部长职务除因上述情形终止外，依据第八十二条第一款第（四）项规定的任期到期而终止。

第九十一条和第九十二条的规定，适用于本条第（二）项、第（三）项、第（五）项、第（七）项以及本条第二款所规定的终止部长职务的情形。若出现上述情形，选举委员会可就引发的争议提交宪法法院裁决。

第一百八十三条 国王有权根据总理建议免去内阁大臣职务。

第一百八十四条 为维护国家或公共安全或国家经济利益，或为避免出现公共灾难，国王可颁布紧急状态命令，该命令具有与法律同等的效力。

上述紧急状态命令仅在出现不可避免的紧急状态时依内阁建议发布。

在随后召开的国会会议上，内阁应向国会提交该紧急状态命令，国会应立即予以审议，不得拖延。若国会处于休会期间，等待下一次全体例会审议势必会造成延误的，内阁须召集临时国会，以审议是否即刻同意紧急状态命令。若下议院不予同意，或下议院虽同意但上议院不予同意，而下议院重新审议时未获全体现任下议员一半以上支持的，该紧急状态命令的效力终止，但不影响紧急状态命令施行期间所实施的行为的效力。

若第一款所述的紧急状态命令将导致任何现行法律的修正或废除，但该命令（法令）依据本条第三款所述的情况未能生效，此时，在修正和废除之前生效的法律条款，在紧急状态命令的效力被否决后继续有效。

若下议院和上议院同意该紧急状态命令，或上议院未予同意但下议院经重新审议获得超过半数的下议院实际议员的同意，则该紧急状态命令拥有与法律相同的效力。

总理应将紧急状态命令审议直接公布于政府公报。若未能批准，则此结果于刊登在政府公报的次日起生效。

下议院和上议院重新通过紧急状态命令的审议，应在两院开会时第一时间进行。

第一百八十五条　在下议院或上议院依据第一百八十四条第三款的规定同意紧急状态命令之前，下议院或上议院全体现任议员五分之一以上的议员，认为紧急状态命令违反宪法第一百八十四条第一款或第二款规定的，有权向所在议院的议长提议。该院议长应于收到此提议后三日内将其提交宪法法院裁决。宪法法院作出裁决后，应将裁决结果告知提议的议长。

当下议院或上议院依照本条第一款规定收到下议员或上议员的提议后，其对紧急状态命令的审议应延迟至第一款所述的宪法法院通知裁决结果之后。

若宪法法院裁决紧急状态命令违反宪法第一百八十四条第一款、第二款的规定，则该命令自始至终不具任何法律效力。

宪法法院关于紧急状态命令违反宪法第一百八十四条第一款、第二款规定的裁决，需获得宪法法院全体法官的三分之二以上的投票。

第一百八十六条 国会会期，若为国家利益之需而有必要制定涉及税收、关税或货币事务的法律且需要紧急、秘密进行审议的，国王可以发布紧急状态命令予以认可，该命令具备法律效力。

依本条第一款规定发布的紧急状态命令，应于政府公报公布之日起三日内提交下议院，第一百八十四条的规定应参照适用。

第一百八十七条 国王有权发布不与法律抵触的诏令。

第一百八十八条 国王有权根据戒严法设定的条件和方式宣布和撤销戒严令。

在紧急情况下如有必要，军事机关可授权根据戒严法在特定地区宣布戒严令。

第一百八十九条 国王有权依据国会的决议宣布战争。

国会须至少两院全体现任议员三分之二投票通过，方得通过战争决议。

下议院任期届满或被解散的，上议院应履行本条第一款规定的国会审批权，该决议应获得上议院现任全体议员的三分之二以上投票通过。

第一百九十条 国王有权与其他国家或国际组织缔结涉及和平、停战及其他事项的条约。

一项条约若涉及改变泰王国的主权或依照国际法拥有管辖权的领土或海外领地，或就此类事项要求制定法律，或对国家经济或社会安全产生深远影响，或在贸易、投资、国家财政方面作出具体承诺的，该条约应由国会同意。在此情况下，国会应于接受处理此类事务之日起六十日内完成审议。

在依据第二款的规定与其他国家或国际组织缔结条约的程序开始生效前，内阁应就该条约提供相关信息、进行公开听证并向国会作出说明。在此情况下，内阁应向国会提交谈判纲要进行审议。

本条第二款规定的条约一经签署，内阁应于条约公布前将其详情公之于众，如条约的执行将对公众或中小企业造成影响，内阁应采取实时、妥当和公正的措施以对受损者提供补救。

所缔结的条约将对国家经济或社会安全产生深远影响的，或在贸易、投资方面作出具体承诺的，或对因条约执行而受损者提供修订政策和补救措施的，其程序和方式的决定由法律规定，法律应公平考虑条约执行的受益者与受损者以及对公众的影响。

根据本条第二款规定产生争议的，由宪法法院进行裁决。在此情况下，第一百五十四条第一款规定应参照适用于将争议提交宪法法院进行裁决。

第一百九十一条 国王有权实行赦免。

第一百九十二条 国王有权取消头衔、荣誉称号。

第一百九十三条 由国王任免国家各部委常务次长、总干事长及其他此类级别的军事和民政官员，除非职位空缺是由于官员死亡。

第一百九十四条 保有永久职位或固定职位薪酬的政府官员或

国家雇员，若非政务官员，不得成为政务官员或担任其他政治性职务。

第一百九十五条 除本宪法另有规定，所有有关国家事务的法律、御批、诏令，应由一名内阁大臣副署。

所有经国王签署或视同为国王已签署的法律，应立即于政府公报公布。

第一百九十六条 枢密院委员、下议院议长与副议长、上议院议长与副议长，下议院反对党领袖、下议员及上议员的薪水及其他酬劳，应依诏令确定，无论何种薪酬均不得于就职之日前给付。

卸任枢密院委员的薪水、退休金及其他酬劳，依诏令的规定给付。

第十章 法　院

第一节 总　则

第一百九十七条 法院具有审理和裁决案件的权力，并须依据宪法和法律并代表国王公正进行。

法官在案件审理和裁决中保持独立，并根据宪法和法律以正确、迅速和公正的方式进行。

未经法官事先同意，不得任意对其进行调任。依法定期调任、升迁、受纪律处分或成为刑事案件的被告、对案件的审理和裁决产生负面影响、因不可抗力或因法律规定的其他不可避免的必要情况除外。

法官不得是政务官员或拥有政治职位。

第一百九十八条 所有法院均依据法律设立。

不得设立新的法院来代替依法已存在并对该案件具有管辖权的法院,以对任何特定案件或任何特定指控的案件进行审理和审判。

不得为适用于特别案件而制定有关改变或修改法院组织法或审理程序的法律。

第一百九十九条 当法院、行政法院、军事法院或任何其他法院之间因案件的管辖权产生争议时,须设立委员会来决定管辖权,该委员会由下列人员组成:最高法院院长(任该委员会主席)、最高行政法院院长、其他法院院长及不超过四名法律规定的符合条件的人士。

本条第一款所述争议的提交规则由法律规定。

第二百条 国王对法官进行任免,但因死亡而离职的法官除外。

宪法法院、国际法院、行政法院、军事法院以外的其他法院法官的任免及其审判权和审判程序,须依据对应法院的法律进行。

第二百零一条 就职前,法官应向国王郑重宣誓,誓词如下:

"本人(宣誓人姓名)郑重宣誓,本人将忠于国王陛下,为司法、公众及泰王国公共秩序的利益,以国王名义公正、忠实地履行职责。本人将在各个方面维护和遵守君主立宪政体、泰王国宪法和法律。"

第二百零二条 法官的薪酬和福利由法律规定,但公务员的薪金或酬金制度不适用于法官。

本条第一款规定应参照适用于选举委员会委员、监察委员、国家反腐败委员会委员和国家审计委员会委员。

第二百零三条 任何人不得同时成为宪法法院、行政法院或针对特定事项依法成立的任何其他法院的司法委员会委员,不论是预备成员还是正式成员。

第二节 宪法法院

第二百零四条 宪法法院由院长和八名法官组成，宪法法院法官从下列人员中经上议院建议由国王任命：

（一）三名职位不低于最高法院法官级别的最高法院法官，经最高法院全体大会以无记名投票方式选举产生；

（二）两名最高行政法院法官，经最高行政法院全体大会以无记名投票方式选举产生；

（三）两名法律领域的适格人士，精通法律知识和专业技能，根据第二百零六条经选举产生；

（四）两名政治科学、公共管理或其他社会科学领域的适格人士，精通国家事务管理知识和专业技能，根据第二百零六条经选举产生。

若没有选举产生本条第一款第（一）项和第（二）项所规定的法官，最高法院全体大会、最高行政法院全体大会应选举其他适格人士，该适格人士不得存在第二百零五条禁止的情形，并需掌握本条第一款第（一）项和第（二）项所规定的宪法法院法官履行职责所要求掌握的法律知识和专业技能。

根据本条第一款选举产生的人员，应召开会议并从中选举产生宪法法院院长，并将选举结果通报上议院议长。

上议院议长需副署任命宪法法院院长和法官的诏令。

第二百零五条 第二百零四条第（三）项和第（四）项规定的适格人士须符合如下条件：

（一）因出生取得泰王国国籍；

（二）年满四十五周岁；

（三）曾任内阁大臣、最高军事法院法官、选举委员会委员、监察委员、国家反腐败委员会委员、国家审计委员会委员或国家人权委员会委员，或曾任不低于副检察总长、总干事的职位，或在拥有行政管理权的政府机关担任相当于总干事职位的行政官员，或担任不低于教授的职位，或至提名之日合规且持续从事律师职业满三十年；

（四）不存在第一百条或第一百零二条第（一）项、第（二）项、第（四）项、第（五）项、第（六）项、第（七）项、第（十三）项、第（十四）项禁止的情形；

（五）不得是下议员、上议员、政务官员、地方议会议员或地方行政官员；

（六）不得是或在任职前三年曾是政党成员或政党发起人；

（七）不得是选举委员会委员、监察委员、国家反腐败委员会委员、国家审计委员会委员或国家人权委员会委员。

第二百零六条 遴选或选举第二百零四条第（三）项和第（四）项所指的宪法法院法官应按如下程序进行：

（一）应设立宪法法院法官遴选委员会。委员会需由最高法院院长、最高行政法院院长、下议院议长、下议院反对派领袖、宪法独立机关首长组成，负责遴选和初步选出第二百零四条第（三）项和第（四）项所指的适格人选，遴选工作自须遴选该职位人员的情形发生之日起三十日内完成，遴选人选经委员会同意后提交上议院议长。遴选决定须经公开投票通过，并须获得该委员会现任委员总数的三分之二以上支持。在遴选期间，在委员会委员出现空缺或某一委员不能履行其职责的情形下，若剩余委员不少于半数，遴选委员会由现有成员组成，并参照适用第一百一十三条第二款规定。

(二）自收到遴选出的人选名单之日起三十日内，上议院议长应召集上议院会议审议上述第（一）项所指人选的决定，审议结果应以无记名投票通过。若上议院通过同意决定，上议院议长将其呈送国王任命；如上议院不同意任何人选，不论是全部还是部分不同意，应告知不同意的人选以及理由并退回至宪法法院法官遴选委员会进行重新遴选。若宪法法院法官遴选委员会不同意上议院意见且一致同意原来的决定，委员会应将人选名单再次提交上议院议长以呈送国王再次任命。但若宪法法院法官遴选委员会未一致通过原决定，遴选应重新举行并需在重选之日起三十日内完成。

根据本条第一款第（一）项进行的遴选，无论任何事由，若在规定期限内没有完成，最高法院全体大会应任命三名职位不低于最高法院法官级别的最高法院法官，最高行政法院全体大会应任命两名最高行政法院的法官作为遴选委员会成员，取代原遴选委员会进行本条第一款第（一）项规定的遴选。

第二百零七条 宪法法院院长和法官不得存在下列情形：

（一）为拥有固定职位或固定职位薪酬的政府官员；

（二）为政府机关、国有企业或地方政府组织的官员或雇员，或是国有企业或政府机关的主管或顾问；

（三）在合伙企业、公司或以营利为目的的商业组织任职，或是任何人的雇员；

（四）从事任何独立职业。

经最高法院全体大会或最高行政法院全体大会选举，或上议院已同意选任本条第一款第（一）项至第（四）项所指人选成为宪法法官的情形下，当选人选只有在辞去第一款第（一）项、第（二）项所指职务或终止从事的独立职业的条件下，方可开始履行职责。该行为须在选举之日或同意之日起十五日内完成。若当选人选在规定时间内没有辞去原有职务或终止从事独立职业，则视为选举无效并同时适用第二百零四条、第二百零六条规定。

第二百零八条 宪法法院院长和法官任期九年，自国王任命之日起计算，且任期仅只一届。

即将卸任的宪法法院院长与法官应坚守职位、履行职责至新当选的院长与法官到任。

宪法法院院长与法官是法律之下的司法官员。

第二百零九条 除因任期届满离职外，宪法法院院长和法官在如下情形下可离职：

（一）死亡；

（二）年满七十周岁；

（三）辞职；

（四）不符合第二百零五条规定的条件或存在其禁止的情形；

（五）行为违反第二百零七条规定；

（六）根据第二百七十四条被上议院免除职务；

（七）被法院判刑，不论案件是否终审或是否被裁定缓刑，但过失犯罪、罪行轻微或诽谤罪案件尚未终审或因诽谤罪被裁定缓刑的除外。

若发生本条第一款所规定的情形，其他法官应继续履行第二百一十六条规定的职责。

第二百一十条 在宪法法院院长和法官在任期届满后一起离职的情形下，自其离职之日起三十日内进行第二百零四条与第二百零六条规定的程序。

宪法法院院长和法官非因本条第一款的情形离职，应进行如下程序：

（一）在宪法法院法官由最高法院全体大会选举产生的情形下，应进行第二百零四条规定的程序，并在离职之日起三十日内完成。

（二）在宪法法院法官由最高行政法院全体大会选举产生的情形下，应进行第二百零四条规定的程序，并在离职之日起三十日内完成。

（三）在宪法法院法官根据第二百零四条第（三）项和第（四）项产生的情形下，应进行第二百零六条规定的程序，并在离职之日起三十日内完成。

若部分或全部宪法法院法官在国会闭会期间离职，应在国会会期开始之日起三十日内进行第二百零六条规定的程序。

若宪法法院院长离职，应参照适用第二百零四条第三款规定执行。

第二百一十一条 在案件适用通用法律进行审理时，若法院认为或案件当事人提出合理反对意见认为，该法律条款属于本宪法第六条规定的情形且宪法法院尚未对此作出裁决的，法院在审理过程中应将其提交宪法法院审查和裁决。在此期间，法院可对该案件继续进行审理，但应延迟判决直至宪法法院作出裁决。

若宪法法院认为本条第一款所述的当事人提出的反对意见并不会影响到案件的裁判，可拒绝受理和审查此案。

宪法法院的裁决应适用于所有案件，但不得损害法院终审判决的权威。

第二百一十二条 若某人认定其权利和自由到受侵害，则其有权向宪法法院提出动议，请求审查某法律条款是否违背宪法。

本条第一款规定的权利，仅能在宪法法院程序法规定的无法通过其他方式行使权利的情况下进行。

第二百一十三条 宪法法院在行使职权过程中,有权向任何人调取资料和有关证据,有权传唤任何人陈述事实,同时也可为审查目的,要求调查机关、国家机关、政府组织、国有企业或地方政府组织配合调查。

宪法法院有权任命个人或团体履行其委托的职责。

第二百一十四条 当对国会、内阁或宪法机关(不包括法院)的职权或职责发生争议且争议发生在两个或两个以上机构时,国会主席、总理或宪法机关应将争议及其意见提交宪法法院裁决。

第二百一十五条 如宪法法院认为提交的事项或争议已经宪法法院裁决,宪法法院有权拒绝受理审查该事项或争议。

第二百一十六条 宪法法院负责审理与裁决的合议庭的法官人数不得少于五人。宪法法院裁决由多数投票通过决定,本宪法另有规定的除外。

组成合议庭的每一名法官应发表其意见并在判决作出前的会议上口头陈述其意见。

宪法法院作出的决议以及每个法官的意见应该被刊登在政府公报上。

宪法法院的判决至少包括案件背景或当事人主张、经由听审获取的事实总结、判决的事实依据与法律依据、援引的宪法与法律条款。

宪法法院的判决应被视为最终判决,对国会、内阁、法院和其他国家机关具有约束力。

宪法法院审理程序应由《宪法法院诉讼程序法》规定。

第二百一十七条 宪法法院设独立的秘书处,秘书长直接对宪法法院院长负责。

秘书长由宪法法院院长提名，经宪法法院法官依法批准任命。

宪法法院人事管理、财政预算以及依法进行的其他活动独立自治。

第三节 法　　院

第二百一十八条　法院有权审理和裁决除宪法或法律规定由其他法院管辖案件之外的全部案件。

第二百一十九条　法院设三级法院：初审法院、上诉法院和最高法院，宪法或其他法律规定的特殊情形除外。

最高法院审理和裁决宪法或法律规定的直接向其起诉的一审案件，以及法律规定的不服初审法院或上诉法院判决或命令的上诉案件。根据最高法院全体大会制定的规则，若最高法院认为案件的法律问题或事实问题无需进行判决时，可拒绝受理。

最高法院有权审理和裁决下议员选举和上议员遴选中有关选举或剥夺选举权的案件，上诉法院有权审理和裁决地方议会和行政官员选举中有关选举或剥夺选举权的案件，此类案件的审理和裁决程序由最高法院全体大会制定的规则规定，应迅速进行审讯。

最高法院需设立针对政务官员的刑事审判法庭，其法定人数为九名，由职位不低于最高法院法官级的最高法院法官或高级法官组成，该法官由最高法院全体大会以无记名投票方式逐案选举产生。

最高法院设立的针对政务官员的刑事审判法庭的权限与程序，由《政务官员刑事诉讼法》规定。

第二百二十条　法院法官的任免须经法院司法委员会依法批准，再提交国王。

法院法官的升迁、加薪或惩处须经法院司法委员会批准。为此，法院司法委员会应在各级法院设立下属委员会，负责针对前述事项提出意见，供司法委员会审议。

法院司法委员会在审查本条第一款、第二款规定事项时，应主要考虑有关人员的知识、能力与道德操守等因素。

第二百二十一条 法院司法委员会由下列人员组成：

（一）最高法院院长兼任主席。

（二）各级法院的适格人士，其中六名来自最高法院、四名来自上诉法院、两名来自初审法院。他们均是各级法院的司法官员并由各级法院的司法官员选举产生。

（三）两名由上议院选举产生的非司法官员。

司法委员会委员的适格条件、禁止情形以及选举程序由法律规定。

没有本条第一款第（三）项规定的适格人士，或适格人数不足两名的情形下，若不少于七名法院司法委员会委员认为存在需要审理的紧急事项，则按此时现有成员构成审查此紧急事项的司法委员会。

第二百二十二条 法院设独立的秘书处，秘书长直接对最高法院院长负责。

秘书长由最高法院院长提名，经法院司法委员会依法批准。

法院人事管理、财政预算以及依法进行的其他活动独立自治。

第四节 行 政 法 院

第二百二十三条 行政法院有权审理和裁决的案件包括基于法定行政权力实施的结果或法律规定的国家机关、政府组织、国有企业、地方政府组织、宪法机关或政府官员的行政管理活动追求的目标，国家机关、政府组织、国有企业、地方政府组织、宪法机关或政府官员为一方当事人，公民为另一方当事人的案件；或国家机关、政府组织、国有企业、地方政府组织、宪法机关或政府官员为一方当事人，其他机关、企业、团体、组织或官员为另一方当事人的案件。行政法院有权审理和裁决宪法或法律规定的应属于其管辖范围的案件。

本条第一款规定的行政法院的管辖权不包括对宪法机关根据宪法直接行使职权作出的裁决的审判。

应设立最高行政法院和初审行政法院，也可设立上诉行政法院。

第二百二十四条 行政法官的任免须经行政法院司法委员会依法批准，再提交国王任命。

法律领域或国家事务行政管理领域的适格人士可被任命为最高行政法院法官，该任命须经不少于最高行政法院现任法官总数三分之一的法官提出，经行政法院司法委员会和上议院依法批准，再提交国王进行任命。

行政法官的升迁、加薪或惩处须经行政法院司法委员会依法批准。

各级行政法院法官的人数由行政法院司法委员会决定。

第二百二十五条 任命行政法官为最高行政法院院长，须经行政法院司法委员会和上议院批准后，由总理提交国王任命。

第二百二十六条 行政法院司法委员会由下列人员组成：

（一）最高行政法院院长兼任主席；

（二）从行政法官中选举产生的九名适格的行政法官；

（三）两名由上议院选举产生的适格人士，一名由内阁选举产生的适格人士。

司法委员会委员的适格条件、禁止情形以及选举程序由法律规定。

若无法选举产生第一款第（三）项规定的适格人士，或适格人数不足三名的情形下，存在不少于六名行政法院司法委员会委员认为需要批准的紧急事项，则现有成员构成审查此紧急事项的司法委员会。

第二百二十七条 行政法院设独立的秘书处，秘书长直接对最高行政法院院长负责。

秘书长由最高行政法院院长提名，经行政法院司法委员会依法批准。

行政法院的人事管理、财政预算以及依法进行的其他活动独立自治。

第五节 军事法院

第二百二十八条 军事法院有权审理和裁决受军事法院管辖的刑事案件以及法律规定的其他案件。

军事法院法官的任免由法律规定。

第十一章 宪法机关

第一节 宪法独立机关

1. 选举委员会

第二百二十九条 选举委员会由一名主席和四名委员组成，由国王根据上议院的提议从政治中立、廉正的人选中任命。

上议院议长副署任命选举委员会主席和委员的诏令。

第二百三十条 选举委员会委员须符合的条件或禁止的情形如下：

（一）年满四十周岁；

（二）拥有学士以上学位或同等学力；

（三）符合第二百零五条第（一）项、第（四）项、第（五）项、第（六）项规定的条件或没有其规定的限制情形；

（四）不得是宪法法院法官、监察委员、国家反腐败委员会委员、国家审计委员会委员或国家人权委员会委员。

第二百零七条的规定应参照适用于选举委员会。

第二百三十一条 选举委员会主席与委员的遴选与选举按如下程序进行：

（一）设立由七人组成的遴选委员会，由最高法院院长、宪法法院院长、最高行政法院院长、下议院议长、下议院反对派领袖、最高法院全体大会选举产生的一名委员以及最高行政法院全体大会选举产生的一名委员组成，负责遴选三名符合第二百三十条规定的条件且适合担任该职务的选举委员会委员，经候选人同意将名单提交上议院议长。遴选决定应经不少于遴选委员会现任全体委员总数的三分之二多数投票通过。在遴选委员会委员空缺或不能履行职责的情形下，若其他委员不少于全部委员的半数，现有委员成员即组成遴选委员会，参照适用第一百一十三条第二款的规定。

上述最高法院全体大会选举产生的委员、最高行政法院全体大会选举产生的委员不得是法官，不得同时为其他宪法机关成员的遴选委员会委员。

（二）最高法院全体大会遴选两名符合第二百三十条规定的条

件且适合担任该职务的选举委员会委员，经候选人同意将提名提交上议院议长。

（三）第（一）项和第（二）项规定的遴选须自遴选举行之日起九十日内完成。因任何原因导致遴选不能在法定期限内完成或在法定期限内不能遴选出第（一）项规定之数量的委员，最高法院全体大会有权代行遴选职责，自法定期限届满之日起十五日内遴选出全部委员。

（四）上议院议长召集会议，以无记名投票同意通过根据第（一）项、第（二）项或第（三）项遴选产生的委员。

（五）若上议院通过同意，则根据本条第（六）项规定进行其后程序；若上议院不同意任何人选，不论是全部还是部分不同意，应将不同意的人选退回遴选委员会或最高法院全体大会以重新遴选。若遴选委员会或最高法院全体大会不同意上议院意见，且一致通过决定或最高法院全体大会三分之二多数通过决定确认其原来的决定，应根据第（六）项规定进行其后程序。但若重新确认的决议不是一致通过或规定票数通过，遴选应重新举行并自应举行之日起三十日内完成。

（六）根据第（四）项、第（五）项同意通过的人选，应召集并在其中选举一名委员任选举委员会主席，并通知上议院议长，上议院议长将遴选产生的委员与主席提交国王任命。

第二百三十二条 选举委员会委员任期九年，自国王任命之日起计算，且任期仅只一届。

任期届满的选举委员会委员应继续履行职责至新任委员到任。

第二百零九条第（一）项、第（二）项、第（三）项、第（五）项、第（六）项和第（七）项的规定及第二百三十条规定的适格条件与禁止情形,参照适用于选举委员会委员空缺的情形。

第二百三十三条 不少于两院现任议员总数十分之一的下议员、上议员或两院议员,有权向国会主席投诉任何选举委员会委员的不称职、存在法律禁止的情形或行为存在第二百三十条禁止的情形,国会主席应在收到投诉之日起三日内将其提交宪法法院裁决。

宪法法院作出裁决后,应将裁决结果通知国会主席和选举委员会主席。

选举委员会委员空缺时,应参照适用第九十二条的规定。

第二百三十四条 选举委员会委员全部空缺时,自空缺之日起九十日内根据第二百三十一条遴选新的委员。

除任期届满外,选举委员会委员因任何原因空缺时,需自空缺原因发生之日起六十日内根据第二百三十一条遴选产生新的委员,新当选委员任期为被替代委员的剩余任期。

第二百三十五条 选举委员会管理和主持下议员、上议员、地方议会议员、地方行政官员的选举或遴选,以及在某些情形下管理和主持以公开公正的方式进行的公民投票。

选举委员会主席负责实施《下议院议员选举法》、《上议院议员遴选法》、《政党法》、《选举委员会法》、《公民投票法》以及有关地方议会议员与行政官员选举的法律,并负责政党登记注册。

选举委员会设立独立的办事机构或机关,人事管理、财政预算以及依法进行的其他活动独立自治。

第二百三十六条 选举委员会行使下列职权:

(一)发布公告或制定规则以规范第二百三十五条所述的各种活动,制定有关竞选活动和政党、候选人、选民活动的规则以确保其真实公正,制定关于国家为保障选举公平与机会平等采取的积极行动的规则；

（二）制定有关内阁及其部长在剩余任期行使第一百八十一条规定职权时的禁止情形，以维护国家利益及选举中的真实、公平、公正与机会平等；

（三）制定有关选举中政党捐款、国家财政支持、政党和候选人花费的管理细则与措施，包括公开审计政党账目、限制投票中金钱收支等；

（四）发布针对政府官员、国家机关、政府组织、国有企业、地方政府组织或其他政府官员与雇员的关于实施第二百三十五条第二款所规定的各种必要活动的指导性命令；

（五）对第二百三十五条第二款所述的有关问题与争议开展调查、询问并作出决定；

（六）当有确凿证据显示选举或公民投票中某投票站或某些投票站的投票未能真实且公正进行，命令该投票站重新进行选举或公民投票；

（七）宣布选举结果与公民投票结果；

（八）促进、鼓励或协调国家机关、政府组织、国有企业或地方行政机关、私人团体向公众传播君主立宪政体知识，促进公众参与政治；

（九）实施法律规定的其他行为。

在行使职权过程中，选举委员会有权向任何人调取任何资料或证据，召集任何人陈述事实，或要求法院、检察官、调查官员、国家机关、政府组织、国有企业或地方政府组织采取行动，以履行职责及调查、询问或通过决议。

选举委员会有权任命个人、团体或私人团体代表履行其赋予的职权。

第二百三十七条 选举中任何候选人违反或煽动、协助、教唆他人违反《下议院议员选举法》、《上议院议员遴选法》或选举委员会规则、通告，以致选举不能以真实且公正方式进行的，应剥夺其《下议院议员选举法》以及《上议院议员遴选法》规定的选举权。

在本条第一款所指的违法行为中，若有确凿证据显示任何政党领袖或政党执行委员会委员协助该违法行为或允许其发生，或虽知悉该违法行为但未阻止或采取补救措施，则视为该政党触犯了宪法第六十八条规定的以不符合宪法规定的方式获取统治国家权力的行为，在此情形下，如果宪法法院发布了解散该政党的命令，自该政党解散之日起剥夺政党领袖或政党执行委员会委员的选举权五年。

第二百三十八条 在下列情形下，选举委员会应立即就有关事实进行调查和质询：

（一）选民提出异议称选举中任何选区的候选人或参加选举的政党被揭发有不当或违法行为；

（二）参加遴选的候选人或第一百一十四条第一款所列机构、机关的成员提出异议称上议员遴选有任何不当或违法之处；

（三）有确凿证据显示，下议员、上议员、地方议会议员或地方行政官员以任何不诚实行为当选，或其当选是基于某人或某政党违反《下议院议员选举法》、《上议院议员遴选法》、《政党组织法》或有关地方议会议员与行政官员选举的法律；

（四）有确凿证据显示，公民投票未依法进行或选民提出异议认为某投票站的投票行为存在不当或违法之处。

本条第一款规定的调查结束后，选举委员会应立即作出决定。

第二百三十九条 如选举委员会在宣布下议员与上议员选举结

果之前作出重新选举或剥夺选举权的决定,该决定具有其最终决定性效力。

在选举结果公布后,若选举委员会认为有必要重新进行选举或剥夺某下议员或上议员的选举权,应将该动议提交最高法院裁决。选举委员会的动议一经提交,该下议员或上议员将不得行使其职权直至最高法院命令解除该动议。若最高法院命令重新举行某选区的选举或剥夺某下议员或上议员的选举权,则终止该选区该议员的资格。

本条第二款所指的被终止议员资格的人,不得计入现任下议员或上议员总数。

本条第一款、第二款、第三款的规定应参照适用于地方议会议员和地方行政官员选举,本条第二款所指的动议应提交至上诉法院,上诉法院的命令具有最终决定效力。

第二百四十条 若有异议认为任何上议员遴选有不当或违法之处,或有确凿证据显示任何上议员在遴选前存在第二百三十八条规定的行为,选举委员会应立即展开调查与询问。

选举委员会作出决定后,应立即将其提交最高法院裁决,第二百三十九条第二款的规定参照适用于终止上议员职责的情形。

最高法院命令撤销遴选或剥夺任何上议员选举权时,该上议员资格自最高法院命令发布之日起终止,且应重新遴选上议员以补缺。

在进行本条第一款、第二款规定的活动时,选举委员会主席不得参与该活动或决定,选举委员会由现任委员组成。

选举委员会提出的异议与审查由《下议院议员选举法》以及《上议院议员遴选法》规定。

第二百四十一条 在要求进行下议员或上议员选举的诏令、要求进行上议员遴选的通告或要求进行公民投票的通告有效期间，除非经选举委员会批准或因现行犯被逮捕，选举委员会委员不受逮捕、拘留或传讯。

选举委员会委员因现行犯被逮捕，或因任何其他原因被逮捕或拘留，应立即向选举委员会主席报告，选举委员会主席可命令释放被逮捕的委员。若选举委员会主席被逮捕或拘留，发布释放命令的权力由现任委员组成的选举委员会行使。

2. 监察委员

第二百四十二条 国王根据上议院的建议，从公众认可并受公众尊敬、熟悉、精通国家事务与各项事业和公益活动的管理且为人廉正的人员中任命三名监察委员。

任命的监察委员应召集会议并从其中选举一名专员为监察委员署主席，并通知上议院议长。

上议院议长副署任命监察委员署主席和监察委员的诏令。

监察委员的适格条件与禁止情形须符合《监察委员组织法》。

监察委员任期六年，自国王任命之日起计算，且任期仅只一届。

监察委员设立独立的办事机构或机关，人事管理、财政预算以及依法进行的其他活动独立自治。

第二百四十三条 第二百零六条、第二百零七条应参照适用于监察委员遴选与选举。为此，设立七人组成的遴选委员会，由最高法院院长、宪法法院院长、最高行政法院院长、下议院议长、下议院反对派领袖、最高法院全体大会选举产生的一名委员以及最高行政法院全体大会选举产生的一名委员组成，第二百三十一条第（一）项应参照适用。

第二百四十四条 监察委员行使下列职权：

（一）在下列情形下审查和调查有关申诉的事实：

（1）政府官员、国家机关、政府组织、国有企业、地方政府组织的官员与雇员不依法行使职权或越权处理相关事务；

（2）政府官员、国家机关、政府组织、国有企业、地方政府组织的官员与雇员是否履职，是否不正当地侵犯申诉人或公众的权益，不论其行为是否合法；

（3）调查宪法机关或司法行政机关渎职或非法行使职权，不包括法院的审理和裁决；

（4）法律规定的其他情形。

（二）就第二百七十九条第三款所述内容和第二百八十条规定的政务官员和国家公职人员的道德问题采取相关措施。

（三）监督、评估以及基于合乎宪法的前提提出相关建议，包括如有必要时审议宪法修正案。

（四）向内阁、下议院、上议院提交年度审计结果报告、行使职权报告，并附相关评论，该报告应在政府公报公布并向公众公开。

本条第一款第（一）项、第（二）项、第（三）项规定的职权应在收到申诉之后由监察委员行使，但若监察委员认为该行为可能侵犯大多数公众的利益或有必要维护公共利益时，监察委员可在没有申诉的情况下审查该事项或展开调查。

第二百四十五条 监察委员认为下列情形发生时，可将有关事项提交宪法法院或行政法院：

（一）某法律条款存在违宪可能，在此情形下，应将该事项以及监察委员的意见提交宪法法院，宪法法院应根据《宪法法院诉讼程序法》立即审查并作出裁决；

（二）某条例、命令或第二百四十四条第一款第（一）项所指人员的行为存在违宪或违法可能，在此情形下，应将该事项及监察委员的意见提交行政法院，行政法院应根据《设立行政法院与行政诉讼法》立即审查并作出裁决。

3. 国家反腐败委员会

第二百四十六条 国家反腐败委员会由一名主席和八名委员组成，经上议院提议由国王任命。

国家反腐败委员会委员须从为人正直，符合第二百零五条规定条件且不存在禁止情形的人中选任。与此同时，委员需曾任内阁大臣、选举委员会委员、监察委员、国家人权委员会委员或国家审计委员会委员，或在政府机关曾担任不低于总干事长或拥有与总干事长相似职权的主管的职位，或担任不低于教授的职位、非政府组织代表或从事法律规定的职业团体的工作不少于三年并且经非政府组织或职业团体在选举中确认或提名。

第二百零四条第三款和第四款、第二百零六条、第二百零七条应参照适用于国家反腐败委员会委员的遴选与选举。特此设立五人组成的遴选委员会，由最高法院院长、宪法法院院长、最高行政法院院长、下议院议长、下议院反对派领袖组成。

上议院议长副署任命国家反腐败委员会主席和委员的诏令。

设立府级反腐败委员会，委员的适格条件、遴选程序和职权由《反腐败法》规定。

第二百四十七条 国家反腐败委员会委员任期九年，自国王任命之日起计算，且任期仅一届。

任期届满的国家反腐败委员会委员应继续履行职责至新任委员到任。

第二百零九条、第二百一十条应参照适用于国家反腐败委员会委员的空缺、遴选与选举。

第二百四十八条　不少于现任下议员总数四分之一的下议员或不少于两万名有选举权的人，有权向上议院议长提出申诉，指控任何国家反腐败委员会委员行为不当、故意违宪、违法或有损该职位形象尊严的情况，以请求免除其职务。

本条第一款规定的上议院免除国家反腐败委员会委员职务，应经现任上议员总数的四分之三投票通过。

第二百四十九条　不少于现任两院议员总数五分之一的下议员、上议员或两院议员，有权向最高法院政务官员刑事审判法庭告发任何国家反腐败委员会委员，指控其财产来源不明、渎职或犯有腐败罪。

本条第一款规定的控告，应清楚、详细列明所指控的行为，且向上议院议长提出。上议院议长收到控告后，应将其提交最高法院政务官员刑事审判法庭审理和裁决。

被控告的国家反腐败委员会委员，在最高法院政务官员刑事审判法庭决定解除控告之前，不得行使职权。

国家反腐败委员会委员因本条第三款的规定停职时，若此时国家反腐败委员会其他委员成员少于委员总数的半数，最高法院院长和最高行政法院院长应联合任命适格之人担任国家反腐败委员会委员，新任委员任职至原任委员可以行使职权时或最高法院政务官员刑事审判法庭认定原任委员存在指控的行为时为止。

第二百五十条　国家反腐败委员会行使下列职权：

（一）就有关免职事项进行调查、总结案件内容、提出意见，并根据第二百七十二条、第二百七十九条第三款提交上议院。

（二）就有关政务官员的刑事诉讼调查事实、汇总案件、提出意见，并根据第二百七十五条提交最高法院政务官员刑事审判法庭。

（三）调查与决定高级行政官员或同等职级的政府官员是否存在巨额财产来源不明、渎职或徇私枉法的情形；根据《反腐败法》对前述人员伙同下级政府官员或政务官员实施前述违法行为进行调查。

（四）根据国家反腐败委员会制定的规则与程序，监督第二百五十九条、第二百六十四条规定职位人员的财产与负债情况的准确性、实际状况与变化。

（五）监督政务官员的道德与伦理。

（六）向内阁、下议院和上议院提交年度审计报告、履职报告及其评论，在政府公报上发布并向公众公开。

（七）采取法律规定的其他行动。

第二百一十三条应参照适用于国家反腐败委员会行使职权。

国家反腐败委员会主席和委员是法律规定的司法官员。

第二百五十一条 国家反腐败委员会设独立的秘书处，秘书长直接对国家反腐败委员会主席负责。

秘书长的任命须经国家反腐败委员会和上议院同意。

国家反腐败委员会设立办事机构或机关、财政预算以及依法进行的其他活动独立自治。

4. 国家审计委员会

第二百五十二条 国家审计由独立、公正的国家审计委员会进行。

国家审计委员会由一名主席和六名委员组成，由国王从了解国家审计、会计、金融和其他领域并具备相关经验的人中任命。

第二百零四条第三款、第四款所述内容，第二百零六条、第二百零七条应参照适用于国家审计委员会委员和审计长的遴选和选举。遴选委员会根据第二百四十三条组成。

上议院议长副署任命国家审计委员会主席、委员和审计长的诏令。

国家审计委员会委员任期六年，自国王任命之日起计算，且任期仅为一届。

国家审计委员会委员、审计长的适格条件、禁止情形、职位空缺，以及政府审计委员会、审计长、办公室的职权由国家审计基本法规定。

国家审计委员会委员、审计长的任职条件、选举程序的决定，应确保适格、正直且能够独立履行职责的人当选。

第二百五十三条 国家审计委员会有权利和义务制定国家审计规范标准，就国家审计提出意见、建议以及纠正方案；有权任命独立的会计和财政规范委员会，负责决定会计、财政和预算事务的规范。会计和财政规范委员会的有关决议事项受行政法院管辖。

审计长在独立与公正的基础上行使有关国家审计的职权。

第二百五十四条 国家审计委员会设独立的秘书处，审计长直接对国家审计委员会主席负责。

国家审计委员会设立办事机构或机关，人事管理、财政预算以及依法进行的其他活动独立自治。

第二节 其他宪法机关

1. 检察院

第二百五十五条 检察官有权行使宪法、有关检察官职权的法律以及其他法律规定的职权。

检察官独立地进行审判及裁决并履行应尽职责。

检察总长的任免由检察官委员会决定,上议院同意。

上议院议长副署任命检察总长的命令。

检察官设立独立的办事机构或机关,人事管理、财政预算以及依法进行的其他活动独立自治,检察总长为其负责人。

检察官不得是国有企业或国营性质企业的董事,除非经检察官委员会批准,检察官不得从事任何可能影响其履职或有损其职业尊严的职业或活动;不得在法人组织和合伙企业中担任董事、经理、法律顾问或任何类似性质的职务。

第二百零二条应参照适用。

2. 国家人权委员会

第二百五十六条 国家人权委员会由一名主席和六名委员组成,经上议院提议并由国王进行任命。选任人员应具有人权自由保护方面的经验,同时应考虑人权领域私人团体代表的参与。

上议院议长副署任命国家人权委员会主席和委员的诏令。

国家人权委员会委员的适格条件、禁止情形、任免和薪金由法律规定。

国家人权委员会委员任期六年,自国王任命之日起计算,且任期仅为一届。

第二百零四条第三款、第二百零六条、第二百零七条、第二百零九条第(二)项应参照适用,遴选委员会根据第二百四十三条组成。

国家人权委员会设立办事机构或机关,人事管理、财政预算以及依法进行的其他活动独立自治。

第二百五十七条　国家人权委员会行使下列职权：

（一）对侵犯人权或违反泰王国签署的国际条约义务的作为或不作为进行调查和报告，并对相关公民或组织提出矫正措施以便其采取正当行动。当该公民、机构或机关未按照建议执行的，委员会应向国会报告以便采取进一步的措施。

（二）当出现关于任何法律条款有损人权或存在违宪可能的申诉时，委员会若认可其意见，可根据《宪法法院诉讼程序法》将有关事项以及其意见一并提交宪法法院。

（三）当出现关于有关条例、命令或任何行政行为影响人权或存在违宪或违法可能的申诉时，委员会若认可其意见，可根据《设立行政法院与行政诉讼法》将有关事项以及其意见一并提交行政法院。

（四）若委员会认为某案件为法律规定的侵犯人权的案件，经受害人请求，国家人权委员会代表受害人依法向法院提起诉讼。

（五）为促进和保护人权，向国会或内阁提出法律、条例修改的政策或建议。

（六）促进人权知识的教育、研究与传播。

（七）促进政府机关、私人团体或人权领域其他组织的合作与协调。

（八）法律规定的其他职权。

国家人权委员会应为国家与公众利益履行职权。

国家人权委员会有权向任何人调取相关资料或证据，传唤任何公民进行事实陈述，享有包括法律规定的为履行职责的其他权力。

3. 国家经济和社会理事会

第二百五十八条　国家经济和社会理事会有义务就经济和社会问题向内阁提出建议和意见，包括有关法律问题。

在通过与公布国家经济和社会发展规划以及法律规定的其他规划前,应征求国家经济和社会理事会的意见。

国家经济和社会理事会的组成、来源、职权以及运行由法律规定。

国家经济和社会理事会设立办事机构或机关,人事管理、财政预算以及依法开展的其他活动独立自治。

第十二章 国家权力行使的审查

第一节 财产审查

第二百五十九条 拥有下列政治职位的人,在任职与离职时应向国家反腐败委员会提交有关其个人、配偶与未成年子女的财产与负债详情的清单:

(一)总理;

(二)内阁大臣;

(三)下议员;

(四)上议员;

(五)其他政务官员;

(六)法律规定的地方行政官员与地方议会议员。

提交本条第一款所规定清单的同时,应一并提交表明其财产与负债实际状况的辅助性文件,以及前一财政年度的个人所得税申报表。

本条第一款、第二款规定提交的财产清单,包括被第三人以直接或间接形式占有或照管的财产。

第二百六十条 第二百五十九条规定的列表应显示任职或离职时的财产与负债实际状况,且应在下列规定期间内提交:

(一)任职时,自任职之日起三十日内提交;

(二)离职时,自离职之日起三十日内提交;

(三)第二百五十九条规定人员任职时已提交清单,但任职期间或离职后、提交清单前死亡的,其继承人或资产管理人应自其死亡之日起九十日内,提交其死亡时财产与负债情况的详细清单。

在本条第(二)项情形下,除提交清单外,离职的总理、内阁大臣、地方行政官员、地方议会议员或其他政务官员,还应在其离职一年之日起三十日内,提交任期届满后一年内的财产与负债清单。

第二百六十一条 总理、内阁大臣、下议员、上议员提交的清单与辅助性文件应自规定的提交期限届满后三十日内立即向公众公开。其他人员的清单只有在有利于案件审理、裁决或作出决定,且应法院、利害关系人或国家审计委员会要求的情况下才能公开。

国家反腐败委员会主席应立即召集委员会会议,审查提交的财产与负债清单的准确性和真实性。

第二百六十二条 若因离职或政务官员死亡而提交清单的,国家反腐败委员会应审查该人财产与负债的变化情况,并提出审查报告,该报告应在政府公报上公布。

本条第一款规定情形下,若有证据显示资产异常增加,国家反腐败委员会主席应将该文件和审查报告提交检察总长,以启动最高法院政务官员刑事审判法庭的程序,将异常增加的资产收归国有,并参照适用第二百七十二条第五款所述的规定。

第二百六十三条 若任何政务官员故意不提交宪法规定的清单

与辅助性文件,或故意提交虚假清单或隐瞒应公开的事实,国家反腐败委员会应将该事项提交最高法院政务官员刑事审判法庭进一步决定。

若最高法院政务官员刑事审判法庭决定认为,任何政务官员存在本条第一款规定的行为,该官员应自最高法院政务官员刑事审判法庭作出决定之日起离职,为此参照适用第九十二条的规定,自最高法院政务官员刑事审判法庭作出决定之日起五年内禁止该官员担任任何政治职务或在政党担任任何职务。

第二百六十四条 第二百五十九条、第二百六十条、第二百六十一条第二款、第二百六十三条第一款,应参照适用于国家反腐败委员会决定的政府官员。

若有利于法律程序进行或有利于对有关犯罪作出裁决,国家反腐败委员会可依据国家《反腐败法》向利害关系人公开清单与辅助性文件。

第二节 利益冲突

第二百六十五条 下议员和上议员不得有下列行为:

(一)在国家机关、政府组织或国有企业担任任何职务或承担任何职责,或担任地方议会议员、地方行政官员或地方政府官员。

(二)直接或间接地接受、干涉或介入任何来自国家、国家机关、政府组织或国有企业的特权,或成为具有国家、国家机关、政府组织或国有企业垄断性质契约的一方,或成为合伙企业或公司的合伙人或股东而取得特权,或正在成为类似性质契约的一方。

(三)接受任何来自国家、国家机关、政府组织或国有企业的特别资金或利益。国家、国家机关、政府组织或国有企业与他人的正常交易除外。

（四）有任何第四十八条禁止的行为。

本条规定不适用于下议员或上议员接受军人抚恤金、遣散费、退休金、年金或任何其他相同性质的酬金的情形，也不适用于下议员或上议员接受或担任国会、下议院、上议院的委员会委员职务或在国家事务管理过程中被任命为某委员会委员的情形。

第（二）项、第（三）项、第（四）项规定适用于下议员和上议员的配偶和子女，或虽非其配偶或子女，但根据其指示、协助或委托行事的人。

第二百六十六条　下议员和上议员不得利用其议员身份与职务，为本人、他人或政党利益以直接或间接的方式干涉或介入下列事项：

（一）公职的履行，或政府官员或国家机关、政府组织、国有企业或事业单位（其大部分股份由国家或地方行政机关持有）的官员或雇员的常规职责的履行；

（二）非政务官员、政府机构、国家机构、国有企业、国家或地方政府为主要股东的企业的官员或雇员的招聘、任命、改组、调动、晋升和提高薪级；

（三）任何导致拥有固定职位或固定职位薪酬的政府官员，或国家机关、政府组织、国有企业或事业单位（由国家或地方行政机关控股）、地方政府机关的官员或雇员免职的行为。

第二百六十七条　第二百六十五条适用于总理和内阁大臣在其任职期间或根据法律采取行动的情形，前述要员不得在合伙企业、公司或其他商业组织担任任何职务以获取利润或收入，或受雇于任何人。

第二百六十八条 总理和内阁大臣不得实施第二百六十六条规定的行为,除非该行为在其管理国家事务的职权范围内,并符合向国会所报告的政策或法律规定。

第二百六十九条 总理和内阁大臣不得是合伙企业或公司的合伙人或股东,或保持该身份超过法律所许可的限度。若总理或某一内阁大臣意图继续享受该权益,应在任命之日起三十日内告知国家反腐败委员会主席,并根据法律将其持有的合伙企业或公司的股份转让给其他法人。

总理和内阁大臣不得从事任何相当于管理或经营本条第一款规定的合伙企业或公司事务或股份的行为。

本条规定适用于总理和内阁大臣的配偶和未成年子女,并参照适用第二百五十九条第三款所述内容。

第三节 免 职

第二百七十条 总理、内阁大臣、下议员、上议员、最高法院院长、宪法法院院长、最高行政法院院长或检察总长,因财产来源不明、意图贪污、渎职或司法渎职,或故意违反宪法或法律行使权力,或严重违反或不遵守道德准则,可被上议院免除职务。

本条第一款所述规定适用于担任下列职务的人:

(一)宪法法院法官、选举委员会委员、监察委员和国家审计委员会委员;

(二)法官、检察官或符合《反腐败法》规定的高级官员。

第二百七十一条 不少于现任下议员总数四分之一的下议员,有权向上议院议长提出上诉,请求上议院通过第二百七十四条规定的决定免除第二百七十条规定人员的职务。上述请求应清楚、详细列明该人被指控行为的情况。

不少于现任上议员总数四分之一的上议员,有权向上议院议长提出申诉,请求上议院通过第二百七十四条规定的决定免除某上议员的职务。

不少于两万名有选举权的人,有权请求根据第一百六十四条规定免除第二百七十条规定人员的职务。

第二百七十二条 上议院议长收到第二百七十一条所指请求后,应立即将其提交国家反腐败委员会以展开和完成调查。

调查结束后,国家反腐败委员会应向上议院提交调查报告。上述报告应明确提出诉状是否存在确凿证据、指控程度如何并提出处理办法。

若国家反腐败委员会认为指控属于重大事项,可针对指控提出单独的特别报告,将其提交上议院议长以提前审查。

若国家反腐败委员会经不少于现任委员总数的半数投票通过决定,认为指控有初步证据支持,被指控人自决定通过之日起不得行使其职权直至上议院通过决定。国家反腐败委员会主席应将报告、现有调查档案及其意见提交上议院议长以根据第二百七十三条进行其后程序,并提交检察总长以向最高法院政务官员刑事法庭起诉。若国家反腐败委员会认为指控缺乏初步证据支持,该指控无效。

若检察总长认为国家反腐败委员会提交的报告、调查档案及意见不足以提起诉讼,应通知国家反腐败委员会完善相关资料。在此情形下,国家反腐败委员会和检察总长应成立专门的工作委员会,由数量相等的各自的代表组成,补充完善证据并提交检察总长以提起诉讼。若该工作委员会未能达成起诉的决定,国家反腐败委员会有权自行起诉或委托律师代为提起诉讼。

第二百七十三条 上议院议长收到第二百七十二条所指报告后，应立即召集会议审查该事项。

若国家反腐败委员会提交报告时上议院闭会，上议院议长应通知国会主席，以请求国王发布召开国会特别会议的诏令。上议院议长副署该诏令。

第二百七十四条 上议员须自主并以无记名方式进行投票。免职决定需经不少于现任上议员总数的五分之三投票通过。

自上议院通过免职决定之日起，被免职的人离开公职或政府服务职位。被免职的人在五年内被剥夺担任任何政治职位或在任何政府服务机构或机关任职的权利。

本条所指的上议院决定具有终局效力且不得再以相同理由请求免除某人职务，但不得损害最高法院政务官员刑事法庭的审判权。

第四节 政务官员刑事诉讼

第二百七十五条 总理、内阁大臣、下议员、上议员或其他政务官员，被指控构成刑法规定的财产来源不明或渎职罪，或有其他法律规定的不忠实履行职责或贪污行为时，最高法院政务官员刑事法庭对此类案件有进行审理和裁决的完全管辖权。

本条第一款规定亦适用于上述人员或其他政务官员为主犯、教唆犯或从犯的情形，也适用于为使本条第一款规定的人员因收贿、受贿而做出不当的行为，不作为或不及时履职的行为。

提交要求国家反腐败委员会根据第二百五十条第（二）项规定进行诉讼的指控，应符合《反腐败法》规定。

被指控者为总理、内阁大臣、下议院议长或上议院议长时，受害人可请求国家反腐败委员会采取第二百五十条第（二）项的规定行动；或请求最高法院全体大会任命第二百七十六条规定的独立调查官进行调查。若受害人已向国家反腐败委员会提出请求，只有在国家反腐败委员会拒绝展开调查、调查被不合理拖延或调查发现指控出现证据的情况下，受害人才可向最高法院全体大会提出请求。

若国家反腐败委员会有理由怀疑存在本条第四款所述情形，并经现任委员总数的过半数投票通过采取第二百五十条第（二）项规定的进行诉讼的决定时，应根据第二百五十条第（二）项的规定迅速采取行动。在此情形下，受害人不得再向最高法院全体大会提出本条第四款规定的请求。

第二百七十二条第一款、第三款、第五款所述内容应参照适用。

第二百七十六条 最高法院全体大会认为有必要根据第二百七十五条第四款所指的请求采取行动时，应根据其判断任命政治中立、正直之人为独立调查官，或将该事项提交国家反腐败委员会以请求其展开调查。

独立调查官的适格条件、职权、调查程序或其他必要程序，应由法律规定。

独立调查官展开调查、汇总案件、提出意见时，如认为指控有初步证据支持，应将报告、现有文件及其意见提交上议院议长以采取第二百七十三条规定的行动，并将该资料及其意见提交检察总长以向最高法院政务官员刑事法庭起诉。第二百七十二条第五款内容应参照适用。

第二百七十七条 最高法院政务官员刑事法庭在审理中可依据国家反腐败委员会或独立调查官提交的数据进行，也可在其认为必要时进行调查以补充事实或证据。

最高法院政务官员刑事法庭的程序由《政务官员刑事诉讼法》

规定。第二百一十三条应参照适用于最高法院政务官员刑事法庭履行职权。

第一百三十一条关于下议员和上议员的言论免责权的规定，在最高法院政务官员刑事法庭审理中不适用。

第二百七十八条 案件的裁决经投票由多数决定。组成合议庭的法官应提出书面意见，并在判决作出前的会议上口头陈述其意见。

除本条第三款规定情形之外，最高法院政务官员刑事法庭的命令和判决应公开并具有最终审判效力。

若被判决之人在判决后发现新的证据可能导致事实实质性改变，可在最高法院政务官员刑事法庭作出判决之日起三十日内向最高法院全体大会提起上诉。

上诉的提起、最高法院全体大会的审理和裁决，根据最高法院全体大会制定的规则进行。

第十三章 政务官员和国家官员的道德

第二百七十九条 政务官员、政府官员或各类国家官员的道德标准应符合规定的道德准则。

本条第一款所指的道德准则应具有便于高效率执行的机制和可操作性，并根据行为的严重程度规定惩处措施等级。

违反或不遵守本条第一款所指的道德准则视同违纪。政务官员若有违反或不遵守道德准则的情形，监察委员应向国会、内阁或相关地方议会报告，若行为情节严重，构成第二百七十条规定的免职情形，应将其提交国家反腐败委员会审查和采取行动。

审查、遴选、再审或任命任何人担任与行使国家权力有关的职务，以及调任、晋升、薪水定级或对其实施惩处，应依据绩效考核制度进行并参考其道德表现。

第二百八十条　为达到本章的目的，监察委员有权力且有义务推荐或建议制定或修改第二百七十九条第一款所指道德准则以提高国家官员、政府官员等政务官员的道德意识，其中包括报告违反道德准则的行为以使负责实施道德准则的机关或人员能够采取第二百七十九条第三款规定的行动。

若违反或不遵守道德准则情节特别严重，或有合理理由认为有关责任人不公正地采取行动，监察委员可展开调查并将调查结果向公众公开。

第十四章　地方政府

第二百八十一条　在遵循本法第一条规定的前提下，根据民众的意愿，在自治原则下赋予地方政府自治权，鼓励地方政府作为公共服务的主要提供者参与解决地方问题。

任何符合自治条件的地方有权依法成立地方政府组织。

第二百八十二条　地方政府应根据法律规定，按照明确、统一和适当的规则、程序和条件对各类地方政府机关进行监督，以保护地方居民利益或国家整体利益。不得影响根据地方民众意志来实施政府自治的原则。

实施本条第一款所规定的监督工作，应制定统一的监管标准作为指导方针来引导地方政府遵守，同时应考虑各类地方政府的行政效率与发展水平的差异性与适应性，在不影响地方政府根据其需要进行决策的前提下,建立以公众为主的监督机制。

第二百八十三条 地方政府有权利和义务维护地方民众利益和提供一般性公共服务,并在制定政策、行政管理、提供公共服务、人事管理、地方财政方面享有自治权。地方政府职权应考虑扩展地方分权范围与国家作为整体相协调。

促进和鼓励地方政府提高职能效率,包括加强独立管理能力;有效满足当地民众需求的能力;为在其职能范围内充分提供公共服务而发展地方财政体系的能力;为提供全面的公共服务或等值的利益,根据职权设立或联合设立提供公共服务的组织。

制定有关分权计划和程序的法律,厘清中央与地方政府以及地方政府之间的职权范围、财政收入分配,并根据地方政府的能力考虑进一步推行分权制度;确定委员会审查和评估制度,该委员会依法由数量相等的相关政府机构或机关代表、地方政府代表和适格的人组成。

制定有关地方财政收入的法律,以规定地方政府课税和取得其他收入的权力和职责,亦应在考虑地方经济发展水平、地方政府财政状况和国家财政可持续发展的前提下,为各类别的税收、公共部门间资源的配置、地方政府在其权责范围内有充足的收入以供支出而制定适当的规则。

若地方政府的职权范围与收入分配已确定,本条第三款所指的委员会应至少每五年审查一次该事项,审查已确定的职权范围与收入分配的适当性,主要考虑扩展地方分权范围。

本条第五款规定的行为经内阁批准有效,并向国会报告。

第二百八十四条 地方政府得设立地方议会、地方行政委员会或地方行政官员。

地方议会议员由选举产生。

地方行政委员会或地方行政官由公民直接选举产生或经地方议会同意产生。

地方议会议员的选举、经公民直接选举的地方行政委员会或地方行政官员的选举，应以直接、无记名投票方式进行。

地方议会议员、地方行政委员会或地方行政官员任期为四年。

地方行政委员会委员或地方行政官员不得是拥有固定职位或固定职位薪酬的政府官员以及国家机关、政府组织、国有企业或地方政府组织的官员或雇员，不得担任与法律规定的利益存在冲突的职务。

地方议会议员、地方行政委员会或地方行政官员选举中，选举权人与候选人的资格、选举规则与程序由法律规定。

地方行政委员会委员全体空缺或地方行政官员空缺，且有必要任命地方行政委员会委员或地方行政官员时，不适用本条第三款和第六款的规定。

具有不同于本条规定的行政架构的、特别形式的地方政府的设立，须经法律许可，且地方行政委员会或地方行政官员须经选举产生。

第二百六十五条、第二百六十六条、第二百六十七条、第二百六十八条参照适用于地方议会议员、地方行政委员会或地方行政官员。

第二百八十五条 若地方政府选举中的选举权人认为，任何地方议会议员、地方行政委员会或地方行政官员不适合继续任职，有权投票免除其职务。提出免职请求的法定人数、规则与程序、提案人的审查以及投票由法律规定。

第二百八十六条 任何地方政府选举中的选民,有权请求地方议会主席发布地方条例。

提出请求的法定人数、规则与程序、提案人的审查由法律规定。

第二百八十七条 地方居民有权参加地方政府管理。因此,地方政府应为公共参与提供可行的途径。

若地方政府的任何行为可能实质性影响地方居民生活,地方政府在实施该行为前,应向公众公开信息并给予合理期限使其了解有关详情,在必要时选民可要求依法举行听证会,或将该事项交付公民投票。

地方政府应向公众报告上一年的预算制定、支出和工作情况,以使公众能够参与审查和监督地方政府管理。

第一百六十八条第六款规定参照适用于本条第三款规定的地方政府的预算制定。

第二百八十八条 地方政府官员或雇员的任免须符合地方特点和需求。人事管理需根据地方政府机关间的调整或共同发展的可能性,根据统一标准依法进行,并获得负责人事管理的地方公务员委员会同意。

在人事管理中,须依法设立地方公务员绩效考核监督机构或机关,构建维护美德与相关价值的制度。

本条第一款规定的地方公务员委员会,依法由数量相当的相关政府机构或机关代表、地方政府机构或机关代表、地方官员代表和适格之人组成。

地方政府官员或雇员的调任、晋升、加薪、惩处由法律规定。

第二百八十九条 地方政府有权力和义务保护艺术、习俗、地方知识和地方优秀文化。

地方政府有权根据地方特点和需要提供教育和职业培训，并按照国家教育标准和制度，获得国家提供的教育和培训。

在提供本条第二款规定的地方教育和培训时，地方政府应考虑保护艺术、习俗、地方知识和地方优秀文化。

第二百九十条 地方政府有权力和义务根据法律改善和维护当地的环境。

本条第一款所指法律的内容至少应包括下列事项：

（一）地方区域内自然资源和环境的管理、保护和开发；

（二）在地方居民生活受影响的情形下，参与保护本区域范围之外的自然资源和环境；

（三）参与考虑在该地区以外，启动任何可能影响该地区居民的环境质量、健康或卫生条件的项目或活动；

（四）融入当地社区。

第十五章 宪法修订

第二百九十一条 根据下列规则与程序修改宪法：

（一）修宪动议须由内阁、不少于现任下议员总数五分之一的下议员、不少于现任两院议员总数五分之一的两院议员，或根据公开提交法案的法律规定由不少于五万名有选举权的合法选民提出。

禁止提出可能改变君主立宪政体或国家形式的修宪动议。

（二）修宪动议以宪法修改草案的形式提出，须经国会三读审议通过。

（三）一读为原则通过，以唱票和公开投票方式进行表决，须经两院现任议员过半数表决通过。

（四）二读为逐条审议，由提出草案的选民进行协商。二读经简易的多数表决程序通过。

（五）三读为最终审议，在国会进行第三次审议前须有十五日间隔期。

（六）三读以唱票和公开投票方式进行，须经两院现任议员过半数表决通过。

（七）根据现行规定的规则和程序通过修宪决议后，将宪法修改草案提交国王，依第一百五十条、第一百五十一条进行其后程序。

临时条款

第二百九十二条 本宪法颁布前的枢密院在本宪法颁布后即为本宪法规定的枢密院。

第二百九十三条 2006年泰王国宪法（临时）规定的国民立法大会，代行本宪法规定的国会、下议院和上议院职权，直至第一百二十七条规定的国会第一次会议召开。

在本条第一款所指期间内，本宪法任何条款规定或其他任何法律要求的国会主席、下议院议长、上议院议长副署程序，应提交由国民立法大会主席签署。

过渡期间，若根据第一百二十七条规定举行第一次国会会议时，上议院尚未组成，除根据本宪法审查人事任免事项之外，国民立法大会继续代行上议院职权直至本宪法规定的上议院合法组成，在此期间国民立法大会的任何行为均被视为上议院的行为，本宪法任何条款规定或其他任何法律要求的国会主席副署签名的行为，均由国民立法大会主席签署执行。

第九十三条、第九十四条、第一百零一条、第一百零二条、第一百零六条、第一百零九条、第一百一十一条、第一百一十三条、第一百一十四条、第一百一十五条、第一百一十九条、第一百二十条、第一百九十七条第四款、第二百六十一条，以及任何禁止担任政务官员的法律规定，不适用于国民立法大会议员的任职。

国民立法大会的终止参照适用第一百五十三条规定。

第二百九十四条　2006年泰王国宪法（临时）规定的制宪会议和宪法起草委员会，自本宪法公布之日起终止。

为避免利益冲突，宪法起草委员会委员在离职之日起两年内不得成为下议员候选人或任上议员。

第二百九十五条　国民立法大会应在2006年泰王国宪法（临时）规定时间内审议完成宪法起草委员会提交的《下议院议员选举法》以及《上议院议员遴选法》、政党组织法和选举委员会组织法。

本条第一款规定时间结束后，如国民立法大会尚未完成审议该法案，则视为国民立法大会同意通过该法案，国民立法大会主席应在七日内将法案提交国王签署。

若本条第一款所指的政党组织法、选举委员会组织法尚未生效，1998年的《政党法》、1998年的《选举委员会法》应继续有效至该法案生效。

第二百九十六条　本宪法规定的下议员选举和上议员遴选，应分别在第二百九十五条规定的组织法生效之日起九十日或一百五十日内举行和完成。

在本宪法颁布后举行的第一次下议员普选中，有资格的候选人须是某一政党成员且截至选举日加入该政党时间不少于三十日。在此情况下，第一百零一条第（四）项第（1）目规定的期间须更改为一年，同时第一百零一条第（四）项第（3）目和第（4）目规定的期间须更改为两年。

过渡期间，根据1997年泰王国宪法，首次被选举担任上议员的人，不得担任本宪法规定的首次任职的上议员，第一百一十五条第（九）项和第一百一十六条第二款规定不适用于1997年泰王国宪法规定的最后一次选举担任上议员的人。

第二百九十七条 过渡期间，已当选的上议员自其议员资格开始生效之日起任职三年。同时，禁止上议员连任超过一个任期的规定不适用于此议员参与后续的遴选。

第二百九十八条 本宪法颁布前管理国家事务的内阁在本宪法颁布后继续作为本宪法规定的内阁执政，本宪法规定的新内阁任命后，原内阁集体辞职。

2006年泰王国宪法（临时）规定的国家安全委员会（临时）须在本宪法颁布后任命管理国家事务的内阁时集体辞职。

第一百七十一条第二款、第一百七十二条、第一百七十四条和第一百八十二条第（四）项、第（七）项、第（八）项的规定，适用于本宪法颁布前任职的总理、内阁大臣。

第二百九十九条 本宪法颁布前任职的监察委员，在本宪法颁布后继续任职至任期届满，其任期从国王任命之日起计算。监察委员需在本宪法颁布之日起六十日内，在时任监察委员中选举一名主席，参照适用第二百四十二条第二款、第三款规定。

本宪法颁布前任职的选举委员会委员、国家反腐败委员会委员、国家经济社会理事会委员继续任职至任期届满，任期自任命之日起计算。

本宪法颁布时任职的国家人权委员会委员，继续任职至本宪法规定的国家人权委员会任命新的委员之日。若自本宪法公布之日起任职不满一年的，此时，国家人权委员会委员不得任职超过一届的规定则不适用。

本条所指之人应继续履行本宪法颁布之日起生效的宪法性法律或其他相关法律规定的职责，直至为实施本宪法而颁布新的宪法性法律。此时，该法律中任何与本宪法抵触的条款无效。

第三百条 2006年泰王国宪法（临时）规定的宪法法庭在本宪法颁布后成为宪法法院。此时，最高法院院长任宪法法院院长，最高行政法院院长任宪法法院副院长；根据2006年泰王国宪法（临时）第三十五条选举的最高法院法官、最高行政法院法官任宪法法院法官，直至根据本宪法规定任命新的宪法法院法官。宪法法院法官的任命应在根据本宪法进行第一次普选之后任命下议院议长和下议院反对派领袖之日起一百五十天内完成。

第二百零五条第（三）项、第二百零七条第（一）项和第（二）项、第二百零九条第（五）项不适用于本条第一款规定的宪法法院法官的任职。

2006年泰王国宪法（临时）第三十五条第二款、第三款和第四款规定，继续有效至《宪法法院讼诉程序法》实施之日。

本条第一款规定的宪法法庭审理的任何案件或诉讼须由本条规定的宪法法院审理，当任命本宪法规定的宪法法院法官后，该未决案件或诉讼移送至新任命的宪法法院。

在《宪法法院诉讼程序法》和基本程序未实施期间，宪法法院有权发布有关程序和判决规则。本宪法颁布之日起一年内应制定完成该宪法性法律。

第三百零一条 自本宪法规定的下议员第一次普选任命下议院

议长和下议院反对派领袖之日起一百二十日内,应遴选产生国家审计委员会和审计长。如根据本宪法遴选产生的宪法法院院长空缺,遴选委员会由现任委员组成。

尚未组成国家审计委员会时,审计长行使国家审计委员会主席和审计委员会的职权。

第三百零二条 下列宪法性法律在本规定条件下继续有效:

(一)1999年《监察委员法》,实施须由监察委员署主席负责和控制。

(二)1999年《反腐败法》,实施须由国家反腐败委员会主席负责和控制。

(三)1999年《国家审计法》,实施须由国家审计委员会主席负责和控制。

(四)1999年《政务官员刑事诉讼法》,实施须由最高法院院长负责和控制。

在2006年泰王国宪法(临时)生效期间颁布的宪法性法律修改法案,视为根据本宪法规定的宪法性法律进行的修改。

负责和控制本条第一款规定的宪法性法律实施的人,应在本宪法颁布之日起一年内对相应的宪法性法律进行修改以使其符合本宪法。如遇负责和控制实施相应宪法性法律的人空缺,修订宪法性法律的一年期限自对应官员补任之日起计算。

下议院自其收到之日起一百二十日内审查完成本条规定的宪法性法律。

同意或拒绝修改本条第一款规定宪法性法律的决定,应经各院议员过半数表决通过。

选举委员会应提交符合本宪法的《公民投票法》,法规的制定应参照适用本条第三款至第五款规定。

第三百零三条 过渡期间，根据本宪法第一次普选之后的内阁，应在以下规定时间内完成下列有关事项的法律的制定或修改：

（一）下列有关权利和自由条款的实施细则，包括第四十条、第四十四条，第三章第七节（个人与媒体表达自由）、第八节（教育权利和自由）、第九节（从国家获得公共卫生服务、福利的权利）、第十节（知情和申诉的权利）、第五十六条规定的个人信息法、第十二节（社区权利）、第六十一条第二款规定的设立独立的消费者保护组织、第七十八条第（七）项规定的有关政治改革委员会的法律、第八十一条第（四）项规定的设立司法行政改革机构或机关的法律、第八十四条第（八）项规定的设立农民委员会的法律、第八十七条第（四）项规定的设立民间政治发展基金的法律、第二百五十六条规定的有关国家人权委员会的法律，应自第一百七十六条规定的向国会阐述有关政策之日起一年内完成修订。

（二）第八十条规定的为国民教育的开展而制定推进正规教育、非正规教育、个性化教育、自我教育、终身教育、社区学院或其他形式的教育的法律，以及以确定负责教育管理的主管机关能适应和符合各层级的基础教育制度为目的的修法，应自按照第一百七十六条的规定向国会宣告政策之日起一年内完成。

（三）第一百九十条第五款规定的法律需至少规定以下有关细则，包括缔结条约的程序和方法，内阁和国会的制衡，透明、高效和公众参与规则，以及条约谈判前展开的独立调查程序。调查人员在条约执行期间不得产生任何与国家利益之间的冲突。自第一百七十六条规定的向国会阐述有关政策之日起一年内制定细则。

（四）第八十六条第（一）项和第一百六十七条第三款规定的

法律，自第一百七十六条规定的向国会阐述有关政策之日起两年内完成修订。

（五）第十四章规定的有关地方分权计划与程序、地方财政收入、设立地方政府的法律，以及有关地方官员的法律或其他法律，自第一百七十六条规定的向国会阐述有关政策之日起两年内制定或修改。同时，该法律可被整合为地方法律。

若本宪法颁布前实施的法律明显符合本宪法规定，本条规定不再适用。

第三百零四条 第二百七十九条规定的与道德相关的法律应在本宪法颁布之日起一年内制定完成。

第三百零五条 过渡期间，下列条款在规定条件下不再适用于下列事项：

（一）第四十七条第二款在根据第四十七条规定制定有关设立独立管理机关负责配置无线电频道，监管无线电广播、电视公司和通信公司的经营的法律之前不适用。新法律自向国会阐述有关政策之日起一百八十日内制定完成。为此，该法律至少在内容上应规定，设立彼此相互独立的作为内部机构或机关的特别委员会，负责监管无线电广播、电视公司和通信公司的经营，包括有关监管和运行保护细节、提供资金支持开发通信资源、促进公众参与经营大众媒体等，该法律不得损害本宪法颁布之前通过的合法许可、特权或协议，除非该许可、特权或协议已到期失效。

（二）第二百九十六条第三款、第一百零二条第（十）项有关处理上议员职位的规定，第一百一十五条第（九）项和第一百一十六条第二款规定，不适用于下议员的第一次普选和本宪法规定的过渡期间的政务官员。

（三）第一百四十一条不适用于第二百九十五条规定的宪法性法律的制定。

（四）第一百六十七条第一款和第二款、第一百六十八条第九款、第一百六十九条有关平衡国库的补偿开支的收入来源的规定，以及第一百七十条，在本宪法颁布之日起一年内不适用。

（五）本宪法颁布前有关缔结或实施条约的行为仍有效且第一百九十条第三款的规定不再适用，除基于第一百九十条第三款，未完成的行为仍需按照该条例继续执行。

（六）第二百零九条第（二）项不适用于本宪法颁布前任职的国家人权委员会委员。

（七）第二百五十五条第五款、第二百八十八条在本宪法颁布之日起一年内不适用。

第三百零六条 过渡期间，拥有不低于最高法院法官职位且在2007财政年度年满六十岁的最高法院法官，可履行第二百一十九条规定的最高法院高级法官职责，直至有关最高法院高级法官职责履行的法律被修改。

本宪法颁布之日起一年内，应制定法律规定在司法职位任职至七十岁的法院法官、在任何财政年度年满六十岁或任职不少于二十年的法院法官，通过职业技能考核后，可申请调任至不高于其现任职位的高级法官职位。

本条第一款和第二款所指的法律，应规定在该法律生效之日起十年内的任何财政年度年满六十岁的法官，应逐年连续离职并请求调任至高级法官职位。

本条第二款、第三款规定应参照适用于检察官。

第三百零七条 本宪法颁布前任职的法院司法委员会的委员应

继续任职，在2007财政年度年满六十岁的委员或在各级法院的委员已调离该级法院的除外，继续任职期限不得超过一百八十日，任职期限自本宪法颁布之日起计算。

第三百零八条 本宪法颁布前任职的内阁，需在本宪法颁布之日起九十日内，任命独立的法律修改委员会，负责研究和制定实施本宪法必要的法律，该委员会应在本宪法颁布之日起一年内制定完成第八十一条第（三）项规定的有关设立负责法律改革机构或机关的法律，为此该法律至少应包括该法律改革机构或机关职责的条款，以支持有选举权的人起草法律。

本条第一款规定的行为的实施，不得损害其他负责起草法律的机构或机关的职权。

第三百零九条 所有经2006年泰王国宪法（临时）确认合法、合宪的行为，无论该行为发生于本宪法颁布前还是颁布后，均视为本宪法下的合宪行为。

图书在版编目（CIP）数据

泰王国宪法及相关文本／陈利，林伟，刘星译．—北京：中国法制出版社，2023.12
ISBN 978-7-5216-3971-1

Ⅰ.①泰… Ⅱ.①陈… ②林… ③刘… Ⅲ.①宪法-汇编-泰国 Ⅳ.①D933.61

中国国家版本馆CIP数据核字（2023）第218531号

责任编辑：李璞娜　　　　　　　　　　　　　　封面设计：李　宁

泰王国宪法及相关文本
TAIWANGGUO XIANFA JI XIANGGUAN WENBEN

译者／陈利，林伟，刘星
经销／新华书店
印刷／北京虎彩文化传播有限公司
开本／880毫米×1230毫米　32开　　　　　　印张／10.5　字数／198千
版次／2023年12月第1版　　　　　　　　　　2023年12月第1次印刷

中国法制出版社出版
书号ISBN 978-7-5216-3971-1　　　　　　　　　定价：52.00元

北京市西城区西便门西里甲16号西便门办公区
邮政编码：100053　　　　　　　　　　　　　传真：010-63141600
网址：http://www.zgfzs.com　　　　　　　　编辑部电话：010-63141670
市场营销部电话：010-63141612　　　　　　　印务部电话：010-63141606

（如有印装质量问题，请与本社印务部联系。）